法人融資手引シリーズ

債権回収
第2版

旗田 庸
［著］

一般社団法人 金融財政事情研究会

はしがき

　債権回収は、豊富な法律問題を含むとともにモラルの問題である。

　まず債権回収は、債権の消滅または移転を招き、それに担保保証の消滅と移転が従い、さらにそれには多数の法律問題が参画する。弁済をひとつ取り上げても、幅広く奥深い法律問題を抱えるのは本書で指摘した。次に、住宅ローンでいえば、20年～30年にわたって債権回収をし続け、弁済を怠らなければこそ、一軒の家が手に入るが、目いっぱい貸付を続け、借入れを繰り返せば、互いに先の展望はない。債権回収はモラルの問題なのである。これは金融取引に限ったものではない。経済活動における債権回収が経済活性化の源なのだ。

　そのような観点から本書は、金融機関の役職員だけではなく広く債権回収に携わる方々を対象にしている。会社の役員等に対する責任追及、所有権留保等の担保の多様性、債権者代位権を駆使しての債権回収、督促の手段等々、回収に役立つものを幅広く取り上げているのはそのような意図からだ。債権回収において金融取引という垣根はない。サービサー担当者はじめ多く方々が本書を活用されるのを期待している。

　昭和62年10月に初版（旧書名『不良債権回収の手引き』）を出し、平成17年12月に改訂版を出して以来約10年。この間の立法は、①電子記録債権法、②社債、株式等の振替に関する法律、③金融円滑化法の施行とその期限の到来、④保険法、そして、⑤会社法の改正などがあげられる。一方この間の判例は、①会社から取立委任を受けた約束手形につき同会社の再生手続外で行使することの可否（最一小判平23・12・15）、②株式会社の新設分割と詐害行為取消権（最二小判平24・10・12）、③いわゆる預金最大店舗方式による預金債権の差押命令の申立ての適否（最一小決平25・1・17）、そして、④非嫡出子の相続分を嫡出子の2分の1とする民法の規定と憲法違反（最大決平25・9・4）、などがあげられる。今後の課題として、電子記録債権の行方には注目したい。

記述にあたっては、判例を多用した。現実に発生した問題であり、かなり古いものも、昔から同じような事態が生じていた、と理解を深めていただければ幸いである。図書館やインターネット等で原典に当たっていただければ理解も深まることと確信する。

　本書が、第一線で働いておられる融資担当者の方々にとって多少でもお役に立てば幸いである。最後に、本書の校正段階において東京スター銀行の渡辺隆生氏に有益なアドバイスをいただいた。また、一般社団法人金融財政事情研究会出版部の髙野雄樹氏には、本書の出版で非常にお骨折りをいただいた。ここに心から感謝の意を表する。

　平成27年1月

旗田　　庸

■ 著者略歴 ■

旗田　　庸（はただ　よう）

昭和16年6月23日生まれ。

昭和41年4月、日本勧業銀行（現みずほ銀行）入行。御徒町支店、内幸町営業部、調査部、審査部、法人企画部、融資部次長、融資部審査役、本店審議役、東京リース法務室長を経て、平成18年6月東京リースを退職。

〔著書〕

『抵当権実行の実務』（昭和57年）

『相殺の実務』（昭和59年）

『債権・動産担保実務』（平成17年）

『新融資管理・回収に強くなる本』（平成22年）

『実践講座　債権管理・回収（1分冊〜3分冊）』（平成26年）

〔共著〕

『担保法大系』（昭和59年）

『バブル崩壊下の貸金管理の手引き』（平成4年）

『金融実務手続双書』（平成4年）

『銀行窓口の法務対策3300講』（平成16年）

『営業店の融資事故対策200選』（平成6年）

『執行妨害対策の実務』（平成7年）

『貸付契約及び債権管理』（平成21年）

『条件緩和先企業の管理回収の実務』（平成23年）

ほか多数

目　次

第1章　回収のための準備

はじめに …………………………………………………………………… 2
　1　10年周期の景気動向 ……………………………………………… 2
　2　バブル崩壊後の立法動向と判例の動き ………………………… 2
　3　金融円滑化法の期限到来と改正会社法の成立 ………………… 6
　　(1)　金融円滑化法の期限到来 …………………………………… 6
　　(2)　改正会社法の成立 …………………………………………… 7
第1節　請求する相手方 …………………………………………………… 9
　1　債務の返済は誰に請求できるのか ……………………………… 9
　2　請求できる相手は ………………………………………………… 10
　　(1)　主債務者 ……………………………………………………… 10
　　(2)　保証人と保証制度の改正（平17・4・1施行） …………… 10
　　(3)　手形関係人 …………………………………………………… 11
　　(4)　その他の者 …………………………………………………… 11
　3　請求する債権に債務名義はあるのか …………………………… 16
　4　債務者の現況等はどうなっているのか ………………………… 17
　　(1)　親会社などの動きに不自然さはないか …………………… 18
　　(2)　整理屋が介入していないか ………………………………… 19
　5　債務者から回収資源はどのようにして発見するのか ………… 20
　　(1)　個人の場合 …………………………………………………… 20
　　(2)　企業の場合 …………………………………………………… 23
　6　回収のための手順はどうしたらよいのか ……………………… 27
　　(1)　早いが勝ち、理屈は後で ……………………………………… 27
　　(2)　回収計画は知恵比べである ………………………………… 27
　　(3)　強制回収より任意回収を …………………………………… 28

第2節　担保の確認 ……………………………………………………… 30
1　担保にはどのような種類があるのか ………………………………… 30
2　担保・保証契約は有効に成立しているか …………………………… 32
　(1)　意思の確認 ……………………………………………………… 32
　(2)　行為能力の確認 ………………………………………………… 33
　(3)　権利能力の確認 ………………………………………………… 35
　(4)　権限の確認 ……………………………………………………… 36
　(5)　権原の確認 ……………………………………………………… 37
3　担保物件の確認をしたか ……………………………………………… 37
4　対抗要件は完備しているか …………………………………………… 38
5　評価はどのようにしたらよいのか …………………………………… 43
　(1)　買主の存在 ……………………………………………………… 43
　(2)　評価の種類 ……………………………………………………… 43
　(3)　評価の方法 ……………………………………………………… 44
　(4)　評価額の修正事項 ……………………………………………… 45
　(5)　保証人の保証能力 ……………………………………………… 45
6　個々の担保物件ではどのような点を確認したらよいのか ………… 46
　(1)　不　動　産 ……………………………………………………… 46
　(2)　動　　　産 ……………………………………………………… 50
　(3)　手　　　形 ……………………………………………………… 52
　(4)　預金等の債権 …………………………………………………… 56
　(5)　有価証券 ………………………………………………………… 61
　(6)　協会保証の免責事由 …………………………………………… 62
　(7)　地方公共団体の補償 …………………………………………… 63

第3節　関係当事者の確認 ……………………………………………… 64
1　会社役員の個人責任 …………………………………………………… 64
　(1)　取締役、会計参与、監査役、執行役、会計監査人（役員等）…… 65
　(2)　理　　　事 ……………………………………………………… 67
　(3)　無限責任社員 …………………………………………………… 67
2　競合債権者等 …………………………………………………………… 68

3　関係会社への追及 ……………………………………………………… 70
　　　(1)　第二会社 …………………………………………………………… 70
　　　(2)　法人成り …………………………………………………………… 74
　　　(3)　別　会　社 ………………………………………………………… 74
　　4　その他 …………………………………………………………………… 75
　　　(1)　株式払込人 ………………………………………………………… 75
　　　(2)　会計監査人 ………………………………………………………… 76
　　　(3)　不法行為債権者 …………………………………………………… 76
　　　(4)　その他の者 ………………………………………………………… 76
第4節　整理手続との関係 ………………………………………………… 77
　　1　各種の整理方法と特色 ………………………………………………… 77
　　　(1)　夜逃げ型 …………………………………………………………… 77
　　　(2)　私的整理 …………………………………………………………… 78
　　　(3)　法的整理 …………………………………………………………… 79
　　　(4)　再建型倒産処理制度 ……………………………………………… 80
　　2　法的整理と私的整理における回収上の相違点 ……………………… 80
　　　(1)　仮差押えの利用 …………………………………………………… 81
　　　(2)　相殺の制限 ………………………………………………………… 81
　　　(3)　詐害的行為の取消・法的整理における否認 …………………… 84
　　　(4)　その他 ……………………………………………………………… 86
　　3　整理手続別の回収上の留意点 ………………………………………… 87
　　　(1)　私的整理への対策 ………………………………………………… 88
　　　(2)　法的整理対策 ……………………………………………………… 91
　　　(3)　各種法的整理手続の対比 ………………………………………… 94
第5節　貸出債権の自己査定 ……………………………………………… 96
　　1　貸出債権の分類 ………………………………………………………… 96
　　2　債務者区分と分類区分 ………………………………………………… 96

第2章　回収のための手段

第1節　回収計画の立案 ……………………………………………………… *100*
1　立案のための準備では何をするのか …………………………………… *100*
　(1)　自己の保全状況を把握すること ……………………………………… *100*
　(2)　債務者の現況を把握すること ………………………………………… *106*
　(3)　回収資源を発見すること ……………………………………………… *108*
2　回収計画のつくり方 ……………………………………………………… *108*
　(1)　あらゆる手段を考えてみること ……………………………………… *109*
　(2)　現況における効果を考えること ……………………………………… *109*
　(3)　手順を決めて整理すること …………………………………………… *110*

第2節　相　　殺 ……………………………………………………………… *111*
1　相殺できるものとできないもの ………………………………………… *111*
　(1)　預金者の認定に注意する ……………………………………………… *111*
　(2)　差押え後に取得した債権 ……………………………………………… *112*
　(3)　事前求償権はよいが回金義務の分は認められない ………………… *113*
　(4)　破産法等により相殺が禁止されているもの ………………………… *114*
　(5)　破産法により相殺が認められるようになるもの …………………… *115*
　(6)　手形の交付を要する場合 ……………………………………………… *115*
2　相殺を急ぐべき場合と急ぐべきでない場合 …………………………… *115*
　(1)　相殺を急ぐべき場合 …………………………………………………… *115*
　(2)　相殺の時期を考える場合 ……………………………………………… *117*
　(3)　相殺のできる期限 ……………………………………………………… *118*
3　相殺権の濫用 ……………………………………………………………… *119*
　(1)　相殺権の濫用が認められる場合 ……………………………………… *119*
　(2)　問題とされることの多い場合 ………………………………………… *120*

第3節　督　　促 ……………………………………………………………… *122*
1　誰に督促するのか ………………………………………………………… *122*
2　どのような方法で督促するのか ………………………………………… *123*
　(1)　督促の手段 ……………………………………………………………… *124*

(2)　文書による督促　125
　　(3)　督促手段としての法的手続の利用　126
　　(4)　法的規制に注意すること　129
第4節　仮差押え　130
　1　目的物の選択　130
　　(1)　仮差押えに適した物件の順位　131
　　(2)　仮差押えの適しない場合　132
　2　仮差押えの上手な使い方　135
　　(1)　仮差押えすべき先　135
　　(2)　仮差押えの方法　136
第5節　手形不渡対策　138
　1　手形債権の管理上の諸問題　138
　　(1)　手形現物を確認しておくこと　138
　　(2)　白地の補充をしておくこと　138
　　(3)　手形の期日呈示は厳格にすること　139
　　(4)　手形のジャンプは慎重に　140
　　(5)　手形を紛失した場合は事故届を　142
　2　手形支払人との交渉は早めに　142
　　(1)　一覧表を作成すること　142
　　(2)　融通手形でないかの確認をする　143
　　(3)　現地で調査する　143
　3　不渡事由と対策　144
　　(1)　0号不渡事由　144
　　(2)　第1号不渡事由　148
　　(3)　第2号不渡事由　150
　　(4)　不渡事由が重複する場合　152
第6節　各種の事例と対策のポイント　153
　1　不動産関係　153
　　(1)　不動産をみつけたら　153
　　(2)　相続登記のされていない不動産をみつけたら　155

(3)　代金支払ずみの未登記の不動産をみつけたら……………………… *155*
　(4)　保存登記の未登記不動産をみつけたら………………………………… *155*
　(5)　賃貸不動産をみつけたら…………………………………………………… *156*
　(6)　借地上の建物や借家であったら…………………………………………… *156*
　(7)　倒産直前に不動産を第三者に移転していたら………………………… *157*
 2　その他の財産関係……………………………………………………………………… *157*
　(1)　店内や倉庫に商品がありそうなとき……………………………………… *157*
　(2)　売掛金のあることがわかったとき………………………………………… *159*
　(3)　取引金融機関に手形が余りそうなとき………………………………… *159*
　(4)　債務者が医者で、診療報酬がありそうなとき………………………… *159*
　(5)　自動車をもっていたら……………………………………………………… *160*
　(6)　ゴルフの会員権をもっていることがわかったら……………………… *160*
 3　その他……………………………………………………………………………………… *160*
　(1)　本人の居所がわかったとき………………………………………………… *161*
　(2)　手形が不渡になったら……………………………………………………… *161*
　(3)　整理屋が入っていたら……………………………………………………… *161*
　(4)　他の債権者が商品を引き揚げた事実があったとき…………………… *162*
　(5)　裁判所の保全処分命令が出ていたとき………………………………… *162*
　(6)　第三者から弁済の申出があったとき……………………………………… *163*

第7節　各種整理手続参加………………………………………………………… *164*
 1　私的整理手続への参加………………………………………………………………… *164*
　(1)　手　　　続…………………………………………………………………… *164*
　(2)　届出の効果…………………………………………………………………… *166*
　(3)　留　意　点…………………………………………………………………… *167*
　(4)　私的整理ガイドライン……………………………………………………… *167*
 2　法的整理手続と担保権実行手続等への参加………………………………………… *168*
　(1)　会社更生手続への参加……………………………………………………… *168*
　(2)　破産手続への参加…………………………………………………………… *173*
　(3)　特別清算手続への参加……………………………………………………… *176*
　(4)　民事再生手続への参加……………………………………………………… *177*

(5)　担保権実行手続等への参加 ································· *179*
　3　詐害行為取消権と否認権 ····································· *184*

第3章　回収のための諸問題

第1節　債権の関係 ································· *190*
　1　債権の種類 ································· *190*
　2　債務者の変動 ································· *191*
　　(1)　債務者が死亡するとどうなるのか ················ *191*
　　(2)　債務者が行方不明になったら ···················· *196*
　　(3)　債務者が法人成りをしたらどうなるのか ·········· *200*
　　(4)　会社が合併したらどうなるのか ·················· *201*
　　(5)　会社が分割したらどうなるのか ·················· *201*
　　(6)　会社が組織変更をしたらどうなるのか ············ *202*
　　(7)　会社が第二会社をつくったらどうなるのか ········ *203*
　　(8)　会社が解散したらどうなるのか ·················· *204*
　　(9)　会社の代表者がいなくなったらどうなるのか ······ *205*
　3　債権の変更 ································· *205*
　　(1)　債務の引受とはどういうことか ·················· *206*
　　(2)　債権譲渡とはどういうことか ···················· *210*
　　(3)　債務者以外の者が弁済するとどうなるのか ········ *217*
　　(4)　延期、更改をするとどうなるのか ················ *224*
　　(5)　主債務の免除・更改をすると担保・保証はどうなるのか ······ *225*
　　(6)　保証人や担保の変更にはどのような点に注意を要するのか ···· *226*
　　(7)　保証人の責任の範囲はどこまでか ················ *228*
第2節　担保の関係 ································· *230*
　1　担保の種類 ································· *230*
　　(1)　法定担保権、約定担保権、担保的効果の生ずるもの ·········· *230*
　　(2)　法定担保権は先取特権と留置権が主なものである ············ *231*

(3)　約定担保権は、抵当権、質権などのほかにも、特別法で各種の担保権を認めている·· *234*
　(4)　担保的効果の生ずるもの·· *236*
  2　担保物件の変動·· *238*
　(1)　物理的変化··· *238*
　(2)　担保物件の変更··· *253*
　(3)　利用関係の変更··· *255*
  3　担保権の変動·· *257*
　(1)　目的物に対する差押えと被担保債権に対する差押え························· *257*
　(2)　所有権の移転·· *258*
　(3)　抵当権の被担保債権者が変更される場合·· *261*
　(4)　被担保債権の弁済期を変更する場合··· *264*
　(5)　抵当権の債務者が変更される場合·· *264*
　(6)　抵当権の譲渡、順位の変更をする場合·· *266*
　(7)　根抵当権の極度額、被担保債権の範囲の変更と確定··························· *267*
第3節　債権が消滅する場合·· *268*
　(1)　弁　　　済··· *268*
　(2)　相殺、更改、免除、混同·· *273*
　(3)　時　　　効··· *274*

事項索引·· *285*
判例索引·· *290*

図表目次

- 【1】 10年周期の景気動向 ……………………………………………… *2*
- 【2】 近年の立法の動向 ………………………………………………… *3*
- 【3】 近年の重要判例 …………………………………………………… *5*
- 【4】 回収のための準備 ………………………………………………… *9*
- 【5】 請求対象者一覧表 ………………………………………………… *12*
- 【6】 債務名義として認められているもの …………………………… *16*
- 【7】 現況調査事項 ……………………………………………………… *18*
- 【8】 回収資源の発見方法 ……………………………………………… *21*
- 【9】 回収の手順 ………………………………………………………… *28*
- 【10】 担保権、保証一覧表 …………………………………………… *31*
- 【11】 担保、保証契約の確認 ………………………………………… *32*
- 【12】 担保物件の確認事項 …………………………………………… *38*
- 【13】 対抗要件の確認 ………………………………………………… *40*
- 【14】 担保評価の方法 ………………………………………………… *44*
- 【15】 不動産担保の確認手順 ………………………………………… *47*
- 【16】 動産担保の確認事項 …………………………………………… *51*
- 【17】 手形の決済見込みの確認手順 ………………………………… *54*
- 【18】 指名債権担保の確認事項 ……………………………………… *57*
- 【19】 役員個人責任の追及 …………………………………………… *65*
- 【20】 競合債権者等への追及 ………………………………………… *68*
- 【21】 関係会社への追及 ……………………………………………… *70*
- 【22】 各種整理方法 …………………………………………………… *77*
- 【23】 法的整理と私的整理の回収上の相違点 ……………………… *82*
- 【24】 私的整理手続への参加上の留意点 …………………………… *88*
- 【25】 法的整理手続への参加上の留意点 …………………………… *91*
- 【26】 法的整理手続の対比 …………………………………………… *94*
- 【27】 貸出先の分類基準―債務者区分 ……………………………… *97*
- 【28】 自己査定の分類区分 …………………………………………… *97*

- 【29】回収計画の立案方法 …………………………………………… *101*
- 【30】相殺できるもの、できないもの …………………………… *112*
- 【31】相殺の時期 …………………………………………………… *116*
- 【32】相殺権行使上の問題点 ……………………………………… *120*
- 【33】督促の方法 …………………………………………………… *123*
- 【34】仮差押えの目的物の選択 …………………………………… *131*
- 【35】仮差押え実施上の留意点 …………………………………… *135*
- 【36】手形のジャンプの依頼対策 ………………………………… *140*
- 【37】不渡事由と対策 ……………………………………………… *145*
- 【38】各種事例と対策Ⅰ（不動産関係） ………………………… *154*
- 【39】各種事例と対策Ⅱ（その他の場合） ……………………… *158*
- 【40】私的整理手続の手順 ………………………………………… *165*
- 【41】会社更生手続の手順 ………………………………………… *169*
- 【42】破産手続の手順 ……………………………………………… *175*
- 【43】民事再生手続の手順 ………………………………………… *178*
- 【44】担保不動産競売手続の手順 ………………………………… *181*
- 【45】滞納処分手続の手順 ………………………………………… *182*
- 【46】仮登記担保権実行手続の手順 ……………………………… *183*
- 【47】詐害行為と否認との相違点 ………………………………… *185*
- 【48】否認権の種類（破産の場合） ……………………………… *186*
- 【49】債務者が死亡した場合 ……………………………………… *192*
- 【50】債務者の変動と対策 ………………………………………… *197*
- 【51】債務引受の種類と留意点 …………………………………… *206*
- 【52】債権譲渡の目的と留意点 …………………………………… *211*
- 【53】債権譲渡と対抗要件 ………………………………………… *216*
- 【54】債務者以外からの弁済 ……………………………………… *218*
- 【55】担保権の種類 ………………………………………………… *231*
- 【56】各種担保権と特色 …………………………………………… *235*
- 【57】土地の物理的変化 …………………………………………… *239*
- 【58】建物の物理的変化 …………………………………………… *245*

【59】担保物の変更と利用状況の変化 ………………………………………… *254*
【60】担保権と差押え ………………………………………………………… *258*
【61】担保物件の所有権の移転 ……………………………………………… *260*
【62】被担保債権の当事者の変更 …………………………………………… *263*
【63】弁済の種類と効果 ……………………………………………………… *269*
【64】時効の制度 ……………………………………………………………… *274*
【65】融資取引による債権の時効期間 ……………………………………… *277*
【66】中断の方法 ……………………………………………………………… *278*
【67】各種整理手続と時効中断 ……………………………………………… *279*

第1章

回収のための準備

　債権の回収は、単に債務者にその支払を督促したり、依頼したりするだけで効果のあるものではない。先方をよく知ったうえで、どうしても返済せざるをえないように先方と折衝することが肝要である。

　そのためには、まず先方のことをよく調べて知っておくなど、相当の準備が必要となる。そこで、本章では、回収困難となった債権の回収をするためにあらかじめ必要な準備手続について述べることとする。それは、請求する相手方、担保の確認、関係当事者の確認、整理手続との関係、および、貸出債権の自己査定、の5点。

はじめに

1　10年周期の景気動向

　貸出金債権の管理回収に携わる者たちは、常に過去の景気動向に目を向ける。この半世紀、つまり東京オリンピック（昭和39（1964）年）以降のわが国は、10年周期の景気の節目に見舞われた。その年代ならびに時代背景と出来事は、図表1のとおりである。その時々に学んだ教訓を思い起こし、これからの業務に生かしていくように心がけたい。

【図表1】　10年周期の景気動向

	年　　代	時代背景と出来事
1	1965（昭和40）年前後	山陽特殊製鋼、山一證券の破綻と国債発行
2	1975（昭和50）年前後	オイルショックから列島改造と変動相場制移行
3	1985（昭和60）年前後	ベンチャー企業の登場
4	1995（平成7）年前後	バブル経済の崩壊から失われた10年
5	2005（平成17）年前後	サブプライムローン・リーマンショックから今日

2　バブル崩壊後の立法動向と判例の動き

　その節目、節目でさまざまな対応がなされたが、とくにバブル崩壊後この10年余の立法には目をみはるものがある。図表2のとおり、明治の初期、第二次世界大戦後に続く第三の立法ラッシュといっても過言ではない。本書は、これらの新法に基づいて債権回収業務を解説するもので、経緯等はそのつど取り上げていく。

　あわせて平成10年以降の重要な判例を図表3に掲げておくので、参考にし

ていただきたい。

【図表2】 近年の立法の動向

	施行（平成）	法　律　名
1	10・1・1	新民事訴訟法（平8・6・26法109）
2	10・10・1	債権譲渡の対抗要件に関する民法の特例等に関する法律（平10・6・12法104）
3	12・4・1	民法の一部を改正する法律（平11・12・8法149）　（注1）
4	12・4・1	民事再生法（平11・12・22法225）
5	13・4・1	消費者契約法（平12・5・12法61）
6	13・4・1	金融商品の販売等に関する法律（平12・5・31法101）
7	15・4・1	新会社更生法（平14・12・13法154）
8	15・5・30	個人情報の保護に関する法律（平15・5・30法57）
9	16・4・1	担保物権及び民事執行制度の改善のための民法等の一部を改正する法律（平15・8・1法134）　（注2）
10	17・1・1	新破産法（平16・6・2法75）
11	17・3・7	新不動産登記法（平16・6・18法123）　（注3）
12	17・4・1	民法の一部を改正する法律（平16・12・1法147）　（注4）
13	17・10・1	動産及び債権の譲渡の対抗要件に関する民法の特例等に関する法律（平16・12・1法148）　（注5）
14	18・4・1	新銀行法（平17・11・2法106）
15	18・5・1	会社法（平17・7・26法86）　（注6）
16	19・1・20	貸金業法（平18・8・20法115）　（注7）
17	19・4・1	裁判外紛争解決手続の利用促進に関する法律（平16・12・1法151）
18	19・9・30	金融商品取引法（昭23・4・13法25）　（注8）
19	19・9・30	新信託法（平18・12・15法108）
20	20・12・1	一般社団法人及び一般財団法人に関する法律（平18・6・2法48）
21	20・12・1	電子記録債権法（平19・6・27法102）

はじめに　3

22	21・1・5	社債、株式等の振替に関する法律（平13・6・27法75）(注9)
23	21・12・4	中小企業者等に対する金融の円滑化を図るための臨時措置に関する法律（平20・5・16法33）(注10)
24	22・4・1	保険法（平20・6・6法56）(注11)
25	24・2・23	株式会社東日本大震災事業者再生支援機構法（平23・11・28法113）
26	25・1・1	非訟事件手続法（平23・5・25法51）
27	25・12・11	嫡出子と嫡出でない子の相続分を同等にする民法900条4号の改正（平25・12・11法94）
28	27・5・1	会社法の一部を改正する法律（平26・6・27法90）(注12)

(注1) 禁治産・準禁治産の廃止など無能力者制度の改正。
あわせて、任意後見契約に関する法律（平11・12・8法150）の施行。
(注2) 担保物権法制では、①滌除にかわる抵当権消滅制度の導入、②短期賃借権保護にかわる明渡猶予制度の導入、③根抵当権者による元本確定を許容、④債権質における要物性の緩和。一方民事執行法制では、⑤担保不動産収益執行の創設、⑥動産売買先取特権の競売許容、⑦財産開示制度の創設、などがあげられる。
(注3) ①不動産登記簿謄本・抄本にかわる登記事項証明書の導入、②オンライン申請の導入、③予告登記の廃止、④表記の現代語化。
(注4) ①民法表記の現代化、②保証契約の要物性と貸金等根保証契約の創設、③民法478条に「無過失」要件が追加。
(注5) 動産譲渡の対抗要件に登記制度を導入。「債権譲渡の対抗要件に関する民法の特例等に関する法律（平10・6・12法104）」の改正。
(注6) 商法第2編33条〜500条（会社）の削除。会社法の全面改正、会社整理手続の廃止。
(注7) 貸金業の規制等に関する法律（昭58・5・13法32）を改称。平成22年6月18日完全施行。①グレーゾーン金利の廃止。みなし弁済廃止、②みなし利息の例外に当たる費用の統一、③総量規制の導入（年収の3分の1）など。
(注8) 証券取引法を改名。
(注9) 株券の電子化。
(注10) 平成25年3月末期限を迎えた。
(注11) 商法第2編第10章商法629条〜683条（陸上保険）を削除。なお第3編第6章815条〜841条ノ2（海上保険）は存続。
(注12) 改正の内容は「本章はじめに3(2)」参照。

【図表３】 近年の重要判例

年月日（平成）	判　決　内　容	出　典
最三小判10・2・10	債権譲渡後の物上代位による差押え	金融法務事情1508号67頁
最一小判10・3・26	一般債権による差押えと物上代位権による差押えの競合	金融法務事情1518号35頁
最三小判10・7・14	手形商事留置権の破産宣告後の効力	金融法務事情1953号15頁
最三小判11・1・29	将来8年3カ月診療報酬債権の譲渡が有効	金融法務事情1541号6頁
最一小判13・11・22	当初の指名債権譲渡の対抗要件の効力	金融法務事情1635号38頁
最三小判13・11・27	指名債権譲渡の予約型対抗要件の効力	金融法務事情1634号63頁
最二小判15・12・19	一括支払システムの告知書発出時点で担保権実行の合意は国税に対抗できない	金融法務事情1702号68頁
最一小判16・6・24	譲渡禁止の特約について金融機関の重過失	金融法務事情1723号41頁
最二小判16・7・16	指名債権譲渡の停止条件型対抗要件の効力	金融法務事情1721号41頁
最二小判19・9・21	地方公共団体の損失補償契約は財政援助制限法に違反しない	金融法務事情1830号23頁
最一小判21・1・22	共同相続人の預金取引記録開示請求権	金融法務事情1864号27頁
最三小判22・3・16	破産手続における開始時現存額主義の解釈について口単位説	金融法務事情1902号113頁
最一小判23・12・15	取立手形は委仕会社の再生手続外で行使することができる	金融法務事情1937号4頁
最二小判24・10・12	新設分割と詐害行為取消権	金融法務事情1970号112頁

最三小判24・11・27	シンジケート参加金融機関に対するアレンジャーの情報提供義務違反が認められた事例	金融法務事情1963号88頁
最一小決25・1・17	いわゆる預金最大店舗方式による預金債権の差押命令の申立ての適否	金融法務事情1966号110頁
最大判25・9・4	非嫡出子の相続分を2分の1とする民法の規定は違憲	金融法務事情1983号104頁
最一小判26・7・17	DNA鑑定で血縁がないと証明されても、それだけで一度決まった父子関係を取り消せない。	判例誌未登載

3 金融円滑化法の期限到来と改正会社法の成立

(1) 金融円滑化法の期限到来

　中小企業者・住宅借入者に対する弁済負担の軽減と金融機関の体制整備・実況状況報告義務を骨子とする「中小企業者等に対する金融の円滑化を図るための臨時措置に関する法律」は、平成25年3月末に期限を迎え、金融庁は関係省庁と連携し「中小企業金融円滑化法の期限到来に当たって講ずる総合的な対策」を公表した。

　そこでは、まず「Ⅰ．政府全体として円滑化法終了に対応する体制の構築」として、中小企業金融等のモニタリングに係る副大臣会議を設置することとした。そのうえで、「Ⅱ．金融機関による円滑な資金供給の促進」として、金融機関は、円滑化法終了後も、貸付条件の変更等や円滑な資金供給に努めること、他の金融機関等と連携し貸付条件の変更等に努めることが明記されており、その「Ⅲ．中小企業・小規模事業者に対する経営支援の強化」として、中小企業再生支援協議会の機能強化を図ることを明らかにしている。

　さらに「Ⅳ．個々の借り手への説明・周知等」として、金融機関は、円滑化法終了後も顧客への対応方針が不変であることを個々の中小企業・小規模

事業者に説明するとともに、円滑化法終了後も金融機関や金融当局の対応が不変であること、各種の中小企業・小規模事業者支援策を、商工会、中小企業団体中央会、税理士会、公認会計士協会、中小企業診断協会、行政書士会等を通じ、中小企業・小規模事業者に幅広く説明することになっている。そして、借り手の経営課題に応じた最適な解決策を、借り手の立場に立って提案し、十分な時間をかけて実行支援するを促すよう、金融庁において「中小企業等金融円滑化相談窓口」が設置されている。

要するにその対応は、期限到来後においてもなんらかわりはない。

(2) 改正会社法の成立

平成22年4月より法制審議会会社法制部会で検討が進められてきた会社法の一部を改正する法律が平成26年6月20日参議院本会議で可決され、成立し、6月27日公布された(法律第90号)。それは、企業統治に関する改正と親子会社等に関する改正とからなる。

まず、企業統治に関する改正の概要は、次の4点。

① 社外取締役の起用促進

監査役設置会社であって社外取締役を置いていない場合には、定時株主総会において、その理由を説明しなければならない(会社法372条の2)。

② 監査等委員会設置会社制度の導入

監査等委員は取締役で、その過半数は社外取締役である必要がある(同法399条の2第2項、331条6項)。監査等委員会および各監査等委員の権限は、指名委員会等設置会社(現行法の委員会設置会社)の監査委員会および各監査委員の権限と同様だが(同法399条の2以下)、それに加え、監査等委員である取締役以外の取締役の選解任および報酬について株主総会で意見を述べることができる(同法342条の2第4項、381条6項)。また、定款の定めにより取締役会決議事項を軽減することができる(同法399条の13第6項)。

③ 社外取締役および社外監査役の要件

社外取締役および社外監査役の社外性の要件として、親会社等または兄弟会社の関係者でないこと、および、当該株式会社の関係者（重要な使用人を含む）の配偶者または二親等内の親族でないことが追加される。
④　会計監査人の選任等に関する議案の内容の決定
　株主総会に提出する会計監査人の選解任等に関する事案の内容は、監査役（監査役設置会社にあっては、監査役会）が決定することになる（同法344条）。そして、親子会社等に関する改正の概要は、次の3点。
①　多重代表訴訟の導入
　親会社の株主が、一定の要件のもとで、子会社の役員等の責任を追及する制度のこと。その要件は、①完全親子会社関係の存在、②最終完全親会社等（企業集団の最上位にある完全親会社等）の議決権の100分の1以上または株式の100分の1以上の保有（①②につき、同法847条の3第1項、第6項）および③責任原因事実の発生日における、最終完全親会社等が保有する（完全子会社を通じた間接保有を含む）株式の帳簿価額が、当該最終完全親会社の総資産額の5分の1を超えること（同法847条の3第4項）。
②　企業集団の体制の整備
　「株式会社及びその子会社から成る企業集団における業務の適正を確保するための体制の整備」が定められるとともに（同法348条3項、4項、362条4項6号、416条1項1号ホ）、内部統制システムの運用状況が事業報告の記載事項とされる。これを契機に、親会社および子会社の責任分担を明確にするなど、企業グループ全体の内部統制システムを見直すことが有用となろう。
③　その他の改正事項等
　改正法は新制度として、株式売渡請求制度の創設、組織再編等における株式買取請求制度の見直し、組織再編等における差止請求制度の拡充、詐害的会社分割に対する残存債権者の保護等、M&Aに関する改正事項が含まれている。また、資金調達に関する改正も盛り込まれている。

第1節

請求する相手方

1 債務の返済は誰に請求できるのか

　債権の回収は、債務者から支払を受けることにより目的を達するが、ここにいう債務者は、融資先である主債務者だけではない。主債務者のほか保証人、連帯債務者がいれば、それらの者にも請求でき、また割引手形、担保手形があれば、手形の振出人、引受人、保証人、裏書人にも請求できる。

　契約の当事者でなくとも、会社役員としての責任、使用者責任、第二会社としての責任など、法律によって一定の責任を負担している者もいるので、それらの者のなかにも請求できる相手はいないか、事前に確認する。請求で

【図表4】　回収のための準備

請求する相手をもれなく確認する 　・主債務者、保証人 　・手形関係人 　・その他（役員等、第二会社、保険等）
その相手の現況はどうなっているのかみてくる 　・平常どおりか、倒産しているか 　・私的整理か、法的整理か
回収資源としては何かないか 　・個人の場合 　・企業の場合
取得した担保は大丈夫か 　・契約は有効か 　・対抗要件は大丈夫か 　・評価はどれくらいか

きる相手方の多いほうが回収には有利である。請求できる相手があるのに、融資先からの回収にのみ専念し、他の者への請求を失念したり、後回しにすることのないように留意する。

2 請求できる相手は

(1) 主債務者

融資金の借主、約束手形の振出人、為替手形の引受人など主債務者が、債務弁済の最初にして最終責任者である。

ただ、債権の種類により請求の方法に多少の相違があり、たとえば手形割引の割引依頼人に対する債権は、手形上の債権とは別に特約に基づく買戻請求権があり、また、支払承諾取引先に対する債権は保証人としての求償権である。

(2) 保証人と保証制度の改正（平17・4・1施行）

保証のうち特定債務の保証について問題の生ずることは少なかったが、根保証、なかでも限度額や保証期間の定めのない包括根保証は争いが生ずることがあった。

民法全般にわたり表記の現代化を図る民法の一部を改正する法律（法律第147号）が平成16年12月1日公布され、平成17年4月1日施行されたが、同改正法により保証制度の改正も行われた。改正点は次の5点である。

① 保証契約は書面でしなければ効力を生じない（民法446条2項）。
② 保証人が個人である根保証契約であって、その主たる債務の範囲に貸金等債務が含まれるものは（「貸金等根保証契約」という）、保証人は極度額を限度として責任を負い、書面による極度額の定めのない根保証契約は効力を生じない（同法465条の2）。
③ 貸金等根保証契約は、契約締結日から5年を経過後の日を元本確定期日

とする定めは効力を生ぜず、元本確定期日の定めがない場合には保証契約締結日から3年を経過する日に確定する（同法465条の3）。
④　貸金等根保証契約は、主たる債務者または保証人について、①その財産について強制執行または担保権実行の申立て、②破産手続開始決定、③死亡があったときに元本が確定する（同法465条の4）。
⑤　保証人が法人である根保証契約であって、その主たる債務の範囲に貸金等債務が含まれるものは、極度額の定めおよび元本確定期日の定めがないときは、主たる債務者に対する求償権についての個人との保証契約は効力を生じない（同法465条の5）。

(3)　手形関係人

　割引手形、担保手形などの手形所持人は、原則として手形に署名している全員に対して手形上の請求権を有する。署名した原因に特別な事情があっても、原則として署名者は手形の振出原因や裏書原因を主張して、その責任を免れえない。手形行為独立の原則（手形法7条）あるいは裏書による人的抗弁の切断（同法17条）といわれている。
　手形債権を行使するためには、呈示証券性（同法38条）、手形要件（同法1条、75条）、遡求権行使の要件（同法43条以下）など、手形特有の規制があるので注意を要する。

(4)　その他の者

　借主・保証人・手形関係人以外で、契約書や手形などに署名した者でなくとも、法律により特定の場合には債務履行の責任を負う者もある。
　たとえば、次の者である。

a　会社の役員等

　会社の役員は、たとえ会社の債務について保証していなくても、役員として次の責任を負う。

① 役員等の第三者に対する損害賠償責任

　取締役、会計参与、監査役、執行役または会計監査人（以下「役員等」という）は、その職務を行うについて悪意または重大な過失があったときは、当該役員等は、これによって第三者に生じた損害を賠償する責任を負

【図表5】　請求対象者一覧表

相　手　方	債　　　権	債　務　者	債　権　の　種　類
主 債 務 者	融　資　金 手 形 割 引 支 払 承 諾	借　　　　主 割 引 依 頼 人 依　　頼　　人	融資債権 買戻債権、遡求権 求償権
保　証　人	特 定 債 権 継 続 取 引 手 形 債 権	保　　証　　人 根　保　証　人 保　　証　　人	普通、連帯保証 限定保証 手形保証、裏書
手形関係人	約 束 手 形	振　　出　　人 裏　　書　　人 保　　証　　人	支払債権 遡求権 手形保証
	為 替 手 形	振　　出　　人 引　　受　　人 裏　　書　　人 保　　証　　人	遡求権 支払債権 遡求権 手形保証
	小　切　手	振　　出　　人 裏　　書　　人	支払債権 遡求権
そ　の　他	会社関係者	職務怠慢の役員 不正行為の役員 責任追及等の訴え 持分会社の社員	会社法429条 会社法423条 会社法847条以下 会社法580条以下
	従　業　員	職員の使用者	民法715条
	関係会社	名　　板　　貸 事　業　譲　渡 法 人 格 の 否 認	会社法9条 会社法22条、23条 判例
	保険関係	保　　険　　会　　社	生保、損保等

う（会社法429条）。役員等が株式会社または第三者に生じた損害を賠償する責任を負う場合において、他の役員等も当該損害を賠償する責任を負うときは、これらの者は、連帯債務者とされる（同法430条）。

債務者である株式会社に資産がないのに、資産のある役員等がいれば、金融機関は直接その役員等に対して、役員等の第三者に対する損害賠償責任（同法429条）を追及することができる。

詳しくは、「第1章第3節1⑴a」参照。

② 役員等の株式会社に対する損害賠償責任

役員等は、その任務を怠ったときは、株式会社に対し、これによって生じた損害を賠償する責任を負う（同法423条）。取締役退任後であっても、この責任を追及できる。

役員等の株式会社に対する損害賠償責任については、債権者は直接その役員等に追及することはできないが、債権者代位権により株式会社に代位して役員等に対し損害賠償を請求することになる（民法423条）。特に背信的な役員等に対しては、その責任を追求する有力な手段となろう。

詳しくは、「第1章第3節1⑴b」参照。

③ 責任追及等の訴え

会社法は、責任追及等の訴えとして、6カ月前から引き続き株式を有する株主は、株式会社に対し、書面その他の法務省令で定める方法により、役員等の責任を追及する訴え、株主の権利の行使に関して供与した利益の返還を求める訴えまたは株式・新株予約権を引き受けた者がした不公正な払込金の支払を求める訴えを請求することができるとした（会社法847条1項本文）。ただし、責任追及等の訴えが当該株主もしくは第三者の不正な利益を図りまたは当該株式会社に損害を与えることを目的とする場合は、この限りでない（同項但書）。なお、6カ月の期間は定款でこれを下回ることができ、単元未満株主にこの権利はない。

金融機関が債務者会社の株主であれば、この責任追及の訴えを提起し、

役員等に対し会社への損害賠償を請求することも検討に値する。請求が認められれば、役員等から会社に支払われる賠償金も回収資源になりうる。

なおこの場合、金融機関が株主責任を問われることのないように対応しなければならないのはいうまでもない。

④ 持分会社の社員の責任

会社法は、合名会社、合資会社または合同会社を総称する持分会社の制度を設けた（同法575条）。社員全員が無限責任社員で構成される会社は合名会社、社員の一部が無限責任社員で構成される会社は合資会社とされ、社員全員が有限責任社員である会社は合同会社とされる（同法576条）。持分会社の財産をもってその債務を完済することができない場合、社員は連帯して持分会社の債務を弁済する責任を負う（同法580条1項）。有限責任社員は、その出資の価額（すでに持分会社に対し履行した出資の価額を除く）を限度として、持分会社の債務を弁済する責任を負う（同条2項）。

b 使用者責任

ある事業のため他人を使用する者は、被用者がその事業の執行について第三者に加えた損害を賠償する責任を負う（民法715条）。たとえば、手形振出事務を担当する会社の経理課長が代表取締役の印を盗用して会社名義の手形を偽造するのは、会社の事務の執行に当たるから（最二小判昭32・7・16民集11巻7号1254頁）、偽造手形を割り引いた金融機関は、偽造手形を振り出した社員に対する不法行為責任（同法709条）のみならず、会社の責任（同法715条）も追及できることになる。これを使用者責任といい、他人を使用することによって自己の活動範囲を拡張し、収益を収める可能性が増大しているのであるから、それに伴って生ずる損害もまた負担すべきとされる（加藤一郎『不法行為〔増補版〕』165頁）。最近最高裁判所は、暴力団抗争において下部組織の構成員がした殺傷行為について上位組織の組長に使用者責任を問えるとした（最二小判平16・11・12金融法務事情1735号43頁）。参考までに紹介する。

c　名板貸

　自己の商号を使用して事業または営業を行うことを他人に許諾した会社は、当該会社が当該事業を行うものと誤認して当該他人と取引をした者に対し、当該他人と連帯して、当該取引によって生じた債務を弁済する責任を負う（会社法9条）。なお詳細は、「第1章第3節3(3)」参照。

d　事業譲渡

　事業を譲り受けた会社が譲渡会社の商号を引き続き使用する場合においては、その譲受会社も、譲渡会社の事業によって生じた債務を弁済する責任を負う（会社法22条）。また、譲受会社が譲渡会社の商号を引き続き使用しない場合においても、譲渡会社の事業によって生じた債務を引き受ける旨の広告をしたときは、譲渡会社の債権者は、その譲受会社に対して弁済の請求をすることができる（同法23条）。事業に失敗した会社の再建手段として設立した第二会社にも請求できる点に注意したい。なお、「第1章第3節3(1)b」参照。

e　法人格の否認

　個人と法人が、実質的には同一の営業をしているとしか認められない場合や、また旧会社と新会社、親会社と子会社などであって、その実態がほとんど同一企業としかいえない場合は、法人格を否認し、債権者は同一債権でどちらにも弁済を請求できる。「第1章第3節3(1)f」参照。

f　保険制度等

　保証のほかに、金融機関では住宅ローンの保証保険、団体信用生命保険などの保険制度を利用して損害保険会社、生命保険会社からの保険金の受領による回収や、融資保険、輸出保険などの保険制度を利用して債権の保全・回収を図っている。

　なお、集合物譲渡担保権の効力は、譲渡担保の目的である集合動産を構成するに至った動産が滅失した場合にその損害を填補するために譲渡担保権設定者に支払われる損害保険金に係る請求権に及ぶ（最一小決平22・12・2金融

法務事情1917号102頁)。

3 請求する債権に債務名義はあるのか

　債務者が支払う義務があると信じて弁済すれば、それで債権の回収はできる。通常の取引ではこの弁済により円滑に債権の回収がなされており、商取引は平穏に進められている。

　ところが、債務者が自発的に弁済をしない、あるいは弁済できない場合には、債権者は強制的に履行を請求せざるをえない。この場合、法律(国)によりその権利を保護してもらうためには、その債権が法律の規定により有効と認められた権利でなければならない。法律的に有効な権利であっても、その権利の実現(債権の回収等)を裁判所に申し立てる(強制執行の申立て等)ためには、有効な債権であることを裁判所に証明しなければならない。

【図表6】　債務名義として認められているもの

種　　類	内　　容
確　定　判　決	債権者が訴訟で勝訴し、不服の申立てができなくなったもの
仮執行宣言付判決	判決はまだ確定していないが、判決に仮執行宣言のあるもの
抗告のみ認められている決定、命令	家事審判、費用の取立決定、不動産の引渡命令など
仮執行宣言付支払督促	支払督促(第2章第3節2参照)に仮執行宣言をとったもの
執　行　証　書	金銭債権について作成した公正証書
執行判決付外国判決・仲裁判断	外国での判決や、仲裁判断について裁判所で執行を認めてもらったもの
確定判決と同一の効力のあるもの	和解調書、調停調書、認諾調書、破産、再生手続、更生手続等で債権届として認められたものなど

つまり、いくら債権を有していても、それを国が有効な債権であると認めた証明書（このことを「債務名義」という）がないと、強制執行等の申立てが認められないのである。たとえ有効な債権でも債務名義のない債権は、直接には強制執行の申立てができず、仮差押えの申立てしかできない。債務名義としては、確定判決、公正証書になっている債権証書などがあげられ、民事執行法22条に掲げられている。

債権の回収をするには、まずその債権が有効な債権と認められるか、次にその債権に債務名義があるのかの２点を確認しておく必要がある。それにより、回収方法にも違いが生じる。商取引による債権には債務名義までとっていないのが一般であり、以下ではそれを前提にして述べることとする。

4　債務者の現況等はどうなっているのか

債権の回収にあたっては、その債務者の営業や財産の状況、金融機関の債権保全状況、および倒産原因は何かを確認する。

金融機関の債権保全状況とは、回収を要する債権額と、その保全のために金融機関で確保している預金や担保・保証の現況はどうなっているかであり、これは比較的容易に確認できるであろう。なお、「第１章第５節」参照。

倒産原因の調査は、今後の回収計画を立てるうえで大切であり、特に重要なのは債務者の営業の状態や資産状況を確認することである。債務者の資産状況の確認は回収資源を発見するために必要であり、調査方法については次の項で述べることとする。営業の状態の確認とは、現在も営業しているのか、どのように営業をしているかの確認であり、営業も休止しているときは、従業員や他の債権者、特に親会社、大口債権者、整理屋などの動きなどが確認事項となろう。

【図表7】 現況調査事項

項　目	事　項	
保全の状況	借　方	回収すべき債権の種類とその金額
	貸　方	回収資源として現在把握しているものと、その額（預金、手形、保証、担保等）
	差引過不足の額	
倒産の原因	遠因と思われるもの 近因と思われるもの 引金となったもの	
債務者の状況	営業の現況 工場の現況 従業員の状況	
	他の債権者の状況	金融機関 大口仕入先 金融業者 整　理　屋 取　引　先

(1) 親会社などの動きに不自然さはないか

　企業が倒産しても、債権者として取引先をみる目がなかったのであり、その清算手続が公正になされるのであれば、ある程度の回収不能が生じても不服はいえないであろう。しかし、清算が一部債権者にのみ有利であったり、債務者が弁済に充てるべき資産を隠匿したりすると、回収できる分まで回収できなくなる。そのようなことは許されない。

　計画倒産など、債務者が一部の債権者と結託し、一般債権者の犠牲によって、財産を隠匿し、特定債権者に便宜を与えることは、企業の倒産時によく生ずる現象である。一般債権者がその事実を発見することは困難かもしれないが、親会社や特定の債権者などの不自然な動きの有無を確認することが大切である。

(2) 整理屋が介入していないか

　整理屋とは、倒産した企業に乗り込み、会社の役員を強迫し、あるいは懐柔し、一般債権者を犠牲にして、その企業から利益を得ることを業とする者であり、次の2つのタイプがある。

a　暴力的なもの

　街の金融業者と結託し、倒産企業の情報を早期に入手し、少額の債権を手に入れ、不渡を出すと直ちに暴力団員などを同行し、会社を占拠、不法に資産を処分、換金し、持ち帰ってしまう型の整理屋である。この場合には、法律的な折衝はほとんど不可能であり、へたに手を出すと、かえって身体に危険を及ぼすことがあり、債権者がいくら法的に正しい権利を主張しても、相手に認めさせることは不可能なことが多い。

b　計画的なもの

　表面的には暴力的行為などはみせず、社長を半ば強迫し、半ば騙し、あたかも通常の整理手続に入ったような外見にしておきながら、裏で上手に社長を操り、利益を得るものである。表面的には債権者集会が開催され、民事再生手続開始の申立てによる保全命令を得たりするため、一般債権者は清算手続を信用することが多い。実はその裏で不正がなされているのが、この方法の特色である。

c　暴力団排除条項の改正

　全銀協は平成23年6月2日、東日本大震災の復興事業への参入の動きなど反社会的勢力の実態に対処するため、融資取引および当座勘定取引における暴力団排除条項の参考例を一部改正した。具体的には、反社会的勢力の属性要件の明確化として「元暴力団員」を追加することや、当該条項の適用により当該取引先に損害が生じても銀行が免責されるなどについて追加された。

5 債務者から回収資源はどのようにして発見するのか

　不良債権の回収は、単に弁済を督促するのみでは実効のあがるものではない。特定の財産にしぼって、それからの回収を求めていくのが効率的な回収手段である。差押え、仮差押えには目的物の特定が前提となる。ところが債務者は、わずかに残った財産を債権者に知られると、強硬な取立てを受けるので、どうしてもそれを隠そうとする。相手が隠そうとしているものを発見しようとするのであるから、相当の努力が必要になろう。次にその発見方法の一例を示してみる。

(1) 個人の場合

　営業を営んでいない個人の財産は、次の点から調査していく。

a 自　　宅

　本人が居住している土地・建物の所有権を確認する。最近住所が変わっていれば、前の住所も念のため調べる。法務局に登記事項証明書の交付を申請する。土地・建物の本人所有分の登記記録があった場合には、権利部の所有権に関する登記のほかに、担保権に関する登記のなかの抵当権などの登記を確認するが、抵当権の登記に「共同担保（あ）第11号」との記載のあった場合は、その共同担保目録の閲覧も申請する。

　現在は本人の名義となっていないが、最近本人から第三者に名義変更されていた場合には、詐害行為の可能性があるので、念のためその登記事項証明書の交付を申請し、所有権移転の事実関係を調査する。

b 縁故地の不動産

　出身地、本籍地、その他以前に長期に滞在していた土地があればその土地、別荘、マンションなどを所有していることがあり、自宅の場合に準じて確認しておく。土地・建物は、差押え、仮差押えにも適しているので、その発見はきわめて重要である。

【図表8】 回収資源の発見方法

	目的物	財産	発見方法
個人の場合	自宅	土地・建物	住宅地図、課税台帳、登記記録
	縁故地不動産	土地・建物	同上、特に相続未登記物件に注意
	生計の収入源	月給、年金、賃料等	関係者の話を聞く
	電話、自動車	電話、自動車	電話帳、登録番号から自動車登録原簿
	家財道具	骨董品、貴金属等	本人の訪問
	ゴルフ会員権	株主権、出資金債権	友人、同業者、知人
	預金、証券	定期預金、株、国債	カレンダー、使用小切手等
企業の場合	帳簿	元帳、補助簿等	会社で調査する
	税金の申告書	青色申告の科目明細書	本人から、あらかじめ平常時に提出を受ける
	信用調査機関	信用調査機関調査報告書	間に合わなければ、過去の分でも
	提出資料	財務諸表、増資目論見書	記録を詳細に検討する
	不動産	土地・建物（借地・借家の場合）	個人の場合に同じ 未登記物件に注意 敷金、保証金、建設協力金を調査する
	機械設備	機械、器具、設備	現物と法務局の機械器具目録を照合
	売掛金、工事代金債権	売掛金債権、工事請負代金債権、未集金債権	金融機関の当座、融資、為替取引での受入手形、振込人を調査する
	預金	金融機関預金、定期積金	カレンダー、当座取引
	商品、原材料	店頭の商品、倉庫内の商品、工場内の動産	特に施錠された倉庫に注意

出身地、本籍地の土地・建物では、相続登記の完了していないものがあるので、見落とさないようにする。相続登記や新築登記のなされていない不動産の差押えには、事前に債権者代位による相続等の登記をする必要があるが（不動産登記法59条7号）、その手続は容易であり、しかもそのような物件には抵当権などの第三者の権利が付着していないことが多く、回収資源として有効である。

c　生計の収入源

生計を維持するための月給、年金、賃料、報酬などの収入は、どこから、どのように入手しているかを確認する。必ずしも、収入源を差し押え、回収することが最良の策ではないが、その収入源を絶たれることは本人にとって重要な問題であるので、その点をとらえ有利に回収の交渉を進めることも十分配慮する必要がある。

d　電話、自動車

電話、自動車による回収はそれほど高額にならないので、それらを発見したら直ちに差押えすることが適当とは限らないが、ただ、本人にとって必要があって所持しているのが普通であるから、それを利用して有利に回収に結びつける交渉の手段に使うことも考える。また、電話を確認しておくと、常時本人との間で連絡がとりやすくなるので、気心が通じ合うようになり、回収への手掛りとなることが多い。

電話の確認は電話帳、携帯電話等により、自動車は使用自動車の登録番号を確認し、陸運局（支局）の登録原簿の閲覧をする。その際、使用者と所有者および担保権の登録の有無も確認しておく。

e　家財道具、骨董品、貴金属

家族の生活必需品や職業上どうしても必要なものなどは差押えが禁止されている（民事執行法131条）が、それ以外の物、特に高価な骨董品、貴金属は貴重な回収資源となる。家財道具等の確認は、本人の自宅を訪問する以外にないであろう。

f　ゴルフ会員権

　ゴルフ会員権をもっている者も少なくない。ゴルフ場によって価値に相当な違いはあるが、案外高価なものもある。この確認は、本人が最もよく利用するゴルフ場を調査し、同業者などから本人が会員権をもっているか聞き出す方法が便利である。

g　預金、有価証券

　不動産に次いで高額なもの、重要なものは、金融機関等の預貯金と株券などの有価証券である。取引金融機関の調査は困難であるが、自宅のカレンダー、使用CDカード、小切手の支払金融機関などにより確認する。株券などの有価証券の差押えは、銘柄をあらかじめ特定しなくてもよいが、執行官による現物の占有が必要になるので、保管場所を承知していないと差押えができない。取引証券会社に株券を保護預かりにしていることがあるので、その引渡請求権の差押えをすることも考えられる。

　なお、平成21年1月5日から株券電子化が完全実施された。詳細は「第1章第2節6(5)a」参照。

(2)　企業の場合

　会社などの法人や事業を営んでいる個人は、一般の個人に比し所有資産の種類が多く、業種、規模、業歴などにより異なってくるため、回収資源となる財産をみつけるのはなかなか容易ではない。その主な手段をあげてみる。

a　帳　　簿

　企業は会計帳簿を作成することが義務づけられている（会社法432条、615条）ので、それを確認することで資産の内容を知ることができる。ただし、上場企業等でない債務者は自発的に提供してくれないと確認することができないし、粉飾されている可能性もある。粉飾は、架空の資産を計上することはあっても、実際に有している資産を計上しない例は少ないので、計上された資産を個別に確認していけば調査可能である。いずれにせよ帳簿による調査が最

も確実な方法なので、なんらかの方法でその確認のための努力は続ける。

　b　青色申告の写し

　税金の申告は、青色申告によると納税者にいくぶん有利である（所得税法52条、法人税法57条等）が、そのためには一定の帳簿の記帳と、不正記載をしないことが要件になっている（法人税法127条等）ので、その申告書と添付される勘定科目の明細書の写しを確認することも、資産の内容を知るのに便利である。これも本人の協力が得られないと調べられないが、企業と平常の融資取引がなされている間は、通常その写しの提出を受けることとなっているのが大多数なので、日頃からその配慮をしておく。多少古いものでも、回収資源を知るためには十分に役立つものである。

　c　信用調査機関の利用

　信用調査機関による調査は、その正確性に限界があることと、費用と時間のかかる点を考慮して決定する必要がある。倒産企業からの回収は、一刻を争って交渉する必要があるため、信用調査機関の調査報告を待っていられないケースが多いであろう。当該信用調査機関で以前にその企業について調査した資料があれば、それを確認することも有効である。ある程度の企業は、その可能性もあるので、念のため信用調査機関に照会してみる。

　d　提出資料

　金融機関は、融資の申込みを受ける際あるいは決算期ごとに、貸借対照表、損益計算書などの財務諸表の提出を受け、その説明を受けているが、この提出された資料も回収資源を知るうえで大切な資料となる。貸借対照表の借方勘定は、企業のすべての資産を計上するから、その各科目の内容を詳細に確認していく。また、貸借対照表以外でも、会社の事業概況を示したパンフレット、増資目論見書なども注意する。貸借対照表の資産勘定からの確認方法を例示すると次のとおりである。

① 不 動 産

　土地・建物などの不動産は、原則として登記されているので、前記個人

の場合に準じて確認する。不動産は数カ所に分散して存在することもあるから、本社、工場、営業所はもちろん、寮、保養所なども住宅地図等により調査する。また、住宅地図では役員、従業員の名義となっていても、社宅であることもあるので、登記事項証明書により念のため確認する。

　工場のように、同一敷地内に数個の建物のある場合は、そのうち未登記物件はないかを確認する。これは、敷地の公図に、1つひとつの建物を記入していくと容易である。

　企業の使用している建物や土地が他人名義となっている場合は、借家権、借地権があり、賃貸人に対し敷金、保証金、建設協力金などの名目で支払われた資金がないか、その調査をする。

② 機械、設備

　工場の機械、器具や設備も相当高価なものがあるので、念のため確認をしておく。工場の機械、器具は、土地・建物に設定された抵当権について三条目録（工場抵当法3条）の目的とされたり、工場財団の組成物件となっていたりすると、抵当権の効力が及ぶ。三条目録に記載もれの物件（新しい機械に限って目録に追加されていない例が多い）には抵当権の効力は及ばないので、必ず目録と現物を照合する。

　機械、器具の現物の確認は、工場で現物をみる以外にないが、それらがリース物件、所有権留保物件、譲渡担保物件でないか注意する。リース物件等であってもそのことを知らずに引渡しを受ければ、即時取得できる（民法192条）が、単に譲渡担保契約を締結しただけとか、差し押えただけでは、所有権者によりその効力を否定されることがある（民事執行法38条）。土地に定着した設備（民法86条）や建物に付合（同法242条）したり、付加したりした物件（同法370条）は、土地・建物の抵当権の効力が及ぶが、それ以外の点は、前記機械、器具と同一に考えてよいであろう。事務所の什器、備品も、差押えの対象となるが、一般にあまり価値は見込めない。

　なお、「第1章第2節6(2)a」参照。

③ 売掛金、工事請負代金

　これは企業が営業により取引先に対して有する指名債権である。金額的には相当の額になるが、流動性が高いため、倒産時には回収ずみのことが多く、残っていたとしても、他の債権者も目をつけるため、手遅れになる可能性が高い。売掛先が多いと、他の債権者の見落しもあるので、念のため細かく調査する。企業から受け入れた手形・小切手の振出人、その預金口座への振込人を預金担当や為替担当で調べてみるのも１つの方法といえる。

　売掛金や工事請負代金を差し押える場合は、第三債務者（差押債権の債務者）の信用も十分に確認する。せっかく差押えしても、相殺ずみ、返品ずみ、支払ずみなどを理由に差押えの効力を第三債務者が争ってきたとき、その申立ての真否について差押債権者として立証することが困難となるからである。

④ 預金、積金

　取引金融機関にある預金や積金も重要な回収資源となるが、債務者にその金融機関からの融資がある場合は相殺され、差押えが空振りとなる。当該金融機関に割引手形、担保手形がある場合には、相殺後にそれを企業に返還することもあるので、その手形を回収資源とする目的で差押えをすることも考えられる。企業の取引金融機関は、他行借入残高表の提出を受けて確認するのが通常だが、それができないときは、事務所にある金融機関のカレンダーなどによっても推察することができよう。

⑤ 商品、原材料

　小売業では店頭の商品が、卸売業では倉庫内にある商品が、製造業では工場や倉庫にある原材料、半製品、仕掛り品、製品などが回収資源となる。これらの動産は営業用のため、流動性が高く、しかも他の債権者もあてにするので、早急に手を打つ必要がある。倉庫内にある商品、原材料などは、施錠が確かであると、一般債権者も手を出せず、相当量のものが安全に保

管され、残っていることもある。なお、「第1章第2節6(2)b」参照。
⑥ その他
　上記以外にも、貸借対照表の資産勘定に計上されていて、相当価値のあるものもあるので、各企業ごとに何を資産として有しているのか日頃から調査しておく。出資金は預金と、貸付金は売掛債権と同じように対応する。株式などの有価証券は、現物の確認が先決となる。

6　回収のための手順はどうしたらよいのか

(1)　早いが勝ち、理屈は後で
　企業が倒産すると、企業の有する財産では債務の弁済が不可能となる。その企業が不渡を出すと、全債権者は他の債権者に遅れまいとして、残った財産から回収を図ろうとして集まってくる。他の債権者より有利に回収するには、まず誰よりも先に債務者との交渉に入ることである。いくらよい手段でも時機を失すれば、回収の効果は生じない。半分"駄目でモトモト"の気持ちでも、手遅れにならないように債権回収のための手段を講じることが大切である。

(2)　回収計画は知恵比べである
　わずかに残った債務者の財産から、他の債権者より有利に回収しようとしても、どの債権者もとる手段はほとんど同じである。より有利に回収するためには、他の債権者のとらない方法で回収を図る必要がある。それが債権者の知恵比べといわれるものである。知恵比べは、債務者の財産に関する情報をいかに早く確実に入手するかによって勝敗が決まるといっても過言ではない。それほど情報の入手は大切なのである。情報入手の方法は、前記の回収資源の発見方法の項を参照されたい（「第1章第1節5」参照）。
　回収資源を発見したら、次にそれを現実の回収に結びつける効率的な方法

【図表9】　回収の手順

一刻も早く債務者との交渉に入ること
回収計画は、目的物件をしぼって立てたほうが有利
回収資源の探し方、それを回収に結びつける方法は債権者の知恵比べである
回収は、任意回収こそ有利である
任意回収に応じなければ、強制回収もやむをえない
強制回収は、債務者を任意回収にもっていくための手段でもある

を考える。回収の的をしぼったら、決して途中であきらめない。債務者が根負けするくらい熱心に追及していくことであり、安易に途中であきらめることは債務者に負けることである。

(3)　強制回収より任意回収を

　法律は、自発的に債務の弁済をしない債務者に対して、強制執行により、債権者の満足が得られる方法を定めている。弁済に充当できる資産が債務者にあるにもかかわらず弁済しない場合には、債権者は強制執行の方法でその資産を差し押えて回収する。これは法律上の制度の問題であり、債権者にとって強制執行の方法は必ずしも有利とはいえない。

　強制執行をするためには、債権について債務名義（前記本節3参照）が必要である。債務名義がない場合は、まず債務者の財産に対して仮差押えをし、そのうえで債務名義をとるための本訴の提起を弁護士に依頼する必要がある。長い場合は何年もかけて法廷で争い勝訴判決を得たうえで、本差押えをし、目的物を換価して配当を受ける。年月と費用がかかるうえに、競売となると目的物件は相当安く処分される。せっかく競売しても他の債権者から配当要求があると、差押債権者に優先権が認められるわけではなく、換価代金はそれらの者と公平に按分して分配される。配当要求に係る債権額が多額であると差押債権者の回収額はそれだけ少なくなる。

同じ物件でも差押手続によらず任意に売却し、その売却代金から回収する方法、いわゆる任意回収であれば、強制執行に比べ早期に高い処分価格で処分することができるし、他の債権者に知れずに処分できるため配当要求の心配もなくその分回収額も多い。債権の回収は原則として任意回収、話合いによる回収を優先する。任意回収は、債務者の協力が不可欠であり、債権者の意思のみでは実行できない。債務者の協力が得られない場合にやむをえず利用するのが法的手段による強制回収（差押え、抵当権実行など）である。任意回収が原則であり、強制回収はあくまでやむをえずとる手段である。

　債務者としては、自らの財産を処分し、債務の弁済に充てざるをえない状況となれば、任意処分でも強制処分でも結果としては同じことであり、どうせ財産が処分されるのであれば高い処分価格によるほうを望むのが普通である。弁済を拒否する債務者には、最終的には強制的手段により財産を手放さざるをえないことを認識させ、そのうえで任意回収にもっていくことが、効果的な強制的手段の利用方法といえる。

　強制回収の種類、利用方法については、後記第2章を参照されたい。そのうち特に大切なのは仮差押えである。ある程度の規模の債務者からの回収が奏功するかどうかは、仮差押えの効果的利用法にかかる（「第2章第4節2」参照）。

第 2 節

担保の確認

1 担保にはどのような種類があるのか

　担保には、抵当権、質権などの物的担保のほか、保証などの人的担保がある。人的担保は、債務者以外の者の全財産が債務履行の引当てになるが、抵当権のような優先弁済権は認められない。物的担保は、特定財産が引当てになり、債権者はその換価代金に優先弁済権が認められる。人的担保との基本的な相違である。人的担保は、保証人に十分な資産があれば担保力があるといえるが、保証人が債務超過になると担保力が失われる。物的担保は、取得時の担保価値さえ確保されていれば、担保物件所有者の債務が増加しても当該担保からの回収額に影響を生じない。

　物的担保には、抵当権、質権のように、債権者と担保権設定者の合意により成立する約定担保権のほかに、先取特権、留置権のように、一定の状態にある債権について設定契約を要せず、法律上当然に成立する法定担保権がある。債権の回収にあたっては、約定担保権を失念することはまずないであろうが、法定担保権のある点には留意する必要がある。この点は、人的担保についても同じである。保証契約による保証人などへの請求を失念することはまずないであろうが、保証契約などを締結しなくとも、一定の債権について債務者以外の者にも請求できることを法律で認めている場合もあるので、忘れないようにしなければならない。なお、「第 1 章第 1 節 2(4)」参照。

【図表10】 担保権、保証一覧表

分類		担保権（保証）の種類			目的物
物的担保〈物上保証〉	約定担保権	（根）質権 （根）抵当権 仮登記担保権 （根）譲渡担保権 企業担保権 各種財団抵当権 自動車、電話加入権等の特殊担保権 買戻権、売渡担保権 所有権留保			動産、不動産、債権、特許権等 不動産 不動産 動産、不動産、債権、手形等 株式会社（社債のみ） 工場、鉱業、漁業、鉄道等 自動車、電話加入権、立木、建設機械、採掘権等 不動産、動産、債権等 動産、不動産等
	法定担保権	先取特権	一般の先取特権		共益、雇人、葬式、日用品
			特別の先取特権	不動産	保存、工事、売買
				動産	売買、保存、労役、賃料等
		留置権	民事留置権 商事留置権		その物に関する債権 履行遅滞の商事債務者の物
	担保権類似の契約	相殺権 代理受領、振込指定 処分承諾書 任意処分の特約 とめ置権の特約			債務者に対する反対債権 売掛金、工事代金等の指名債権 株式、商品等 銀行取引約定書旧ひな型4条 銀行取引約定書旧ひな型4条・8条
人的担保〈人的保証〉	約定による保証	保証	特定債務保証	連帯保証、共同保証	証書貸付、手形貸付等
			根保証	連帯保証、共同保証、限定根保証	継続的融資取引による債権
			特殊の保証	副保証 裏保証 求償保証 身元保証	委託なき保証、別冊保証 同上 支払承諾の保証 従業員の保証
	補償責任	損害担保	補償		地方公共団体の保証代用
			保険	損害保険 生命保険	保証保険、債権保全火災保険 団体生保
		連帯債務	真正連帯債務 不真正連帯債務	契約により連帯債務者になる場合のほか、債務引受契約や使用者責任などで生ずる	
	法律の規定による担保責任	会社法	持分会社の社員 職務怠慢役員 不正行為役員 名板貸 商号続用の事業譲渡 引受広告の事業譲渡	持分会社 取締役、会計参与、監査役、執行役員、会計監査人 善管注意義務、競業避止義務、利益相反行為 第二会社等	
		民法	使用者責任 売買の瑕疵担保責任 不当利得 不法行為 事務管理 各種求償権	従業員に対する使用者…民法715条 民法570条 民法703条 民法709条 民法697条	

2 担保・保証契約は有効に成立しているか

　債権保全を目的とした担保や保証が債務者が倒産したときに無効とされ、保全に役に立たなければ意味がない。債権回収にあたっては、念のため担保・保証が法律的に有効に成立していることを確認しておく。問題となるのは、次の点である。

(1) 意思の確認

　担保権の設定契約や保証契約は、設定者・保証人（以下「本人」という）と債権者の合意により成立する。本人の実印により契約書が作成され、登記手続まで完了していても、それが本人の意思によるものでないと、契約は原則として成立しない。

　判例は、本人から実印の交付を受けた者が権限踰越の代理行為をした場合には、特別の事情のない限り代理権ありと信ずべき正当の事由があるとして、表見代理の成立を原則認め（最三小判昭35・10・18民集14巻12号2764頁）、債権

【図表11】　担保、保証契約の確認

意　思　の　確　認	意思の確認が特に必要とされている場合 ・債権者が金融機関の場合 ・代理人が同居の親族の場合 ・代理人が借主の場合
権　限　の　確　認	行為能力者か 権利能力（定款の目的）はあるのか 代表権はあるのか 代理権の範囲内なのか 利益相反行為に該当していないか 法的に制限はされていないか
権　原　の　確　認	設定者は不動産の本当の所有者か 預金者は預金の出捐者か

者側に過失があると認めない。ただ、しかし、表見代理が成立するためには相手方が善意・無過失、つまり無権代理人に真に代理権があると信じ、かつ、そう信ずるにつき正当の理由があることが必要である（民法109条、110条、112条）。この「正当の理由」がすなわち保証・担保提供意思の確認である。判例は、「正当の理由」の基準について金融機関に対しては厳格に解しており、印鑑証明書の持参と実印による押印の確認だけではいまだ保証意思の確認としては不十分であるとしている点に注意しなければならない（最三小判昭45・12・15金融法務事情605号34頁）。

債権者の過失として認定されることが多いのは、次の場合に本人の意思を確認する手続をとっていなかったときである。

① 債権者が金融機関であるとき（最三小判昭41・10・11金融法務事情460号7頁）
② 代理人と称する者が本人と同居する親族であるとき（最三小判昭36・1・17金融法務事情269号11頁）
③ 代理人と称する者がその被担保債権の債務者であるとき（最一小判昭42・11・30金融法務事情500号50頁）
④ 代理人と称する者が他の目的で本人の実印などを保管していたことを債権者が知っていたとき（前掲最三小判昭45・12・15）

なお、本人の意思確認は、直接面前で行うことが大原則であるが、確認をした書面は訴訟になったとき必要になるので保存に注意する。そこで意思確認の記録書には、特徴的なこと、たとえば会社員であれば前任の勤務地や当初の勤務地など、を記録するのも参考にして対応してはいかがであろうか。

(2) 行為能力の確認

担保権を設定したり保証をしたりするためには、その者に行為能力が求められる。民法は、法定後見制度と任意後見制度の2つの制度を取り入れた。以下、略説する。

a　法定後見制度の概要

① 補助の制度

　精神上の障害により事理を弁識する能力が不十分である者については、家庭裁判所は、本人、配偶者、四親等内の親族、後見人、後見監督人、保佐人、保佐監督人または検察官の請求により、補助開始の審判をすることができる（民法15条1項）。補助開始の審判により、補助人が付されるとともに（同法16条）、当事者が選択した特定の法律行為につき、補助人に同意権または代理権の一方または双方が付与され（同法17条1項、876条の9第1項）、同意を得ずになした法律行為は取り消され（同法17条4項）、また代理権が付与されると補助人は代理人として法律行為を行うことになる。

② 保佐の制度

　精神上の障害により事理を弁識する能力が著しく不十分である者については、家庭裁判所は、本人、配偶者、四親等内の親族、後見人、後見監督人、補助人、補助監督人または検察官の請求により、保佐開始の審判をすることができる（民法11条）。保佐開始の審判により、保佐人が付されるとともに（同法13条）、保佐人には同法13条に定められた一定の法律行為について同意権が付与されるほか（同条1項）、当事者が選択した特定の法律行為につき代理権が付与されることもある（同法876条の4第1項）。保佐人の同意を得ずになした法律行為は取り消され（同法13条4項）、また代理権が付与されると保佐人は代理人として法律行為を行うことになる。

③ 後見の制度

　精神上の障害により事理を弁識する能力を欠く常況にある者については、家庭裁判所は、本人、配偶者、四親等内の親族、未成年後見人、未成年後見監督人、保佐人、保佐監督人、補助人、補助監督人または検察官等の請求により、後見開始の審判をすることができる（民法7条）。後見開始の審判により、成年後見人が付されるとともに（同法8条）、成年後見人には取消権（同法9条）と財産管理権・代表権（同法859条1項）が付与

される。

b 任意後見制度の概要

契約締結に必要な判断能力を有している本人が、将来の精神上の障害により事理を弁識する能力が不十分になる状況に備えて、自己の生活、療養看護および財産の管理に関する事務の全部または一部を委託し、その委託に係る事務について代理権を付与する契約を締結する制度を創設した。この契約を任意後見契約といい（任意後見契約に関する法律2条1号）、必ず公正証書によってしなければならない（同法3条）。任意後見契約の受任者は（同法2条3号）、後日、本人が精神上の障害により事理を弁識する能力が不十分な状況にあり、本人、配偶者、四親等内の親族または任意後見受任者の請求により、家庭裁判所が任意後見監督人を選任したとき（同法4条）、任意後見人となり、本人が定めた財産管理・身上看護等について代理権を行使することになる（同法2条4号）。

c 後見登記制度

従来は禁治産・準禁治産宣告がなされると本人の戸籍にその旨が記載されたが、それにかわる公示方法として、民法の法定後見制度に関する後見・保佐・補助の登記および任意後見契約の登記の制度（後見登記等に関する法律1条）が創設された。法務大臣の指定する法務局もしくは地方法務局もしくはこれらの支局またはこれらの出張所が登記所となる（同法2条）。

なお、たとえ制限行為能力者でなくとも意思能力のない者は法律行為をなしえないのはいうまでもない。

(3) 権利能力の確認

個人は、法律上その権利能力の制限はないが、法人は法令の規定に従い、定款その他の基本約款で定められた目的の範囲内において、権利を有し、義務を負う（民法34条）。会社など営利法人における定款の目的の範囲については広く解されている（最大判昭45・6・24金融法務事情585号16頁）。会社以

外の法人については、その行為が法人の目的遂行に必要な行為であるかどうか慎重に検討しておく。

(4) 権限の確認
a 代表権を有すること
　法人の法律行為は、代表取締役など代表権のある者によりなされるが、たとえ代表取締役でも「重要な財産の処分及び譲受け」「多額の借財」については、取締役会の承認決議のないものは無効とされているので（取締役会設置会社の場合。会社法362条）、その確認が必要となる。取締役会の承認を経ないでなされた行為の無効について、会社は善意の取引の相手方には対抗できないとされている（相対的無効説。最三小判昭40・9・22金融法務事情425号11頁）。ただし、金融機関は取引先の情報を知りうる立場にあるとして、取締役会の承認決議の有無につき善意を認められないこともあるので、注意を要する。

b 代理権の範囲に属すること
　その行為が、本人または代表者以外の者の代理人により行われる場合には、代理権の有無と、代理権の範囲に属するものであることを確認する。表見支配人（会社法13条）、表見代理（民法109条、110条、112条）の制度などにより、善意の取引の相手方は保護されているが、そのためには取引の相手方の無過失が前提となっているので、本人への確認が欠かせない。

c 利益相反行為にならないこと
　法律は、本人と代理人（代表者）との間に利害の対立する行為は、一定の手続をとらないと無効となると規定し（民法108条、826条、会社法356条等）、本人の保護を図っている。会社の代表者の行為については、判例は相対的無効説をとり、利益相反取引の無効について善意の相手方に対抗できないとしている（最大判昭43・12・25金融法務事情533号23頁）ので、取締役会の承認の有無を確認した書類を徴求しておく必要がある。それ以外の者の利益相反行

為については、個別に現実にその手続の有無を確認しておく必要がある。

d 法的に制限されていないこと

代理権、代表権についてはもちろん、本人についても、その行為について差押え、破産手続開始、保全命令、仮処分などにより、保証、担保権の設定などが禁止されていないことを確認する。

(5) 権原の確認

動産の質権や手形、株券などの有価証券担保は、その引渡しを受ければ、たとえ無権利者からであっても、善意である限り担保権者は即時取得の制度により保護されるが（民法192条、会社法131条、手形法16条、小切手法21条）、不動産に対する担保権は、たとえ登記を信頼して担保権の設定を受けても、登記に公信力が認められないので、担保権者は保護されない。登記上の名義人が真実の所有者でなかった場合に、その抵当権の効力が認められなかった事例が多いので、特に所有権原については注意を要する。本人が使用していない土地・建物（山林、雑種地、更地、貸地など）で、最近取得した物件については、その取得理由あるいは前所有者について再確認しておく。

3 担保物件の確認をしたか

担保権は、目的物件の処分代金から優先弁済を受ける権利であるから、目的物件の現存と、現況を確認する。保証人については、人違いのないことを確認する。

土地・建物は、住宅地図で目的物の所在地を調査し、土地は公図により地境を、建物は所在図により位置、形状を現地で現物と照合し、確認をする。土地は、物件の地境とともに、土地に対する処分規制（農地法の適用、国土利用計画法の線引き等）、利用規制（都市計画法、建築基準法の線引き等）にも留意する。建物は、増改築、修理、改造が多いので、これらが抵当権にどの

【図表12】 担保物件の確認事項

項　　　　目			内　　　　　容
不動産	土　　地	地　　　境	公図による確認
		処分規制	農地法、国土利用計画法等の確認
		利用規制	線引き（都市計画法、建築基準法等）の確認
		利用状況	自用、賃貸、底地、更地、新築計画等の状況
	建　　物	増 改 築	同一性、独立性の確認（第3章第2節2参照）
		利用状況	自用、賃貸、居宅、工場、店舗、倉庫等
保　証　人		収　　　入	職業、年収
		資　　　産	不動産、預金、株式、負債等
		経　　　歴	学歴、職歴等
		人格誠意	人格、弁済についての誠意
		親　　　族	人員、構成、主な人等

ような影響を及ぼすかを確認する。

　次に目的物件の利用状況、つまり自用か賃貸か、更地か底地かを把握したうえ、それら第三者の権利と抵当権の関係はどうなっているのか、目的物件を処分するには、誰に、どのように処分するのが有利かも検討しておかなければならない。なお、物件の変動と抵当権の関係については、「第3章第2節2」を参照されたい。

　保証人については、職業、経歴、関係会社、および親族関係などのほかに、本人の性格、人望も重要な調査事項である。

4　対抗要件は完備しているか

a　各種の対抗要件

　担保権は、目的物件の処分代金から、他の債権者に優先して弁済を受ける権利であるから、第三者に対抗できる要件を備えていなければ実益がない。対抗要件は、担保の目的物の種類により定められており、それは次のとおり

である。
① 土地、建物

登記簿への登記（民法177条）
② 指名債権

確定日付ある証書による第三債務者への通知または第三債務者の承諾（民法467条、364条）、債権譲渡登記（動産及び債権の譲渡の対抗要件に関する民法の特例等に関する法律（以下「動産・債権譲渡特例法」という）4条）
③ 手形・小切手

裏書・交付と占有（手形法11条、小切手法14条）
④ 株式

引渡しによる占有、ただし、会社に対しては株主名簿への記載（会社法146条、147条、128条、130条）。なお、平成21年1月5日から株券電子化が完全実施された。「第1章第2節6(5)a」参照。
⑤ 動産

目的物の引渡し（民法178条）、動産譲渡登記（動産・債権譲渡特例法3条）
⑥ 指図債権

裏書による交付（民法469条）
⑦ 無記名債権

証券の引渡し（民法86条3項、178条）
⑧ 登記、登録制度のある権利

登記、登録

b 不動産登記による対抗要件の留意点

登記は、登記官が登記簿に登記事項を記録することによって行う（不動産登記法11条）。債権者である金融機関としては、その登記記録が有効なものであること、担保権の内容が正確に登記されていること、担保権を害する記載がないことを確認しなければならない。順次解説する。

(a) 保存登記の留意点

【図表13】 対抗要件の確認

目的物	対抗(効力)	確認事項	
不動産、土地、建物	登記簿への登記	登記事項の確認 登記記録の確認 有害的登記の確認	担保権の表示は確実か 二重登記、登記の流用の有無 権利部（差押え、仮差押、仮登記、買戻登記、仮処分登記等）
	登記留保分	所有権の確認 印鑑証明の確認	所有権の移転、担保権の登記等 3カ月の有効期間
指名債権、売掛金等	債務者第三者	通知、承諾 確定日付	発信者、到着の有無、異議付承諾の有無の確認 通知書、承諾書へのものか
		登記	動産・債権譲渡特例法
手形、株式、指図債権	裏書、交付と占有	株式は株主名簿への記載が会社への対抗要件	
動産、無記名債権	引渡しと占有 登記	引渡しの方法　現実の引渡し、占有の改定 　　　　　　　簡易の引渡し、指図による引渡し 動産・債権譲渡特例法	
電話加入権等	原簿を登録	知的財産権等　不動産に準ずる	

　登記が無効とされるものとして、取り壊した旧建物の登記を現存建物の登記に流用したもの、1個の建物に2個の登記簿が作成されている場合の一方のもの、現存しない建物の登記などである。建物の老朽化や使用上の都合で、旧建物について大修理、改築をしたため、現存建物との間に同一性が認められないのに、位置、形状が旧建物と近いので、旧建物の登記をそのまま現存建物の登記に流用すると、たとえその表示を現存建物に合わせて変更登記しても、旧建物の登記は無効であり、抵当権の登記なども対抗要件としての効力を認められない（最三小判昭40・5・4金融法務事情414号6頁）。すでに当該建物について保存登記がなされているものを、未登記物件と勘違いして重ねて保存登記したため、1個の建物に2つの登記ができたり、建物が滅失し

ていないのにこれが滅失したとして登記し、新しく保存登記の申請をした場合なども、原則として後の登記は無効である（大判昭17・9・18民集21巻16号894頁）。また、目的物件の存在しない抵当権は無効であり、たとえその物件についての登記記録に抵当権の登記があっても、なんら効力を有しないのは当然である。

(b) 先順位の留意点

先順位の権利部に登記されている事項のなかに、自己に不利益な登記がなされていないか確認する。次のものである。

① 差押え、仮差押えの登記

（仮）差押えの登記後に登記された抵当権は、その物件が競売、公売になると、配当を受けることができない（民事執行法87条）。

② 仮登記

所有権移転の仮登記、所有権移転請求権保全の仮登記などの仮登記後に登記された抵当権は、仮登記に基づいて本登記がなされた場合は、その本登記の順位は仮登記の順位によるので（不動産登記法106条）、抵当権をもって仮登記権者に対抗することができない。

担保仮登記の場合には競売の開始決定があると、仮登記に基づく本登記の請求をすることができないので（仮登記担保契約に関する法律（以下「仮登記担保法」という）15条）、抵当権実行の申立てをするに支障はない。また、根担保仮登記には競売による優先弁済権も認められないので（同法14条）、抵当権は影響されない。

③ 買戻登記

不動産の売主は、売買契約と同時にした買戻しの特約により、買主が支払った代金および契約の費用を返還して、売買の解除をすることができる（民法579条）。これを買戻しの特約といい、その登記をしたときは、買戻しは第三者に対しても効力を生ずる（同法581条）。買戻登記のなされた物件に対して、買主から抵当権の設定を受け、登記しても、売主が買戻権を行使

すると売主に対抗できない。
④　処分禁止の仮処分の登記

　登記は対抗要件であり、所有権移転を受けても、その登記をしておかないと、前所有者の物件として差し押えられたり、二重譲渡され先に移転登記をされると、差押債権者や後の取得者に対抗できない。また、実質的には所有権者でないものが、形式的に所有者として登記されていることを利用して第三者に譲渡したり、抵当権の設定をし、それを登記しても、それらの権利は認められない（登記に公信力が認められないことによる）。

　そこで、実質的な所有権者が自己の所有権の保全を図り、利害関係人の発生を防止することを目的としてするのが、この裁判所の命令による処分禁止の仮処分である。この場合も、この仮処分の登記後になされた抵当権の登記は、仮処分権利者の権利が認められると対抗できなくなる。

c　**指名債権への質権・譲渡担保に関する対抗要件の留意点**

　指名債権に対する質権、譲渡担保の第三者対抗要件は、第三債務者に対する通知または第三債務者の承諾が確定日付のある証書によってなされることであるが、通知は必ず質権設定者、債権の譲渡人（またはその代理人）からなされたものであることを要し、質権者、譲受人からの通知は効力が認められない（大判昭5・10・10民集9巻11号948頁）。もっとも質権者・譲受人が、質権設定者・債権の譲渡人の代理人として通知する例もあり、その場合には代理権を証明する書面が必要となるのはいうまでもない。さらに、動産・債権譲渡特例法に基づく債権譲渡登記が指名債権質・譲渡の第三者対抗要件となる（同法4条、14条）。

　なお、指名債権の担保の方法として代理受領、振込指定を利用した場合には、第三債務者の承諾が要件となり、しかも承諾書には担保目的の契約で、債務者本人に受領権がなく、債権者の同意のない限り変更のできない点を明らかにしておく必要がある（最三小判昭44・3・4金融法務事情548号26頁、最一小判昭58・4・14金融法務事情1030号43頁）。ただし、この契約は第三者には

対抗できない。「第1章第2節6(4)c③」参照。

5　評価はどのようにしたらよいのか

　担保のうち、有価証券は市場価格が容易に把握できるものが多いので評価にはあまり困難はないが、実務上も法律上も種々の問題をはらんでいるのは不動産の評価であろう。留意すべき事項は、次の点である。被担保債権の保全状況、処分見込みなどその目的に合わせて担保価値の把握をする。

(1)　買主の存在

　担保価値を測るうえで、まず、買主は存在するか、どのような者が買主になりうるかが問題になる。都市部の住宅と異なり、商業地域、工場地域の物件、山林、雑種地は、買主の有無が先決となる。農地や一般には利用に適しない建物、構築物は、買主は制限されるであろうし、病院、学校、飲食店は、買主の存在が評価以上に問題となる。

(2)　評価の種類

　不動産の評価額は、評価の目的により異なる。一般に市価は、任意売買の価額である。売主は高く売却するために、第三者の権利関係を整理し、買いやすいように準備し、あまり安い価額では売却を拒否できる立場にある。これが任意売買価額の評価であり、担保の評価としては最も高い評価額となる。公示価格、基準地価格も、この任意売買価額の1つである。

　これに対するのが競売の価額、強制処分価額である。売主の意思に反して売却を強制し、買主の一方的値決めによることになり（入札）、売主・債権者等の積極的関与なしに処分されるため、買主も対象物件の状態に不安をもちつつ買い受けざるをえないため、任意売買価額より相当程度低い(70～80%ぐらい) 価額になる。金融機関が評価をする際は、最終的には競売によらざ

るをえないので、強制処分価額の評価が基準になる。

(3) 評価の方法

不動産の評価は、その目的物件の種類に適した方法により行うが、大きく分けて、①再取得価額法、②収益還元法、③売買実例法の3つがある。

a 再取得価額法

評価対象物件と同一の物件を、評価時点で再取得するとどれだけの費用が必要となるのかを計算し、それから評価対象物の老朽度で定率法により減価償却して、現在価値を算出する方法である。建物や機械の評価に適している。

b 収益還元法

評価対象物件を賃貸等した場合に取得できるであろう年の収益（1年分の賃料等の総収入から必要経費を控除したもの）を、その時の不動産収益率（基準は6％見当）で除し、元本に相当するものを評価額とみなす方法である。その価額で投資すれば、十分採算がとれるとみるもので、賃貸物件、賃貸に

【図表14】 担保評価の方法

確 認 事 項	調　査　の　内　容		
処分の難易度	処分規制（農地法、国土利用計画法等）の有無 買主として適している者		
評 価 の 種 類	任意処分価額 強制処分価額 担保評価	不動産業者の呼び値 競売で落ちる見込みの価額 倒産時の強制処分価額	
評 価 の 方 法	再取得価額法 収益還元法 売買実例法	再取得したら 年収からみたら 最近で売ったのは	建物、機械 賃貸物件 土地、マンション
修 正 事 項	控除する分 加算する分 担保余力	借地権・借家権価格、明渡費用等 借地権価格 優先債権（先順位、税金等） 共同担保の修正	

適した土地・建物の評価に適している。

c　売買実例法

　評価対象物件の近隣で最近売買取引のあった事例から、その物件と対象物件の評価上の相違点を修正して、対象物件の評価額を測るものである。土地の評価はこの方法によっているが、土地ころがし、不当な転売目的の例もあるので、公示価額などによる確認が必要である。また、マンションの評価もこの方法によることが多い。

(4) 評価額の修正事項

　前記(3)の評価額は更地、建物自体の価額のため、その物件に存する各種の権利関係により修正する必要がある。自用の土地・建物でも、その土地上に建物がある場合には、土地価額から借地権相当額を控除したものが土地評価額となり、建物価額に借地権相当額を加算した額が建物評価額となる。建物が第三者に賃貸されていれば、その価額から借家権価額（立退き費用）と敷金等の額を控除したものが、その賃貸建物の評価額となる。

　次に、担保権に優先する債権（先順位抵当権と優先差押税金等）があれば、それを評価額から控除したものが担保余力となるのはいうまでもない。

(5) 保証人の保証能力

　保証人のある場合には、保証債務の履行が受けられるであろう見込額の確認をしておく。その際、①本人の資産状況、②本人の人格、③本人の誠意、④保証した経緯の4点に留意する。本人の資産状況は、前記「第1節5(1)個人の場合」の回収資源の調査方法に準じて行う。本人に資力があっても、その人柄によっては回収に困難を生ずるであろうし、本人の資力が乏しくても、信頼のおける人格の持主であれば、回収に資することは大きい。また、本人の経歴、職業、肩書も、回収にあたって確認しておく。

　本人が、弁済についてどのように考えているかも、回収に大きく影響する。

この点は、直接保証人本人に会って、保証債務履行の意思を有するか否か確認する必要がある。資力はあるが誠意のない者には、主に法的手段を利用することになる。資力はないが誠意ある者には、法的手段はかえって有害になることがある。保証人となっていることを認識していながら、保証債務の履行に誠意がないときは、保証をしたときの事情が関係している場合が多い。保証人が保証をするに至った内部事情を念のため調査し、保証人の誤解や保証人が不満と思っている事項で排除できるものは、債権者としても誠意をもって対処する必要がある。それらの事情を無視してむやみに請求すると、回収に支障が生じることがあるので注意しなければならない。

なお、日本商工会議所と全国銀行協会を事務局とする「研究会」が取りまとめた「経営者保証に関するガイドライン」が平成26年2月5日適用を開始した。参考とされたい。「第3章第1節3⑺c」参照。

6 個々の担保物件ではどのような点を確認したらよいのか

担保の目的物には、不動産、株券・手形など有価証券、商品・機械器具など動産、売掛金・預金など指名債権等々があり、それぞれ性格は異なっている。対象物件の性格に合わせて次の点を確認する。

⑴ 不 動 産

不動産は、まず机上で次の準備を完了したのち、現地へ行き、その担保力についての確認作業をする。

a　準　　備

① 図面の作成

物件の所在地をわかりやすく示した地図（案内図ともいえるもので、住宅地図により、最寄駅からの位置を書いてあるとよい）と、現地の土地（地境の線を明確にし、地番も記入する。公図を参考にするとよい）・建物（底地のど

の位置に、どのような形状で建てられているか、平面図により、縮尺や方位をできるだけ正確に記入し、それぞれ家屋番号を記入する。法務局の建物の図面を参考にするとよい）の図面を準備する。あらかじめこれらの図面が本人より提出されていない場合は、この際提出を求めるか、少なくとも法務局の公図と建物の図面の写しは準備しておく。

② 抵当物件の注記

抵当権設定契約書の物件表などにより、抵当物件を確認し、前記①の土

【図表15】 不動産担保の確認手順

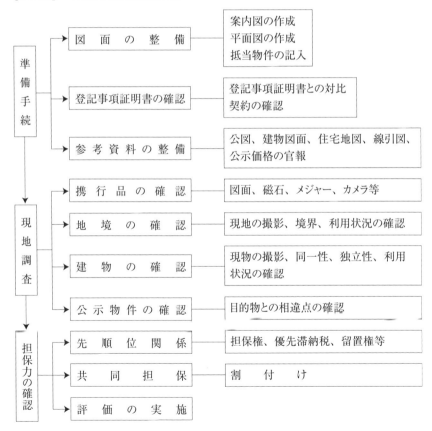

地・建物の図面に、1つひとつ抵当権の順位と債権額（極度額）を付記していく。これは、抵当権の対象物件が現実に存在しているか、現地にある建物で抵当権の設定されていない物件はないか、抵当権は設定されているが未登記の物件はないか、抵当権の設定された物件の表示と現物の状況で大きく変更になっている物件はないかなどを確認するのが目的である。

③　各物件の登記事項証明書の確認

　　抵当権の目的物件の最近の登記事項証明書を徴求し、抵当権の登記が正しく記載されていることを確認したうえ、建物はその保存登記（新築）年月を前記①の建物の図面に注記する。これは、物件の誤認を予防するとともに登記の流用の確認にもなる。

④　契約の確認

　　登記された抵当権が無効となることはないか、意思の確認、権限の確認、権原の確認に留意する。「第1章第2節2」参照。

⑤　参考資料の整備

　　不動産の評価をするとき、あらかじめ準備しておくのは次のものである。不足するものは、現地調査前に徴求しておく。

・公図……法務局にあるので写しをとる。金融機関職員自ら原本から写しをとるべきで、債務者提出分は、念のため自ら原本と照合しておく。
・建物図面……同上
・住宅地図……位置と近隣の状況を確認するとともに、公示価格、基準地価格の対象となっている物件の位置と価額を記入しておくのに利用する。
・図面と登記事項証明書…前記の準備手続をするため必要となる。
・線引図……都市計画法による各地域指定の状況、高度規制、市街化調整区域や、建築基準法による各種の規制、道路計画、国定公園の指定など、線引の状態を確認する。市販の線引図が便利である。
・公示価格の官報、基準地価格の公報…公示価格は公示価格法により官報

で、基準地価格は国土利用計画法により公報で、毎年各地区の具体的物件の時価を発表している。国土法届出物件については届出書と不勧告通知書を確認する。

・路線価図……借地権価額を知るのに便利である。市販されている。

b　現地調査

① 携行品

現地調査には、準備した図面などのほか、磁石盤、メジャー、写真機、方眼紙、白紙、鉛筆を忘れないようにもっていく。

② 地境の確認

土地を担保取得する場合はもちろん、建物のみを担保取得する場合でも、その底地の地境を確認する。市街地でない土地の地境は、念のため隣地の所有者に立ち会ってもらって地境の確認をしないと、誤認することがある。地境の確認は、公図を基本として行うが、実測と公簿上の面積は必ずしも一致していないので、メジャーまたは歩測により、その面積を計算する。最後に現況を撮影しておく。

③ 建物の確認

位置、形状とともに、利用状況（特に第三者の権利関係）を確認しておく。形状が、登記事項証明書の表示（新築年月日、用途、面積など）と相違している場合には、増改築が考えられるので、その法律効果を検討する必要がある。その点については、「第3章第2節2(1)b」を参照されたい。

なお、建物の評価方法（前記本節5参照）により必要な事項も調査しておく。建物は写真に撮る。

④ 公示物件の調査

土地の評価にあたって公示価格、国土法の不勧告通知書の価額など近隣取引事例を確認する。それにより、抵当物件との相違点を対比して、評価の参考とする。対比事項は、地域指定、土地の形状、利用状況、周辺土地利用状況、前面道路幅等の状況、水道・ガス・下水の状況、交通機関との

関係、営業の規制などである。
c 権利関係の確認

物件に対する借地権（特に定期借地権）、借家権の確認と、その先順位担保権の調査、優先税債権の把握、第三者の権利関係による影響、留置権、先取特権者の関係、ならびに共同担保物件による割付けなどを行い、物件ごとの評価、担保余力の計算をし、問題点を明確にする。

(2) 動　　産

金融機関としては、動産を担保の目的とする事例は不動産に比し少ないが、対象としては次のものがある。
a 機械、器具

工場とともに備付けの機械、器具を担保にとることがある。工場の担保価値は機械、器具が備え付けられているか否かによって影響されるばかりでなく、物件によってはそれだけで相当高価なものがあるからである。機械、器具の担保は、不動産のように必ず登記されているものとは限らず、しかも担保取得方法が種々であるため、物件の調査にあたっては、第三者の権利関係にも注意を要する。

① 工場抵当法第三条目録

工場抵当法は、工場に備え付けたいっさいの機械、器具に工場の抵当権の効力が及ぶとしており（工場抵当法2条）、それを第三者に対抗するためには、機械、器具の目録を登記することを要する（同法3条）。目録に品名、製作者、年月日が1つひとつ正確に記載されていることを確認する。工場に他の抵当権が設定されている場合には、機械、器具に対する抵当権の順位は工場の抵当権の順位に関係なく、目録が提出された順位により決まるので、その点の確認も必要となる。

② 工場財団

工場の機械、器具は、工場抵当によるほか、それを工場財団の組成物件

とすることにより、財団への抵当権の設定も可能である（工場抵当法11条）。
③ 譲渡担保

　機械、器具はそれだけを譲渡担保等の目的とすることができる。債務者に物件の使用は認めざるをえないから、対抗要件は占有改定（民法183条）による。物件が①の三条目録、②の財団目録に記載されていると、譲渡担保権の効力は認められず（工場抵当法5条）、譲渡担保権設定後に財団に編入されると、やはり担保権を失う（同法25条）。

　なお、平成17年10月施行の動産・債権譲渡特例法により、動産譲渡登記をすれば民法178条の引渡しがあったものとみなされる（動産・債権譲渡特例法3条）。

④ 所有権留保、リース物件

　機械、器具は、所有権留保付きで買い取り、またはリース契約により使用している例がある。その場合には、債務者に所有権がないので、工場抵当の効力は及ばず、譲渡担保契約は効力を生じないが、財団目録に記載されると抵当権の効力が及ぶ。

【図表16】　動産担保の確認事項

機　械、器　具	工場抵当法三条目録に記載されていないか 工場財団目録に記載されていないか 第三者の譲渡担保の目的になっていないか 動産譲渡登記の対象となっていないか 所有権留保物件やリース物件でないか 建設機械抵当の目的になっていないか
商　品、原　材　料	集合物担保の場合の残高管理 現物の確認と時価の確認 明認方法を施す必要はないか 動産譲渡登記の対象となっていないか
倉　庫　証　券	倉庫会社における現物の確認 処分方法の調査

⑤ 建設機械等

　自動車、建設機械、船舶、航空機、農業用動産などは、一定の要件を満たすことにより、独立して抵当権の目的とすることが認められており、不動産抵当権に準じて扱われる。

b 商品、原材料

　商品、原材料等は譲渡担保の方法がとられる。店頭の商品、工場・倉庫内の商品、原材料等は流動性が高いため、集合物として担保の目的物とする例が多い。その場合には債務者が倒産したのちに、目的物を他に処分されないよう、直ちに引き揚げるか、保管を厳重にし明認方法を施す。いずれにしても散逸の防止と、善意取得者が生じないように配慮する。前述のとおり動産・債権譲渡特例法により、動産譲渡登記をすれば民法178条の引渡しがあったものとみなされる（動産・債権譲渡特例法3条）。

c 倉庫証券、船荷証券

　商品を倉庫会社に寄託し、倉庫証券として担保の目的としたり、船荷証券、貨物引換証により表章された商品を担保としているときは、まずその物件が確実に存在しているのか、証券面の記載物件と相違してないかを確認する。次に、その処分の時期、方法をどのようにするのが適当かを検討する。

　なお、倉荷証券または船荷証券が作成されているものは、動産譲渡登記ができない（動産・債権譲渡特例法3条）。

(3) 手　形

　割引手形、担保手形として金融機関の占有する手形は、債権回収資源として重要である。手形枚数が多いと、その調査は困難であり、債務者が倒産すると、融手関係にある者はもちろん、たとえ融手関係になくとも連鎖倒産する例があるので、支払見込みの調査は一刻を争う事態となる（「第2章第5節2」参照）。手形の支払見込みの調査の一例を示すこととする。

a 事前の調査

まず次の事項を調査する。

① 枚数、金額、期日

　手形の枚数、金額などを、割引元帳、担保差入証などにより確認し、期日経過分はないか調べておく。その場合、相殺済手形、代金取立手形など、銀行取引約定書等の基本取引約定書により留置権の認められている（銀行取引約定書旧ひな型4条、8条）手形があれば、それも加えておく。

② 手形要件等の確認

　手形は、手形法でその権利行使が厳格に規定されているので、手持手形全部について、次の各事項を確認し、補完できるものは、直ちに補充しておく。

・手形要件…振出日、受取人の白地は補充を要する。

・有害的記載…振出日が満期日後のもの、暦にない日付のもの、あるいは譲渡・裏書禁止の手形はないか確認する。

・裏書の連続…裏書不連続の手形は金融機関の取扱い上は不渡となる可能性が高く、権利行使に支障を生ずるので、補正に努める。

・利益相反行為…取締役と会社間の取引に該当する場合は（会社法356条等）、取引の相手方は善意である限り権利行使に支障はない（最大判昭46・10・13金融法務事情629号32頁）が、善意でない場合には法律上の手続がとられていない限り、利益相反行為として手形行為は無効となることがあるので、その有無を確認する。

③ 融通手形、ハウスビルの確認

　融通手形や、同一系列会社間の手形が必ずしも決済不能とはいえない。しかし、融通手形（特に交換・書合手形）は、融通者も資力、信用に欠けることが多く、また親子会社では親企業の倒産により、連鎖倒産する危険性は非常に大きい。融通手形、ハウスビルか否かは、手形の筋などにより推定する。

なお、ハウスビル（house bill）とは、同一会社の本支店間、特に貿易商社の国内店と海外店との間で振り出される為替手形をいい、多くは輸出代金の決済に用いる。

④　金融機関間の信用照会、信用調査機関の調査

手形の支払人（約手振出人、為手引受人）が自社の取引先であれば、取引店に照会すれば容易に、しかも割合正確に決済見込みを確認することができる。それ以外の場合には、念のため金融機関間の信用照会制度を利用して確認してみるか、信用調査機関などの調査も参考にする。これらの方法は必ずしも正確でないので、それのみにより結論を出すべきでなく、一応の予備知識としての調査とみるべきであろう。

【図表17】　手形の決済見込みの確認手順

事前の調査	手形の枚数、金額、期日の確認をする 手形要件等を確認する 　・白地部分の補充 　・有害的記載はないか 　・裏書は連続しているか 　・利益相反行為はないか 融通手形、ハウスビルなどの手形でないか 金融機関照会、信用調査機関の調査
現地における調査	携行品を確認する 　・手形のコピー、印章、印紙、小銭、登記閲覧申請書用紙、内容証明用紙、カメラ等 取引金融機関での調査 信用調査機関での確認、照会 法務局での調査 　・不動産と商業登記の確認
本人との面接	本人との面接による確認 　・支払の意思と誠意 　・人格 弁済交渉

調査の結果、①支払人が会社設立したばかりである、②支払人が取引開始後間もない、③支払人が預金のみの取引先である場合には、融手ではないか慎重に見極めなければならない。

b　現地調査

手形の決済見込みの調査を急ぐ場合は、直接支払人と面談し、支払状況を聴取する。手形が不渡になる懸念があれば、直ちに支払人と弁済交渉に入ることができるからである。その場合の手順は次のとおりである。なお、「第2章第5節2(3)」参照。

① 携行品に注意する

現地調査には、次のものをもっていく。

手形のコピー、印章、印紙（受取証、契約書などに必要）、小銭、地図、内容証明用紙、白紙と筆記用具、登記閲覧申請書用紙、金融機関照会用紙、時刻表、書式集（主に債権管理についてのもの）など。

なお、調査が営業時間外にかかるとか、遠距離の場合には、至急連絡を要する金融機関内部の担当者の電話番号のメモも携行していく。

② 取引金融機関

手形支払人の信用状態について承知しているのが、融資関係のあるその者の（主）取引金融機関である。金融機関相互間はその現況、決済見込みなどの情報を入手しやすいので、金融機関を訪問して聞いてくることもありえよう。

③ 信用調査機関

信用調査機関は、企業の信用調査についてはおおむね正確な情報をもっている。急ぐ場合には、これから正確な調査を依頼しても間に合わないことが多い。その場合、過去に調査した資料や報告書を保存していることもあるので、その有無を確認する。多少古いものでも参考になることが多い。

④ 法　務　局

支払人が不動産を有する場合、その所在と権利関係を調査する。支払人

の信用状態の確認に有益であるとともに、手形が不渡になった場合の回収源となるからである。

⑤ 本人訪問

　以上の基礎調査を行ったうえ、本人と、できれば主たる事務所、工場で面接する。その場合、決済意思の有無の確認をすることはもちろん、不渡の懸念のある場合には、その原因を確認し、直ちに弁済についての交渉に入る必要がある。

(4) 預金等の債権

a 自行預金

　自行預金に対する担保権は、一般に質権が利用されているが、預金者が同時に借主または保証人となっているので、通常は対抗要件としての確定日付の手続（民法364条）は省略し、第三者に対しては相殺権で対抗するのが普通である。また、担保差入人が債務者以外でも、預金担保差入証で、根質権の設定契約とともに、債務者の負担するいっさいの債務を根保証する契約を定めているので、相殺するに支障はない。

　問題は、その預金の真実の預金者の認定であり、そこに金融機関の過失があってはならない。再発行された証書による担保差入れについて特別の本人確認手続をとらなかった場合（最二小判昭53・5・1金融法務事情861号33頁）、証書の交付を受けていなかった場合に金融機関の過失を認め、また、改印届後の印章による場合（最二小判昭41・11・18金融商事判例38号2頁）も同様である。なお、この過失の有無を判断する基準時については、相殺時とした高裁の判断を斥け、融資実行時でよいとした最高裁の判例がある（最一小判昭59・2・23金融法務事情1054号6頁）。

　以上の点から、自行預金の担保の場合には、預金者について多少でも疑問のあるときは、証書の占有のほか、再発行証書や改印届のものでないかまで確認しておく。

b 他行預金

債権は譲渡・質入禁止の特約があると、担保差入れはできない(民法466条2項)が、その債務者の承諾のある場合には可能である。そこで他行預金の担保は、預金者から担保(質権)の設定を受け、預金金融機関の承諾書の交付を受け、確定日付をとる。この場合には相殺権は生じないので、確定日付を省略すると差押債権者など第三者に対抗できない。

c 売掛債権、工事請負代金債権

指名債権、なかでも売掛債権、工事請負代金債権などを担保の目的とすることがある。その場合の担保取得方法には、質権、譲渡担保のほか、代理受領、振込指定も利用される。さらに、対抗要件を備える手段として債権譲渡の登記制度が導入された(動産・債権譲渡特例法4条)。

主な留意点は次のとおりである。

【図表18】 指名債権担保の確認事項

預金	自　行　預　金	相殺権の確認をする 預金者の認定は大丈夫か 証書の回収は必要ないか
	他　行　預　金	預金金融機関の承諾はあるか その承諾書に確定日付はあるか 預金者の認定は大丈夫か
売掛金等	質　　　　　権	証書の占有、通知 承諾と確定日付
	譲　渡　担　保	通知、承諾と確定日付または登記
	代理受領・振込指定	本人不受領等の特約と第三債務者の承諾
	将　来　債　権	特定債権(質権、譲渡担保) 不特定債権(代理受領、振込指定)
敷金等	敷金、保証金 建　設　協　力　金 権　　利　　金	売掛金に同じ 相殺勘定に注意 権利金は利用の対価である

第2節 担保の確認

① 質権の場合は、従来は債権証書があれば証書の交付を受けておくことが、質権成立要件となっていた。平成16年4月1施行の改正民法363条は、指名債権を目的とする質権の設定について、債権証書の交付を質権の効力発生要件とはしなくなった。しかし、質権者であることの証明となるのみならず、設定者による二重払いの危険を排除するために債権証書の交付を受けておくべきである。

② 質権、譲渡担保の対抗要件は、担保差入人から第三債務者への通知または第三債務者の承諾およびその通知書、承諾書に確定日付をとることである（民法364条、467条）。そのほか、動産・債権譲渡特例法に基づく債権譲渡登記がある（動産・債権譲渡特例法4条）。

③ 代理受領、振込指定は、その契約においてそれが担保目的のものであり、担保権者の承諾なしに債務者本人が受領したり、委任の解除・変更などのできないことを明らかにして、第三債務者の承諾を得ることが効力発生の要件とされている（前掲最三小判昭44・3・4、前掲最一小判昭58・4・14）。

　このようにしておけば、第三債務者が代金を債務者に支払ったときは、債権者は、第三債務者に対し、代理受領により債権の満足が得られるという財産上の利益が害されたこと自体を損害として、不法行為に基づく損害賠償請求権を行使することができる（最一小判昭61・11・20金融法務事情1147号34頁）。しかしこれらは、第三債務者からする相殺、第三者からの差押え、担保差入人の死亡、破産・更生等の法的整理手続開始の場合に担保的効力が認められなくなることに留意する必要がある。もっとも、代理受領、振込指定について担保差入人の支払停止前に契約された場合は、支払停止後に入金になっても開始決定前である限り相殺は認められるとした判例がある（名古屋高判昭58・3・31金融法務事情1029号38頁）。

④ 指名債権の担保は、第三債務者に支払能力がなければ実効はないので、その資力を事前に確認しておく。なお、第三債務者の承諾（通知）後に発生した本人への弁済、差押えなどは、原則として質権者、譲渡担保権者に

対抗できないが、債権そのものが発生しなかった場合には、担保権も成立しない。特に工事請負代金債権については、工事の進行状況から債権の発生を確認する。

d 将来債権

債権は未発生であっても、法律的に特定性が認められれば、質権、譲渡担保権の目的となるが、単に事実上今後も継続して発生するであろうとの期待だけでは、質権、譲渡担保権の対象にならない。その場合には、代理受領か振込指定の方法によらざるをえなくなる。たとえば、下請代金債権も発注者との間に一定期間、継続して発注する旨の基本契約があれば質権等の目的とすることはできるが、事実上下請取引が継続しているというだけでは、質権の目的とならない。

医師が社会保険診療報酬基金などから受ける将来の診療報酬債権は、従来、将来1年分ぐらいであれば特定性を認めていた（最二小判昭53・12・15金融法務事情898号93頁）が、最高裁平成11年1月29日第三小法廷判決（金融法務事情1541号6頁）は、将来8年3カ月にわたって発生すべき診療報酬債権の譲渡の有効性を認めた。なお、このような集合物債権譲渡担保契約も、これを第三者に対抗するためには指名債権譲渡の対抗要件の方法によることがでる（最一小判平13・11・22金融法務事情1635号38頁）。

e 敷金、保証金

敷金、保証金も指名債権であるから、その担保取得にあたっての留意事項は前記の売掛債権などと同じである。これらの債権は、賃借物件の明渡しが返還の条件となっており、賃借人の負担する賃料債務等と相殺されることや、弁済期についても「次の賃借人の入居時」とか「何年据置後何年払い」とされているものがあることなども確認しておくことが必要になる。

権利金は、敷金、保証金なのか、単に利用価値の代価（この場合には返還請求権がなく、担保の目的とならない）とみるかは、賃貸借契約により確認する以外にない。建設協力金については、一般に金銭消費貸借契約による指名

債権とされているので、担保の目的にはなるが、弁済期がきわめて長期になっているものもあり、注意を要する。賃貸ビルの所有権を取得した新賃貸人は旧賃貸人の上記保証金返還債務を承継しない（最一小判昭51・3・4金融法務事情788号27頁）ことも留意しなければならない。

f　電子記録債権

　平成20年12月1日、電子記録債権法（平成19年6月27日法律第102号）が施行された。電子記録債権とは、その発生または譲渡についてこの法律の規定による電子記録を要件とする金銭債権をいい（電子記録債権法2条1項）、通常の電子記録債権（同法15条）、電子記録保証債務履行請求権（同法31条）、特別求償権（同法35条）などがある。売掛金や貸金債権等の指名債権の支払のために、あるいは支払にかえて発生するのが通常だが、これらの原因債権とは別個の債権であり、原因債権の存否や瑕疵の有無にかかわらず、電子債権記録機関が発生記録をすれば、発生記録において記録された内容の債権として成立する。

　電子記録上、債権者であるとされている者が無権利者であっても、そのことを知らずに電子記録債権を譲り受けた者や、支払をしてしまった者は保護されるため、民法上の指名債権譲渡の方法によるよりも、安全に金銭債権の取引を対象とすることができる。債権の取引の安全の確保と事業者の資金調達の円滑化を図る観点から、今後この分野の発展が期待される。そして、シンジケートローンのように複雑な内容の金銭債権の流動化にも活用したいとのニーズに応えるため、電子記録債権質も記録原簿への電子記録をその要件とするとともに（同法36条〜42条）、電子記録債権の分割（同法43条〜47条）の制度を設けている。

　また、根抵当権の被担保債権の範囲を「銀行取引　手形債権　小切手債権　電子記録債権」とする根抵当権の設定登記の申請は、受理することができる（平成24年4月27日付法務省民二第1106号法務省民事局民事第二課長通知）。

(5) 有価証券

債権の担保となる有価証券は、株式、国債、倉庫証券、信託証書、出資証券などである。

a 株　　式

株式担保には、登録質と略式質とがあり、登録質は現物と登録の事実を確認し、略式質は、発行会社により株券喪失登録がなされている事故株でないことの確認をしておく。

株主はその有する株式に質権を設定することができ、株券発行会社の場合、株式の質入れは株券を交付しなければその効力を生ぜず（会社法146条）、会社や第三者への対抗要件は、質権者の氏名または名称および住所を株主名簿に記載しまたは記録することであり、さらに株券発行会社の株式の質権者は継続して株券を占有しなれば会社や第三者に対抗できない（同法147条）。一方、株主はその有する株式を譲渡することができ（同法127条）、株券発行会社の場合、株式の譲渡は株券を交付しなければその効力を生ぜず（同法128条）、会社への対抗要件は株式を取得した者の氏名または名称および住所を株主名簿に記載しまたは記録することである（同法130条）。株券の占有者は株式についての権利を適法に有する者と推定され、株券の交付を受けた者は株式についての権利を取得する（同法131条）。

自己株式（担保権設定者の発行する株式）への質権の設定は従来、発行済株式の20分の1を超えてはできないとされていた（旧商法210条）が、平成13年6月公布の改正商法は、会社が自己株式を制限なく取得する「金庫株」を認め、取得の手続・方法・財源だけを規制することとした。また、譲渡制限のある株式は、売却処分について発行会社の承認を要することとされているが、会社法では承認する機関は、取締役会設置会社は取締役会、それ以外の会社は株主総会としたうえで、定款の定めにより他の機関を承認機関とすることができることとされた（同法139条）。

平成21年1月5日、「社債、株式等の振替に関する法律（平成13年6月27日

法律第75号)」の施行により株券電子化が完全実施された。これにより上場会社の株式等に係る株券をすべて廃止し、株券の存在を前提として行われてきた株主権の管理を証券保管振替機構および証券会社等の金融機関に開設された口座において電子的に行うものである。株券不発行に関する会社法の理解は欠かせない。

b　国債、社債等

国債、地方債、社債には、無記名と記名式があるが、無記名のものは現物を確認する。記名式のものは、発行者に質権の登録または名義変更(譲渡担保の場合)の手続をとっておく。現物は金融機関、証券会社等に寄託してその預り証のみ有する場合は、それが単純な寄託契約か、混蔵寄託契約か確認する。いずれの場合も、寄託物の返還請求権に質権を設定する方法もあるが、寄託物(混蔵寄託の場合は、その持分権)に直接質権を設定し、受寄者である金融機関、証券会社にその旨同意をとり(民法184条)対抗要件を備えておく。

c　倉庫証券

商品、原材料を倉庫証券として担保の目的としている場合は、直ちにその証券を持参し、できるだけ担保差入人立会いのうえ、倉庫会社で現物の数量、保管状況の確認をする。この点は、船荷証券、貨物引換証などの有価証券についても同じである。

(6) 協会保証の免責事由

金融機関の融資では、信用保証協会(以下「協会」という)の保証はきわめて有力な保全手段である。しかし協会の保証付債権であっても、保証条件違反などにより、保証債務の履行が得られないと目的が達せられない。そこで、次の事実がないか確認しておく。なお、社団法人全国信用保証協会連合会は、免責条項に関する新たな指針を作成し、平成19年10月10日から適用を開始している。

① 旧債振替……協会の保証付融資により、協会の承認を得ないで金融機関

のプロパー債権を回収していた場合
② 保証契約違反……保証書に記載されている金額、期間、担保、保証に合致しない場合
③ 善管注意義務違反……協会の保証付融資について管理、回収面で保証付きでない融資と同一の取扱いがなされていない場合（約定書例9条違反）
④ 担保保存義務違反（民法504条）……金融機関に担保保存義務違反があった場合
⑤ その他……上記のほか、分割貸出禁止、業種制限など、協会で定める規定に違反する場合

(7) 地方公共団体の補償

　近年、中間法人・有限責任事業組合、第三セクター、独立行政法人、地方自治体・地方公共団体（地方自治法1条の3）など、特殊法人との取引が増えている。その際、これら特殊法人の借入債務の債権保全策として金融機関が徴求する地方公共団体の補償が「地方公共団体の保証契約の締結を禁ずる」財政援助制限法（法人に対する政府の財政援助の制限に関する法律）3条に違反するのではないか、その効力をめぐって争われてきた。そして、平成23年10月27日最高裁判所第一小法廷は、安曇野市の市民が市長に対し損失補償契約に基づく金融機関等への公金の支出の差止めを求める訴えが不適法であるとして（金融法務事情1937号100頁）、この問題に終止符を打った。

第 3 節

関係当事者の確認

　債権回収の対象は、契約書上に債務者として署名している者だけではないことは第1節で述べた。契約上債務者となっていなくとも、一定の者に、連帯責任ないしは損害賠償責任が課される場合がある。このような規定は各所に散在し、確認しがたいことが多い。

　以下では、債務者の関係者や取引相手などのなかでなんらかの責任追及のできる先はないか検討し、どのような権利が認められるかを考察していく。要するに、契約書上の債務者のみの追及に偏らずに、広く責任を追及していくことである。以下、会社役員、競合債権者等、関係会社、および、その他の者について順次解説する。

1　会社役員の個人責任

　法人の役員に対する責任追及については、債権者として直接責任を追及する場合と、法人の役員に対する損害賠償請求権を代位して（民法423条）責任を追及する場合とがある。前者の役員個人が法人の債権者に直接責任を負う場合は、債務発生の要件のみ満たせば請求は可能となる。後者の債権者代位権を行使する場合は、役員の法人に対する責任の要件のほか、民法の債権者代位権行使の要件も具備する必要がある。

　詳細は以下の各論で解説する。

【図表19】 役員個人責任の追及

役　員	根　拠　条　文	要　件
取締役 会計参与 監査役 執行役 会計監査人	会社法429条 （直接請求）	職務執行についての悪意、重過失 財務諸表、目論見書等の粉飾 同上の取締役会決議に賛成した、または反対しなかった取締役
	会社法423条 （債権者代位権により請求）	債権保全の必要性（民法423条）
		違法配当 特殊株主への違法利益の供与 取締役個人への貸金未回収 利益相反行為 定款等の違反 同上の取締役会決議に賛成し、または反対しなかった取締役
理　事	一般社団法人及び財団法人に関する法律78条、83条	定款、寄附行為の目的外の行為 同上の議決に賛成した役員を含む
無限責任社員	会社法580条	全債務（合名・合資会社の場合）

(1) **取締役、会計参与、監査役、執行役、会計監査人**（役員等）

a　役員等の第三者に対する責任（会社法429条、430条）

　会社法429条によれば、役員等がその職務を行うについて悪意または重大な過失があったときは、当該役員等は、これによって第三者に生じた損害を賠償する責任を負う。では、その役員について職務執行に過失、職務怠慢があったと認められる具体的事実とはどのようなものか。

　判例は、会社法429条の前身である商法266条ノ3の責任について、次の場合をあげている。

① 代表取締役が事業拡張による収益増加により約束手形金の支払が可能であると軽率に考え、約束手形を振り出して金融を受け、調査不十分な事業に多額の投資をして会社の破綻を招いたのは著しく放漫な方法であって、

この手形の振出に関し、職務上重大な過失がある（最二小判昭41・4・15民集20巻4号660頁）とした例。

② 代表取締役でありながら、その業務の執行を他の代表取締役や取締役に一任して、監督していなかった場合（最大判昭44・11・26金融法務事情569号22頁、最一小判昭45・7・16金融法務事情594号36頁）。

③ 取締役でありながら、代表取締役の業務執行の監視も、取締役会の召集もしていなかった場合（最三小判昭48・5・22金融法務事情692号25頁等）。なお、非常勤の名目的取締役であっても、前記の事実があればその責任が認められ（最三小判昭55・3・18金融法務事情930号40頁）、実質的には取締役には選任されていないのに取締役として登記されていた者に責任を認めた判例もある（最一小判昭47・6・15金融法務事情654号22頁）。

ただし、本条の責任は取締役の職務怠慢（会社に対する忠実義務、善管注意義務違反）と第三者（債権者）が債権回収をできなくなったこととの間に相当因果関係のあることが要件となっている（会社がそれにより損害を被った結果、債務の弁済ができなくなった場合を含む）ことには注意を要する（前掲最大判昭44・11・26参照）。

b 役員等の会社に対する責任（会社法423条、430条）

役員等は、その任務を怠ったときは、株式会社に対し、これによって生じた損害を賠償する責任を負う（会社法423条1項）。取締役退任後であっても、この責任は免れない。取締役が在任期間中満期の到来した手形の取立てを怠った結果取立不能となったときは、取立不能となった時期は取締役辞任後であっても、その取立不能は任務懈怠に起因するものとしてこれによる会社の損害について賠償責任を免れない（大判昭8・7・15民集12巻19号1897頁）。金融機関は役員等の株式会社に対する損害賠償責任を直接追及することができないが、株式会社に代位して損害賠償請求することが可能である（民法423条）。

それ以外に取締役に剰余金の配当等に関する責任、つまり、違法配当等に

関する責任がある。分配可能額を超えて行った剰余金の配当は違法配当として無効であり、会社は株主に対し不当利得による返還請求ができる（会社法462条1項）。また会社債権者も株主に対し、交付を受けた金銭を直接「自己」に支払わせることができる（同法463条1項）。債権者代位権（民法423条）の特則として会社債権者に株主に対して直接請求する権利を認めたものである。しかし、多数の株主から返還させることは現実に困難なので、違法配当に関与した業務執行者、取締役等に交付を受けた金銭に相当する金銭を連帯して支払わせることにして、会社の損失をカバーすることにしている（会社法462条1項6号）。それ以外に、分配可能額を超えた自己株式の買取責任（同法116条、464条）、欠損のてん補責任（同法465条）を追求することができる。詳細は、会社法にあたられたい。

なお、これらの責任は当該行為を行った取締役等に生じるほか、当該取引を決定した取締役等または取締役会決議に賛成した取締役はそれぞれ連帯して支払義務を負う（同法120条4項、423条3項、462条）。

(2) 理　　事

理事は、法令および定款ならびに社員総会の決議を順守し、一般社団法人のため忠実にその職務を行わなければならず（一般社団法人及び一般財団法人に関する法律83条）、代表理事その他の代表者がその職務を行うについて第三者に加えた損害を賠償する責任を負う（同法78条）。

(3) 無限責任社員

持分会社である合名会社と合資会社の無限責任社員は、本人の職務怠慢などがなくとも、当該持分会社の財産をもってその債務を完済することができない場合には、連帯して持分会社の債務を弁済する責任を負う（会社法580条1項1号）。この責任は、持分会社に加入前に生じた債務（同法605条）、退社後も退社登記前に生じた債務（同法612条1項）に及ぶ。ただし、退社社員の責

任については、退社後2年以内にその責任の請求または請求の予告をしなかった債権者に対しては退社登記後2年を経過した時に消滅する（同条2項）。

なお、社員の責任の内容は会社債務と同様であり、また、債務の履行場所も会社が履行をなす場所と同様である（名古屋地判平2・6・15判例時報1382号122頁）。

2　競合債権者等

債務者が倒産すると、各債権者は債権を回収しようと強硬な督促をし、債務者はその追及を免れようとする。合法的手段であれば問題はないが、行き過ぎると他の債権者を害することになる。この場合は、債権者としてはその行為を取り消し、その行為によって生じた損害の賠償を求める必要が生ずる。問題は、そのような行為を発見できるかどうかである。それには倒産前の債務者の財産の状態がその後どのようになっているか、主な債権者がその債権をどのように回収しているか、の2つの面から調査する。

債務者の財産隠匿行為、他の債権者を害する行為は、通謀虚偽表示（民法

【図表20】　競合債権者等への追及

状　　　態	法　律　上　の　効　果		条　文
債権者をだまして工作した場合	心裡留保（嘘）	原則は有効 　　ただし悪意の者との分は無効	民法93条
	通謀虚偽表示 （馴れ合い）	原則は無効 　　ただし善意の第三者は保護	民法94条
偏ぱな行為をした場合	詐害行為の取消権の発生	第2章第7節3参照	民法424条
実力行使をする債権者の場合	商品の持出しなど	第2章第6節3(4)参照	

94条）や詐害行為取消権に関する規定（同法424条）などが適用され、無効とされたり、取り消されたりすることがある。会社法も、会社の清算の際の債権者への通知、公告なしに処分した財産の取消権（会社法863条）、債権申出期間内の弁済禁止（同法500条）などの規定を設けている。このうち特に重要なものは、虚偽表示と詐害行為取消権である。なお詐害行為については、後記「第2章第7節3」を参照されたい。

虚偽表示とは、意思表示はなされているが、本人の意思によるものでなく、さも意思表示があったかのような体裁だけ繕ったものをいう。これには、表意者がその真意ではないことを知ってしたとき、いわゆる「嘘をつく」場合と、相手方と通じて虚偽の意思表示をする、たとえば譲渡や贈与、あるいは代物弁済をしたかのような形式をとり、不動産や動産などの所有権を第三者に移転したことにして、差押えなどを免れようとする場合とがある。

前者を心裡留保といい（民法93条）、原則として意思表示の効力を妨げられないが、相手方が表意者の真意を知り、または知ることができたときはその意思表示は無効となるから、その点を調査する。後者の通謀による虚偽表示は原則として無効なので（同法94条）、その事実を立証し、債務者の財産として回収資源とする。ただし、通謀と知らずに新所有者の財産と信じて担保権の設定をしたり、差し押えたりした債権者は、善意の第三者として保護され、担保権設定や差押えは有効になる。通謀の事実を発見したら至急その取戻しを交渉するか、あらかじめ処分禁止の仮処分などにより保全をしておく。

通謀行為をするのは、大口債権者、特別の利害関係をもつ債権者のほか、親族、知人など個人的に親密な関係にある者が多い。また、債権者のうちには、債務者の倒産直前またはその直後に、強引に商品等を持ち出す者もある。その場合の対策については後記「第2章第6節3(4)」を参照されたい。

3 関係会社への追及

　企業は、単独で、孤立して営業できるものではなく、親会社、系列会社、下請会社もあれば、営業を承継した会社がある場合もある。これら関係会社にも請求できるのは次の場合である。以下、第二会社、法人成り、および、別会社の順に解説する。

(1) 第二会社

　大口売掛先の倒産とか、突発事故などが原因で支払不能になると、債務を棚上げし、それまでの営業実績を生かして事業を継続しようとして、第二会社を設立することがある。実質的には従来と同様の営業を継続しているにもかかわらず、第二会社は債務者とは別法人という理由で債務の履行を拒否す

【図表21】　関係会社への追及

関係会社	追及方法	参考事項
第二会社	仮差押え	旧会社名義不動産、動産、売掛金等第二会社への債権
	事業譲渡の追及	商号を続用していたら（会社法22条） 引受の広告をしていたら（会社法23条）
	詐害行為	第2章第7節3参照
	詐害設立	人的会社について（会社法832条）
	濫用的会社分割	詐害行為取消権の活用（判例）
	法人格の否認 法人の不存在	判例により認められている
	役員個人責任	第1章第3節1参照
法人成り		第二会社に準じて扱う
別会社	名板貸 代理商	会社法9条 会社法16条

る。債務者（旧会社）の財産から回収しようとしても、ほとんどの財産は第二会社に所有権が移転されており、差押えもできない。このような場合には、法的に次の手段が考えられる。法人格が相違しても簡単にあきらめてはない。

a　仮差押えの利用

　旧会社に残っている財産に仮差押えをする方法がある。不動産など登記がまだ第二会社名義に移転されていないものはもちろん、売掛債権などの指名債権で、第二会社へ債権譲渡されていないもの、されていても対抗要件（確定日付ある証書による債務者への通知・債務者の承諾または登記）の完備していないもの、出資金、貸金、保証金で名義変更手続のとられていないものなどを発見し、仮差押えをする。

　不動産、機械、器具等で、第三者の優先する担保権が設定され、仮差押えをする実益のないときでも、第二会社へ賃貸されている場合は、将来の賃料債権の仮差押え、仮差押えによる不動産の強制管理（民事保全法47条、後記「第2章第6節1(5)」参照）も考えるべきである。また、旧会社の資産を第二会社に譲渡し、その代金が旧会社に未払いとなっている場合には、その代金債権の仮差押えの手段もある。

b　事業譲渡

　第二会社の営業は旧会社と関係なくなされるわけでなく、そのまま引き継いでいるのが普通であり、法律的には事業譲渡と認められる可能性が高い。

　事業譲渡があった場合の第二会社の責任として、会社法は商号を続用した場合と引受の広告をした場合に旧会社の債務についての連帯責任を定めている（会社法22条、23条）。商号の続用とは、必ずしも商号が完全に一致していることは要せず、客観的に同一法人と見誤るような類似の商号を使用していることで足り、商号には屋号も含まれる（東京高判昭60・5・30金融法務事情1118号44頁）。ただし、商号の頭に「新」の字を加えた場合は、別法人であることを明示しているので、商号の続用には該当しない（「有限会社米安商店」を「合資会社新米安商店」とした場合について、最二小判昭38・3・1金融法務

事情342号11頁)。引受の広告とは、旧会社の債務を第二会社で引き受けたとの明示の文言がなくとも、「広告の趣旨が、社会通念のうえからみて、営業によって生じた債務を引き受けたものと認められるようなもの」であればよく、たとえば広告中に「地方鉄道軌道業ならびに沿線バス事業を……譲受け」たとした広告も該当する（最一小判昭29・10・7民集8巻10号1795頁)。

　c　詐害行為

　第二会社を設立し、営業の一部を第二会社に譲渡し、それに伴って旧会社の重要資産も譲渡する行為は、民法の詐害行為（民法424条）に該当する事実の積重ねともいえるので、その具体的処分行為を詳細に確認し、その取消を求めることも有力な方法である。詐害行為取消権については、後記「第2章第7節3」を参照されたい。

　もっとも、この場合には事前に第二会社へ処分した資産の処分禁止の仮処分を申請し、その仮処分をしたうえで交渉に入ることが多い。

　d　詐害設立と法人不存在

　第二会社の設立は原則として現物出資となるため、検査役による調査などの手続をとらなければならない（会社法33条)。手続を履行しているかを確認し、履行していなければ設立の無効を主張して第二会社と交渉に入るのも1つの方法である。

　会社法は会社設立無効の訴えの申立てができる者を株主、取締役、監査役等に限っており（同法828条)、債権者の申立ては認められていないので、債権者としては会社不存在確認の訴えを提起することになろう。第二会社が合名会社、合資会社の場合には、社員がその債権者を害することを知って持分会社を設立したときは、訴えをもって持分会社の設立の取消を請求することができる（同法832条)。

　e　濫用的会社分割と詐害行為取消権の活用

　分割会社の事業をほぼ分割承継会社に引き継がせ、分割会社にほとんど財産がないのに分割会社に債務は引き続き残す、つまり、債務逃れの目的で会

社分割が用いられる例が散見される。いわゆる濫用的会社分割の問題だ。この場合に、分割会社の債権者は、分割承継会社に対して債権者の異議を述べることができず（会社法810条1項2号）、新設分割無効の訴えも提起できない（同法828条2項10号）。かつ、債務の履行の見込みがないことも新設分割の無効事由にはならない（同法規則205条7号）。その対策として、詐害行為取消権が浮上する。そして、最二小判平24・10・12（金融法務事情1970号112頁）は、株式会社を設立する新設分割がされた場合において、新たに設立する株式会社にその債権に係る債務が承継されず、新設分割について異議を述べることもできない新設分割をする株式会社の債権者は、詐害行為取消権を行使して新設分割を取り消すことができる、とした。

f　法人格否認

法人格否認とは、たとえば旧会社と第二会社は登記記録上2個の法人として存在はしているが、その実態はほとんど同一法人に近い状態にあり、しかも旧会社と第二会社がそれを理由に債務逃れを図っている場合に、法人格の異なることによりその債務を免れることを認めないとする考え方である（最二小判昭48・10・26金融法務事情705号42頁）。判例も株式会社が、税金の軽減を図る目的で設立され、実質がまったく個人企業にほかならない場合、これと取引した相手方は、その取引が会社としてなされたか、個人としてなされたかが判然としないようなときには、会社の法人格を否認してその背後にある個人の責任を追及することができるとする（最一小判昭44・2・27金融法務事情544号24頁）。

法人格否認の理論により、旧会社に対する債権について第二会社に請求が認められても、強制執行の申立てなどは、旧会社に対する債務名義では認められず、第二会社は別法人であるから別途第二会社に対する債務名義をとる必要がある（大阪高判昭50・3・28判例時報781号101頁）。

g　役員個人責任の追及

第二会社の役員は、旧会社の役員が就任し、たとえ登記面上は役員でなく

ともその実権を握っているのが普通である。そこで、「第1章第3節1」の項で述べたように、その役員の個人責任を追及していく方法も、第二会社への対策としては効果がある。

(2) 法人成り

法人成りは、個人経営の企業が税法上所得税より法人税のほうが節税になる、金融機関取引や商取引には個人事業より法人のほうが信用が得られやすいなどの理由から、新しく法人を設立し（主に株式会社）営業を移転することである。法人とすることにより、企業の資産と個人の資産との混合がなくなるので、法人成り自体はなんら問題がない。

個人が事業に失敗し、また交通事故など突発事故により多額の債務を負担した場合、債務を免れ、営業関係はすべて新しく設立した法人に移し、営業は継続しようと計画するときは、前述の債務逃れのための第二会社設立と同様の現象を生ずる。その場合の対策は、前記第二会社への対応に準じる。

なお、「第3章第1節2(3)」参照。

(3) 別 会 社

第二会社のように旧会社が倒産したために別会社を設立するのではなく、会社が正常に取引をしているときから別会社をもつことがある。たとえば親会社と子会社、製造部門の会社と販売部門の会社、不動産所有目的の会社と事業会社、製品別の同系統会社である。この場合も、それぞれ法人格が異なる以上、そのなかの1社に対する債権をもって他社に請求することはできない。

全株式を親会社が保有し、その役員の選任、業務の指図もすべて親会社によってなされている子会社の場合、債権者は親会社に責任を追及できるとの説もあるが、一般には法人格否認の理論を適用するとされている。

そのほか、名板貸（会社法9条）または代理商（同法16条）の規定による責

任の追及も考えられる。名板貸は、親会社がその商号の使用を認めていた場合に、子会社の債務を親会社も連帯して負担する制度である。また代理商は、親会社の平常の営業部類に属する取引を代理（または媒介）して行っている者で、代理して取引していると認められれば、取引の効果は親会社に及ぶ。

　なお、東京地方裁判所において「厚生部」が「東京地方裁判所厚生部」という名称を用い、その名称のもとに他と取引することを認め、「厚生部」のする取引が自己の取引になるかのごとく外形をつくりだした場合は、善意・無過失でその外形に信頼した相手方に対して、民法109条、旧商法23条（会社法9条に相当）に照らして責任を負うとするのがその典型的な例であり（最二小判昭35・10　21民集14巻12号2661頁）、名板貸の責任という。

　上記に該当しないと、法人格が異なる以上、債務者である会社に対する債権により、他の法人に請求することは困難である。債務者会社が他の法人になんらかの債権を有する場合は、仮差押え・差押えが可能なので、その確認を必要とする。また、設立当初から計画的に債務を負担させ、その会社を倒産させて利益を得る悪質な会社もあるので、そのような会社に関係しないことが先決となろう。

4　その他

前記のほか次の者にも請求が可能である。

(1)　株式払込人

　株式会社の株主は、会社設立、出資にあたって、現物出資でない限り、自己の引き受けた株式について現実に払込取扱金融機関に現金を払い込まなければならない（会社法63条）。払込みが預合い（最一小判昭41・12・1金融法務事情461号6頁）あるいは見せ金（最二小判昭44・1・31金融法務事情541号30頁）による仮装の払込みであったと認められると、会社はその株主に現実の払込

みを求めることができ、債権者はその請求権を差押えすることも可能である。

(2) 会計監査人

一定規模以上の株式会社（資本金5億円以上または負債200億円以上。大会社）は、その会社の財務諸表が正確に作成されているか会計監査人（公認会計士、監査法人）の監査を受けることが義務づけられている（会社法328条）。すでに「本節1(1)」で触れたが、会計監査人がその任務を怠ったことにより会社に損害を生じさせたときは、賠償責任を負うとともに（同法423条）、会計監査報告に記載・記録すべき重要な事項について虚偽の記載・記録をしたときは、会社の債権者に対して責任を負う（同法429条）。

また、大会社に限らず任意に会計監査人を設置することができるので（同法326条2項）、中小会社でも公認会計士等に不正があり、債権者に損害を与えたと認められれば、損害賠償の請求ができる（同法429条）。

(3) 不法行為債権者

債務者が倒産した場合、商品の引揚げ、強迫、欺取など、強引な回収を図る債権者があるが、それらの者に対して前述「本節2」の項で述べた詐害行為取消権などを利用して、債権回収を図るのも1つの方法である。事例によっては不法行為責任を追及して損害賠償の請求を検討する必要もあろう。

(4) その他の者

その他、保険制度「第1章第1節2(4)f」、地方公共団体の補償「第1章第2節6(7)」、相続人「第3章第1節2(1)」等も視野に入れて、請求するのを検討してみる。

第 4 節

整理手続との関係

　倒産した債務者がどのような整理を進めるかによって、債権者の対策に大きく影響するので、それを確認をすることが重要である。

1　各種の整理方法と特色

　債務者が倒産した場合の整理方法は、大別すると次のようになる。

(1) 夜逃げ型

　夜逃げ型は、社長以下従業員まで一夜にして行方不明となり、残ったわずかな財産は早い者勝ちで債権者や従業員が持ち出してしまう、無秩序な清算である。このような例は、債権者の債権額も比較的に少額であり、残った財産も価値のあるものは少ないので、法的手段を利用してもかえって費用のほうが大きくなる可能性すらある。

【図表22】　各種整理方法

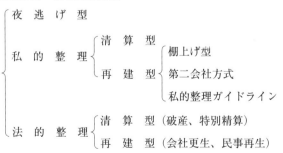

(2) 私的整理

　法的整理はそれぞれの根拠法に定められた手続により、裁判所の監督、指導のもとに行われるのに対して、私的整理は債権者の集団と債務者の話合いで、自由に整理手続を進めていく。

　法的整理は法律の枠に規制され、実質的な効果が望めない場合があるのに対して、私的整理は比較的早期に、しかも債権者に有利に整理が進められる利点があるので、私的整理のほうが望ましい。ただし、私的整理は、債務者が良心的であり、債権者の代表が公正でないと、発言力をもたない債権者の犠牲により、不公平な清算のなされる可能性が高いのが欠点である。

　私的整理の清算型は、債務者の財産をすべて換金し、債権者全員に公平に分配することを目的とした手続である。債務者や債権者委員会等が公正に手続を進めているかを監視することが重要であり、少しでも不公正な面を発見したら是正を求め、効果がないときは仮差押えなどの法的手段をとる。

　棚上げ型の私的整理は、債権者の同意を得て債務の弁済期の延期を認め、事業を継続し、再建することにより、支払を長期に行う。この場合、債権者と債務者に信頼関係のあること、棚上げに承諾する債権者の協力のみで再建が可能であることが前提となる。比較的小規模の企業で、有力な親会社、金融機関がバックについている場合に適した方法である。

　棚上げ型は、一部に非協力的な債権者があり、その者の強硬な取立てを排除できない場合には、整理が困難なので、第二会社方式がとられる。これは旧会社の営業継続に必要ないっさいの資産や「のれん」、営業権などを、新しく設立した会社（第二会社）に譲渡し、以後の経営はすべて第二会社で行うものである。旧会社の債権者は回収すべき資源を失うことになり、第二会社の債権者でないため、営業を妨害することもできない。第二会社の営業により生じた利益を第二会社から旧会社に支払い、旧会社は債権者へ弁済をする。第二会社を設立することにより、責任追及を免れることを利用して債務逃れを図る債務者のあることも事実であり、そのような第二会社に対する追

及方法としては、前述の第二会社に関する追及の項「第1章第3節3(1)」を参照されたい。また、私的整理ガイドラインについては、「第2章第7節1(4)」を参照されたい。

なお、私的整理手続への参加、つまり、債権者金融機関の対応については、「第2章第7節1」を参照されたい。

(3) 法的整理

法的整理のうち、破産手続は他の整理手続により整理ができない場合の最終的な整理方法である。会社更生、民事再生、特別清算など他の法的整理手続の申立てがあると、破産手続は認められず、他の手続が優先して進められる。これらの手続に失敗すると最終的には破産手続に移行する。

破産手続開始決定があると、その時点における債務者の全財産は裁判所の選任した破産管財人に引き渡され、債権者は個別に取り立てることが禁止される（担保権実行による回収は認められる）。債務者の資産等の管理・処分権は管財人に移転するので、破産手続による配当を待つ以外にない。配当には数年かかる例もあり、かつ配当率が低いのが欠点である。同じ清算型でも特別清算は、解散した株式会社についてのみ認められる制度（主に清算人と債権者の協定により清算手続が進められる）であり、事例は少ない。

再建型のうち最も強力な整理手続が、会社更生手続である。更生手続開始決定があると債権者の個別の取立てはもちろん、担保権の実行も禁止され、裁判所の選任した管財人により事業の整理・合理化が進められる。再建の見込みが認められると、更生計画案が示され、債権の一部切捨て、分割弁済の方法が決まる。株式会社にのみに認められた制度であり、費用と時間がかかり、きわめて精緻な手続が法定されているため、大企業（負債総額が億単位のものなど）でないと適しない。

民事再生は、①企業の破綻前でも裁判所に手続開始を申し立てることができる、②債務者自身が手続の主体となることができる、③手続を大幅に簡略

化した「簡易再生手続」を創設するなどが柱となっていて、資産の散逸を最小限に抑えて早期・迅速な処理を可能にすることで、主に中小企業の再建を支援する。

なお、各種法的整理手続への参加、つまり、債権者金融機関の対応については、「第2章第7節2」を参照されたい。

(4) 再建型倒産処理制度

金融機関の不良債権処理と日本経済の再生に向けて、種々の再建型倒産処理制度が導入された。基本的には債務者と債権者間で権利関係を調整する私的整理が中心となっている。債権者と債務者との具体的関係および両者の置かれた経済的環境のもとに「損失負担の合意」を骨子とするもので、これまで①平成13年9月「私的整理に関するガイドライン」の制定、②同15年5月「産業再生機構」の発足、③同15年7月「中小企業再生支援協議会」の創設、④同16年3月「整理回収機構による企業再生スキーム」の策定など、が公表されている。各スキームについてそれぞれ再生計画が策定されている。

なお、平成25年3月末に「中小企業者等に対する金融の円滑化を図るための臨時措置に関する法律」は期限を迎えたが、金融機関は、円滑化法終了後も貸付条件の変更等や円滑な資金供給に努めること、他の金融機関等と連携し貸付条件の変更等に努めることとされている。この点はすでに述べた。「本章はじめに3(1)」参照。

2 法的整理と私的整理における回収上の相違点

債務者が法的整理により整理するのか、私的整理により整理するのかによって、回収手段にどのような相違点があるのか知っておく必要がある。それは、①仮差押えの利用、②相殺の制限、③詐害行為取消と否認その他、④保全命令・債権届出・担保権の取扱いなどである。

(1) 仮差押えの利用

仮差押えは、債権回収手段として特に強硬な手続であり、実務的にも非常に効果的である。この強力な仮差押えも、債務者が法的整理手続に入ると失効し、費用と労力がすべて無駄となる。債務者が倒産した場合に、法的整理手続に入る可能性の高いときは仮差押えは原則としてすべきではない（形式的に法的整理手続申立てをして保全命令のみをとっておき、1～2カ月で申立てを取り下げてしまう例もあるが、その場合は仮差押えは効力を生ずる）。法的整理手続に入る見込みがない場合には、まず仮差押えの利用を検討する。

(2) 相殺の制限

金融機関が債権者である場合、相殺は債権回収において重要な役割を果たす。ただ、債務者が法的整理に入るか否かにより、相殺の扱いは大きく違いが生ずる。

a　一般的に相殺のできない場合

民法は、債権と債務が対立していても相殺を認めない場合として、不法行為による債権や差押禁止債権を明示している（民法509条、510条）が、実務上問題のあるのは、差押預金との相殺である（同法511条）。

判例は、差押命令が金融機関に送達された時に現に発生している債権（保証人の有する事前求償権を含む）であれば、差押預金との相殺を差押債権者に対抗できるとしている（最大判昭45・6・24金融法務事情584号4頁）ので、差押え後に取得した債権でない限り相殺は可能である。

b　法的整理手続に入ると相殺できない場合

(a) 法的整理手続一般

破産法、民事再生法、会社更生法などでは、次の場合に相殺が禁止されている（破産法71条、72条、民事再生法93条、93条の2、会社更生法49条、49条の2）。

① 手続開始後に債務を負担（債権を取得）したとき。

② 支払不能になったのちに契約によって負担する債務をもっぱら相殺に供

【図表23】　法的整理と私的整理の回収上の相違点

事　　項	法　的　整　理	私　的　整　理
仮差押え	無駄骨になる可能性あり	有効な手段となる
相殺の制限	支払停止、開始決定後の債権債務に制限あり	差押え後に取得した債権による相殺に制限あり
時　　期 　債　　権	更生・再生債権届出期日まで 更生・再生債権届出期日まで	制限なし 民法の原則どおり
偏ぱな行為	破産、再生、更生の場合の否認権	詐害行為取消権
保全処分	弁済禁止等がある	制度なし
担保権実行	更生手続のみ禁止 担保権消滅の許可制度	制限なし
債権届	無届で失権することあり	失権することなし
債権者集会	法定されている	制度が法定されていない

する目的で破産者、債務者、更生会社（以下「破産者等」という）の財産の処分を内容とする契約を破産者等との間で締結し、または破産者等に対して債務を負担する者の債務を引き受けることを内容とする契約を締結することにより破産者等に対して債務を負担した場合であって、当該契約の締結の当時、支払不能であったことを知っていたとき。

③　支払不能になったのちに支払不能であったことを知って債権を取得したとき。

④　支払の停止があったのちに支払の停止があったことを知って債務を負担（または債権を取得）したとき。ただし、当該支払の停止があった時において支払不能でなかったときは、この限りでない。

⑤　手続開始の申立てがあったのちに手続開始の申立てがあったことを知って債務を負担（債権を取得）したとき。

支払停止等ののち、手続開始決定のある前に負担した債務、取得した債権は、例外として債務負担、債権取得の原因が支払停止等の前にあったものは

相殺が認められている。金融機関の手形割引依頼人に対する買戻権の行使によって発生する買戻代金支払請求権は支払停止前の手形割引契約にその原因をもつのであり、求償権を自働債権とする相殺は「前に生じた原因」に基づくものとされる（最三小判平10・4・14金融法務事情1520号43頁）。いずれも旧破産法104条4号但書（現行破産法72条2項2号）に該当し（最三小判昭40・11・2金融法務事情429号46頁）、相殺は可能とされる。破産手続開始の申立て（支払停止）前に振込指定を受けていた金員が、破産手続開始決定の前日までに振り込まれると相殺できる（前掲名古屋高判昭58・3・31）が、破産手続開始決定後に振り込まれると相殺はできなくなる。

(b) 取立委任手形の問題など

支払停止または破産手続開始の申立てを知ったのちに、破産債権者が取立委任手形を取り立てた結果として破産者に対して負担した取立金引渡債務を受働債権として相殺を行う場合には、支払停止および破産手続開始の申立てを知る前に破産者との間で締結した銀行取引約定書の存在が、旧破産法104条2号但書（現行破産法72条2項2号）にいう「前ニ生ジタル原因」と認められ（最三小判昭63・10・18金融法務事情1211号13頁）、取立手形が破産手続開始決定前に入金となれば相殺できる。

一方、取立手形が破産手続開始決定後に入金になった場合には相殺はできないが、金融機関はこの手形に商事留置権を有しており（商法521条）、商事留置権は破産手続上は特別の先取特権とみなされ（破産法66条1項）、特別の先取特権を有する者は別除権者として（同法65条2項）、破産手続によらずにこれを行使することができるのであるから（同条1項）、金融機関は取立金を債権の回収に充てられると解すべきであろう。この点最高裁判所は、「手形上の商事留置権者は、破産宣告後も留置的効力を主張し、破産管財人からの返還請求を拒むことができる」と判示した（最三小判平10・7・14金融法務事情1527号6頁）。

さらに、判例は、会社から取立委任を受けた約束手形につき商事留置権を

有する銀行は、同会社の再生手続開始後の取立てに係る取立金を、法定の手続によらず同会社の債務の弁済に充当し得る旨を定める銀行取引約定書に基づき、同会社の債務の弁済に充当することができるとした（最一小判平23・12・15金融法務事情1940号96頁）。

支払承諾の求償権についても手続開始決定前に代位弁済したものは相殺できるが、手続開始決定後のものは相殺できない。そこで、金融取引では、支払承諾約定書で事前求償権の発生事由を設け、その対策を講じて相殺できるようにしている。「第2章第2節1(3)」参照。

c 更生債権および再生債権届出期日の経過

会社更生法では、相殺は更生債権届出期日の経過するまでに実行しなければならないとされ（会社更生法48条）。民事再生手続においても同様で、再生債権届出期間内に限り相殺することができる（民事再生法92条）。

d 破産手続で相殺が認められる場合

破産法は、破産手続開始決定時におけるすべての債権・債務を清算させる目的から、次の債権・債務につき、特に相殺することを認めている（同法67条2項）。

① 解除条件付き、停止条件付き、将来債権であるもの
② 非金銭債権、金額不確定債権、外貨債権等

(3) 詐害的行為の取消・法的整理における否認

倒産した債務者からは、債権者として相当強引な回収策をとらざるをえない事態も生じるが、法律の手続によらず債務者の意思に反して行う自力執行的な回収は認められていない。弁済や担保提供、資産の処分など債務者の意思によりなされた行為であっても、債権者間の公平に反していたり、他の債権者を害したりするものであると、他の債権者から後日その取消を求められることがある。債権者は、債務者が債権者を害することを知ってした法律行為の取消を裁判所に請求することができる。これを詐害行為取消権という（民

法424条)。

　ただし、債務者だけでなく受益者（弁済を受けたり、担保を取得した者）においても他の債権者を害する行為であることを知っていることが必要とされる。特に弁済期にある債権を現金で回収した場合には、債務者と受益者が共謀して故意に他の債権者を害する意図でなされたものでない限り取消はできないとされている（最三小判昭52・7・12金融法務事情834号38頁）。実務上、現金による回収については詐害取消権に留意する必要はないであろう。

　法的整理手続においては、管財人等に次のような否認権が認められている。破産手続を例に述べる。

a　**破産債権者を害する行為の否認**（破産法160条）

　次に掲げる行為（①②は担保の供与または債務の消滅に関する行為を除く）は、手続開始後、否認することができる。

① 破産者が破産債権者を害することを知ってした行為。受益者が破産債権者を害する事実を知らなかったときは、この限りでない。

② 破産者が支払の停止等があったのちにした破産債権者を害する行為。受益者が支払の停止等があったことおよび破産債権者を害する事実を知らなかったときは、この限りでない。

③ 破産者がした債務の消滅に関する行為であって、債権者の受けた給付の価額が当該行為によって消滅した債務の額より過大であるもの。

④ 破産者が支払の停止等があったのち、またはその前6カ月以内にした無償行為およびこれと同視すべき有償行為。

b　**相当の対価を得てした財産の処分行為の否認**（破産法161条）

　破産者が、その有する財産を処分する行為をした場合において、その行為の相手方から相当の対価を取得しているときは、その行為は、次に掲げる要件のいずれにも該当する場合に限り、否認することができる。

① 当該行為が、不動産の金銭への換価その他の当該処分による財産の種類の変更により、破産者において隠匿等の処分をするおそれを現に生じさせ

るものであること。
② 破産者が、当該行為の当時、対価として取得した金銭その他の財産について、隠匿等の処分をする意思を有していたこと。
③ 相手方が、当該行為の当時、破産者が前号の隠匿等の処分をする意思を有していたことを知っていたこと。

c 特定の債権者に対する担保の供与等の否認（破産法162条）

次に掲げる行為（既存の債務についてされた担保の供与または債務の消滅に関する行為に限る）は否認することができる。

① 破産者が支払不能になったのち、または破産手続開始の申立てがあったのちにした行為。ただし、債権者が、支払不能、支払停止、破産手続開始の申立てを知っていた場合に限る。
② 破産者の義務に属せず、またはその時期が破産者の義務に属しない行為であって、支払不能になる前30日以内にされたもの。ただし、債権者が他の破産債権者を害する事実を知らなかったときは、この限りでない。

d その他の行為の否認

上記以外にも支払停止後の対抗要件取得行為（これを権利変重の対抗要件の否認という。破産法164条）のほか、債権者のした強制執行により実現させた行為（これを執行行為否認という。同法165条）などについても否認の対象になる。

民事再生、会社更生においても上記と同様の取扱いがなされる（民事再生法127条～127条の3、129条、130条、会社更生法86条～86条の3、88条、89条）。

(4) その他

私的整理は、手続を定めた法律はないので自由に進められるが、法的整理は、申立て、保全命令、開始決定、債権届と一定の手順が法定されており、それぞれの段階において特別の効果があるのが特色である。そのうち債権者として特に関係の深いのは保全命令と債権届、担保権の取扱いである。

保全命令も、その手続により多少異なるが、一般的に出されるのが債務者の財産に関する保全処分である（破産法28条等）。裁判所は利害関係人の申立てによりまたは職権で、債務者の財産に関し、処分禁止の仮処分その他の必要な保全処分を命ずることができる。債権者の取立行為などを禁止した命令ではないが、債務者にはこの命令は強硬に弁済を要求する債権者に支払を拒否する「錦の御旗」として利用され、手形の不渡による取引停止処分を免れる（東京手形交換所規則施行細則77条）目的で利用されている面もある。債権者の立場からいえば、保全処分の出ていることは、債務者が法的整理手続に入ったこと（それも、どのような法的整理かも）、以後債務者に弁済、担保の提供を求めても、実現の可能性がなくなったことを示すものである。

　私的整理手続においては、債権者集会が開催され、債権届を求められることはあるが、届出により催告として時効中断の効力が認められるくらいで（民法153条）、届出の有無により債権の効力にほとんど影響を及ぼさない。法的整理においては、債権も担保権も手続内でのみ行使できるもの（会社更生）、担保権は手続外で行使できるが、債権は手続内でのみ行使が認められるもの（民事再生、破産）、届出がない債権は劣後的に扱われるもの（特別清算）などまちまちであるので注意を要する。

　第三者提供の担保・保証は原則として自由に権利行使が認められるが、債務者本人提供の担保については、管財人による担保権消滅の許可申立ての制度（破産法186条、民事再生法148条、会社更生法104条）がある点は注意しておく必要がある。

3　整理手続別の回収上の留意点

　債務者の整理方法が明らかになった場合には、前記の整理手続の主な相違点を念頭に置いて、それぞれの整理手続に応じた回収策を立てる。整理手続でも、不渡を出し、債権者集会が開かれ、具体的に支払を受けるまでには、

いろいろな変化が生じてくるので、手続の進行に応じた対応が必要になる。倒産直後における整理手続に応じた対応について述べる。

(1) 私的整理への対策

企業が倒産した場合、約90％は私的整理手続により清算が進められている。法的整理手続によることが確実であると認められる場合以外は、私的整理手続によるものと考えて、次の点に留意し対策を立てる。

a 回収資源をさがす

私的整理の場合は、回収に熱心な債権者が有利に回収している。回収に熱心とは、単に債務者に督促を重ねることではなく、本章で紹介したように、回収の交渉相手をできるだけ広く求め、その者のもつ弁済資源をできるだけ早く確認し、それに的をしぼって、強硬に交渉を重ねることである。法的整理に入ると法律的に各種の制約があり、担保権の行使を除き任意回収を得る可能性は少ないが、法的規制を受けない私的整理では回収資源に的をしぼった、早期かつ強硬な督促こそ最も実効性があがることとなる。「第1章第1節5」参照。

b 仮差押えを活用する

法的整理に入った債務者に対しては、仮差押えはほとんど無力といってよ

【図表24】 私的整理手続への参加上の留意点

回収資源を捜す	第1章第1節5参照
仮差押えを活用する	第2章第4節参照
弁済の誠意を確認する	回収できるかは本人の誠意次第
知恵をしぼる	債権者も債務者も知恵比べ
ねばりが大切	特に金融機関の特色を生かす
弁護士を確認する	大切な決定は弁護士が参加
整理屋に注意	それは暴力的な整理屋か

いが、それ以外では仮差押えはきわめて有力な回収手段となる。仮差押えに優先弁済権はないが、担保権などに優先弁済権が認められるのは、その目的物が差し押さえられ、競売や公売になったときであり、それ以外では仮差押えも担保権も実質的には変わりない。特に仮差押え後目的物について債務者のしたいっさいの処分行為が仮差押えに対抗できないので（民事執行法87条2項）、この点では担保権より強力である。事実、債務者の所有物件については抵当権の設定された不動産ですらほとんど任意売買の方法で処分されているのが現状であり、仮差押えは回収手段として重要となる。

なお、仮差押えについては、「第2章第4節」を参照されたい。

c 債務者の誠意を確認する

私的整理においては、債務者が誠意をもって清算にあたるのか、それとも資産を隠匿し、債務逃れを図ったり、一部債権者と通謀して不公正な整理を進めようとしているのかを早い段階で見極めることである。親会社の厳正な監督や、公正な債権者委員会により進められる整理は、法的整理より債権者に有利になるといえようが、不正な目的をもって進められると、一部の債権者の犠牲のもとに進められることになりかねないので、注意を要する。

信頼のおける私的整理は、整理を進行する担当者に任せて協力すればよいが、信頼できない整理は、積極的にその進行を監視するとともに、少しでも不審な点があれば積極的に指摘し是正することである。それでも安心できない場合には、仮差押え、仮処分など法的手段を利用する以外にない。第二会社により事業を継続する場合には、第二会社への追及も心がける（「第1章第3節3(1)」参照）。

d あらゆる手段を考える

倒産した企業からの回収は、1人の債権者の問題ではない。企業が大きくなればなるほど、多数の債権者が互いに先を争って、わずかに残った財産から回収しようとする。そのなかで、より有利に、より多く、より早く、より安全に回収するには、他の債権者と同じことをしていたのでは、立ち遅れて

しまう。知恵を働かせることが肝要であり、極端な表現をすれば、債権者同士の知恵比べ、債務者との知恵比べの面がある。

　他の者なら誰でも考えそうなことは後回しにして、他の者の気がつかない回収資源をみつける、他の者の利用しない方法によって交渉することである。そのうえで、通常誰でも利用するであろう方法を、無駄でも1つひとつつぶしていく過程で、なんらかの情報を入手し、それを上手に利用すること、なるべく多くの関係者（同僚、先輩、後輩、上司、専門家、弁護士など）の意見を聞き、そのなかから使える方法を探し出すのがコツである。

e　ねばりが大切

　一般の債権者は、強硬な督促をし、あらゆる手段を使って回収に努力するが、それは倒産直後のことである。その後は、回収見込みの薄い債務者に、多大な時間、費用、労力をかけるより、前向きの日常の取引に力を向けたほうが有益とみるから、残債権は償却を考える。金融機関は、倒産直後に他の債権者のような強硬な取立ては事実上とりえないが、そのかわり、融資実行時等に債務者の財務関係書類を徴しており、回収専門のスタッフを擁することから、長期にねばり強い追及が可能である。この特色を上手に活用していくことである。

f　弁護士と連係をとる

　倒産した債務者の最も頼りになるのは弁護士である。私的整理でも、弁護士には何かにつけ事実を話し、指示を仰ぎ、それによって行動している例が多い。債権者としても弁護士が誰であるか確認し、直接交渉してみることである。債務者と複雑な交渉を重ねざるをえない事態が生じた場合には、事前に弁護士の意向も確認しておかないと、途中で話がこじれたり、行き違いが生ずることがあるから注意を要する。

g　整理屋に注意すること

　倒産した企業を食いものにして、強迫したり、騙したりして甘い汁を吸う、いわゆる整理屋と呼ばれる者がいる。整理屋には、暴力的手段を用いて債務

者はもちろん債権者までおどかし、故買商などと結託、不正に残った財産を換金し、逃走する悪質かつ危険な者や、ときに表面には現れず、裏で債務者をおどかして全権の委任を受け、表面的には公正な私的整理のような体裁をつくり（なかには民事再生などの法的整理の申立てをし、保全命令までとり）、その実、債権者集会や債権者委員会をリードし、いつの間にか債務者の財産を処分、無一物の状態にする者もいる。

　暴力的手段を用いる整理屋は、警察などに任せ、債権者が直接交渉をもつことは危険である。表に出ない整理屋には、むしろ仮差押えなど法的手段で対抗していく。

(2) 法的整理対策

　法的整理に入った場合は、個別の債権者の取立ては禁止され、裁判所の監督のもとに公正に清算手続が進められるから、1人だけ有利に回収しようとしても無駄である。また他の債権者に対する不公平な弁済も生じないから、基本的には裁判所の監督を信頼して配当を待つことになる。法的整理でも厳重な裁判所の監督下に進められる更生手続や破産手続から、原則として債務者の裁量が大きい民事再生手続まであり、必ずしも安心して任せられないものもあるので、以下の点に留意して対応する必要がある。

【図表25】　法的整理手続への参加上の留意点

手続外の債務者への請求	保証人、手形関係人、会社役員等への請求
民事再生の申立てに留意	他の手続の中止等
民事再生手続の考え方	再生債務者の地位、監督・管理命令、簡易再生・同意再生の採用
法的手続の概要を確認しておく	第2章第7節参照
弁護士との折衝をもつようにする	整理手続は弁護士を中心に進められる

a 法的整理外の回収に重点を置くこと

1個の債権でも、弁済請求できる相手には主債務者だけでなく、保証人、連帯債務者、会社役員などもあることについては前述した(「本章第1節1、2、第3節」等参照)。債務者が破産、更生手続などの申立てをしても、それ以外の者に対する請求まで拘束されるものではない。

法的整理に入った債務者からの回収は、裁判所の監督に任せて、法的整理に入らない債務者の関係者からの回収に重点を置いて交渉する。保証人、会社役員などに対する権利は、主債務者からの弁済が受けられないときの補完的なものとして認められた権利であるが、主債務者の法的整理手続の完了を待たないと請求できないものではない。主債務者が倒産し、法的整理に入った以上、当然、直ちにそれら二次的責任を負う者に請求すべきである。

b 民事再生の申立てに留意すること

中小企業にとって破産手続開始決定を受けることは致命傷を負うことを意味する。企業資産等の管理・処分権も経営者の手から離れ、いっさいが管財人の手に渡る。債務者が比較的自由に手続を進めることができ、しかも破産手続を回避するための手段が、民事再生手続である。民事再生の申立ては債務者にも認められており、たとえ開始決定があっても債務者はその財産についての管理・処分権を失わない(保全命令の範囲内で拘束を受け、債務者の管理・処分が失当とされ管財人が選任されると管理・処分権を失う)。民事再生手続の開始決定がなされると、すでに申し立てられていた破産手続も中止となる(民事再生法39条)。

これらの点を考慮したうえ、民事再生手続の申立てをし、保全命令を得て債権者の取立て、特に強硬な債権者からの取立てを一時凌いでから申立てを取り下げて、勝手に清算してしまう債務者の例もあるので注意を要する。

c 民事再生手続の考え方

民事再生法は和議法にかわるものだが、破産法や会社更生法の考え方も多分に取り入れており、その基本的な考え方として次の3点があげられる。

① 債務者自ら事業を継続することを原則としており、再生債務者は、再生手続が開始されたのちも、その業務を遂行し、またはその財産を管理し、もしくは処分する権利を有する（民事再生法38条）。
② 完全に再生債務者に任せるのではなく、裁判所が監督委員を選任し、その同意を得なければ再生債務者がすることのできない行為を指定する監督命令（民事再生法54条）や、裁判所が再生債務者の財産の管理または処分が失当であるときなどに、再生債務者の業務および財産に関し、管財人による管理を命ずる管理命令（同法64条）の2つの制度を導入した。
③ 5分の3以上の債権者の再生計画案に対する同意により、債権調査・確定手続を経ることなく手続続行が可能な簡易再生（民事再生法211条）、債権者全員の同意により、債権調査・確定手続・再生計画案の決議を経ることなく任意整理が可能な同意再生（同法217条）、の2つの簡易手続を採用した。

d 法律手続に留意すること

法的整理手続は、裁判所の監督のもとに一定の法律手続をとることにより進められるので、手続を誤ると、その権利を失うことがある。権利喪失の程度は、手続により大きく相違するので、その手続がどのような手順で進められ、自己のもつ権利はどのように取り扱われることになるか、あらかじめ法律の規定を確認し、弁護士などと十分相談しておく。

e 受任弁護士と折衝をもつこと

法的整理の開始決定があったのちにおいても同様であるが、少なくとも開始決定前においては、債務者は重要な意思決定は、事前に相談相手である弁護士の意見を聞いて行っているのが普通である。このため、せっかく債務者との間に話合いができても、いざ契約書に調印という段になって、いろいろなクレームが生ずることが多い。

特に、債務者が法的整理の申立てをした場合には、その後の法律問題をすべてこの弁護士の指示に従って行動することにしている例が多い。そこで、

以後の各種手続においては、事前にその弁護士の意向を確認して対応する。

(3) 各種法的整理手続の対比

手続を裁判所に申請することは、企業としては大問題であるため、事前に社内において役員会などの決議が必要になろう。そのうえで、顧問弁護士と相談し、申立てに必要な書類を作成する。裁判所で定める予納金の納付が必要であり、弁護士への報酬も準備しておかなければならない。相当の資金を用意しておかないと、申立てもできない。特別清算はすでに清算手続に入っている株式会社でないと申立てができず、会社更生手続も株式会社に限られ

【図表26】 法的整理手続の対比

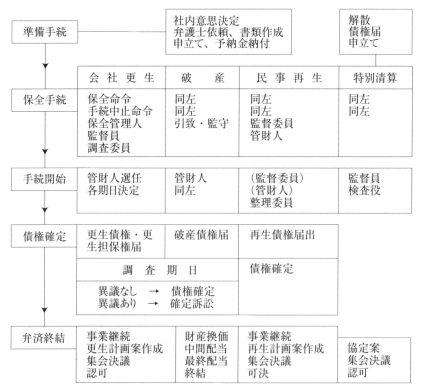

ている。民事再生手続は債権者または債務者の申立てにより進められ（民事再生法21条）、対象は自然人・法人のすべてであり（同法１条）、対象が拡大されている。

　裁判所は申立てがあると、直ちに保全処分の命令を出す。命令は、債務者の弁済などを禁止するものであるが、そのほかに債権者の申し立てた差押えの中止命令もできる。そのうえで裁判所は、申立てが適法なものか調査し、債務者に必要と認めると検査役、監督委員などの選任もする。以上が、申立て後の裁判所の手続であるが、申立てが適当と認められると、開始決定があり、管財人（破産と更生手続の場合）、整理委員などが選任されて、整理手続に入る。

　更生手続、破産手続および民事再生手続には債権届の手続があり、届出債権の調査により確定すると債務名義が認められる。民事再生手続における簡易再生（民事再生法211条）と同意再生（同法217条）による場合には債権調査・確定手続を経ることなく手続続行が可能となる。以後、更生手続では管財人が会社の再建に努力し、更生計画を作成、債権者の同意が得られると、その計画により弁済がなされる。破産手続では、管財人が債務者の財産をすべて換金し、配当期日を定めて各債権者に配当していく。民事再生手続では、再生債務者または管財人が作成した再生計画案が議決権者の２分の１以上の賛成で可決されると（同法172条の３）、認可決定を経て遂行される。特別清算手続は、清算人から提示された清算方法の協定案に、債権者の同意が得られると、協定に従って清算がなされる。

第 5 節
貸出債権の自己査定

1　貸出債権の分類

　回収のための準備を終えたら、貸出金等の債権を分類する。その目的は、回収可能金額や回収不能金額を把握し、今後の回収業務を進めるうえでの展望をもつためである。と同時に、金融機関が自己責任により資産内容の実態を反映した財務諸表を作成するにあたって、企業会計原則などに基づいた適正な償却や引当をするための準備作業として行うものである。自己査定である以上、金融機関によって手法等に異なる部分あるので自行（庫・組）の分類基準をよく確認する。

2　債務者区分と分類区分

　自己査定において、貸出債権は債務者区分と分類区分のマトリックスにより分類を行う。これらの区分は、平成11年7月に金融庁（当時は金融監督庁）より明示された「金融検査マニュアル」に沿った分類である。平成16年2月26日金融庁検査局は、金融検査マニュアル別冊「中小企業融資」とし、さらに平成21年12月には、検証ポイントと検証ポイントに関する運用例とが出されている。
　なお、金融機関が債権の資産査定を行う前提となる債務者区分のために作成した資料は、外部の利用が予定されているために、民事訴訟法第220条4号ニ所定の文書にあたらない（最二小決平19・11・30金融法務事情1826号46頁）。

【図表27】 貸出先の分類基準―債務者区分

項番	債務者区分	債 務 者 の 状 態
1	正 常 先	業況が良好であり、かつ、業務内容にも特段の問題がない先。
2	要 注 意 先 ［要管理先］	金利減免・棚上げを行っているなど貸出条件に問題ある債務者。［3カ月以上延滞債権、貸出条件緩和債権］
3	破綻懸念先	経営困難の状態にあり、今後、経営破綻に陥る可能性が大きい先。
4	実質破綻先	法的・形式的な経営破綻の事実は発生していないが、実質破綻先。
5	破 綻 先	法的・形式的な経営破綻の事実が発生している先。

【図表28】 自己査定の分類区分

項番	分類区分	債 権 の 内 容
1	第Ⅰ分類	確実で全然問題のない資産。
2	第Ⅱ分類	債権保全上の諸条件が満足に満たされていないため、あるいは信用上疑義が存在する等の理由により、その回収について通常の度合いを超えていると判定されるその他の資産。
3	第Ⅲ分類	最終の回収または価値について重大な危険があり、したがって損失の発生が見込まれるが、現在その損失額が確定しえない債権。
4	第Ⅳ分類	回収不能または無価値な資産。

第2章

回収のための手段

　事業の失敗などにより債務の返済が困難になった債務者から債権を回収するには、単に債務者に支払を督促しているだけでは効果が生ずるものではない。多数の債権者が、わずかに残った財産から回収しようとするので、いかに回収の実効のあがる手段をとるかが問題になる。
　そこで本章では、その具体的手段について述べる。それは、回収計画の立案、相殺、督促、仮差押え、手形不渡対策、各種の事例と対策のポイント、および、各種整理手続参加、の7点。

第1節

回収計画の立案

　不良債権の回収は、ただ債務者に弁済の督促をしているだけでは実効はあがらない。多数の債権者のなかにあって、わずかに債務者の残った財産から債権の回収をするためには、回収実績のあがる可能性の高い物件に的をしぼって交渉し、無駄の少ない手段を選んで手早く事を進めることである。そのためには、督促に先立ち、実効ある回収計画の立案が必要になる。

　しかし、債務者の規模、業種、業歴、経営者の性格、他の債権者の動向、あるいはその整理方法等の違いから、あらゆる場合にも適した回収計画というものはありえない。状況に応じて、最も実効ある手段を選ぶ以外にない。まず、一般に共通するであろう回収計画の立案方法、つまり、立案のための準備と計画の作成について述べる。

1　立案のための準備では何をするのか

　まず、自己の債権の総額とそれが現在どのように保全されているかを把握する。次に、債務者の現況、実態を正確に把握するとともに、さらに現在債務者からの回収資源として何があるのかをできるだけ多く確認しておくことである。

(1)　自己の保全状況を把握すること

　債務者が倒産し、債務の弁済が困難な状態になっても、担保などにより債権があらかじめ保全されていれば、特に問題はない。問題になるのは担保などによる保全が不足している場合である。どのくらい保全が不足しているの

【図表29】 回収計画の立案方法

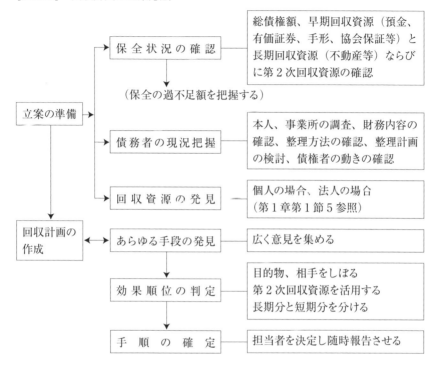

か、この保全状況の確認は、回収を要する債権の総額と、回収資源とみられるものの総額を把握することから始める。

a 総債権

総債権とは、債務者に対して請求しなければならない債権の総額のことで、融資債権、立替払金債権などすべての債権を含む。

特に金融機関の実務で注意を要するのは、日本政策金融公庫など政府系金融機関の代理貸付における求償権である。債務者の倒産時にはまだ保証債務を履行していないため求償権は発生していないが、早晩代位弁済を要することになるため、将来の求償権としてその債権総額に加算しておく必要がある。代理貸付については50％保証、80％保証いずれの場合であっても、保証

債務を履行したのちに金融機関が回収すると、50％または20％相当額を公庫に回金する義務が生じる。結局、公庫の債権を100％金融機関で回収しないと免責されないことに留意する（最二小判昭62・7・10金融法務事情1167号18頁）。なお、平成20年10月1日中小企業金融公庫は解散し、同日付をもって設立された特殊会社である株式会社日本政策金融公庫（略称「日本公庫」）に統合した。さらに、同日付で、国民生活金融公庫、農林漁業金融公庫、国際協力銀行も解散し、新会社に統合した。

b 早期回収資源

債務者の協力を要せず、早期に充当できる回収資源が、総債権の額以上あれば、問題は生じない。金融取引で、一般に考えられる早期回収資源としては、次のものがある（回収資源の調査方法については、「第1章第1節5」を参照されたい）。

① 預　　金

倒産時に有する債務者、保証人などの預金は、特に担保の差入れがなくとも、相殺により直接債権の回収に充当できる。その際、問題になるのは、それがたしかに債務者などの預金なのかということと、債務者などの預金を見落としてはいないかということである。相殺による回収については、「本章第2節」を参照されたい。

② 有価証券担保

株券、公社債などの有価証券担保は、流通性が高く、自由に処分し、回収に充てることができる。非上場であったり取引所の売買制限がなされていたりすると容易に処分できないので、念のため発行会社に確認をしておく。株式等のなかには、市場価額の変動が激しいものもあるので、時価を査定するとともにその売却時期については慎重に判断することが必要である。債務者に更生手続開始決定があると処分が禁止されるので、多少不利であっても早期に処分する。譲渡制限のある株式については、事前に発行会社と打ち合わせて、処分の時期、相手方を決めるようにしないと、処分

が困難になる（会社法136条）。なお、平成21年1月5日、「社債、株式等の振替に関する法律（平成13年6月27日法律第75号）」の施行により株券電子化が完全実施された点については「第1章第2節6(5)a」参照。

③ 手　　形

　金融機関の融資取引においては、割り引いた手形や担保にとった手形は、債権の回収資源として常に重要となる。融資先が倒産すると、それまで期日に確実に決済されていた銘柄の手形でも、突然不渡となって返還されることがある。融通手形は、それまで順調に決済されていても、どちらか一方が倒産すると決済資力を失い、以後不渡となることが多い（連鎖倒産する可能性もある）。融通手形でなくとも、それに便乗して不渡にすることはよくあるケースである。取引の相手方が倒産すると、それまでのなんらかの関係を持ち出し、決済を渋りがちになるからである。その意味から、直ちに決済見込みの確認をしておく。手形の保全・回収対策については、「第2章第5節」を参照されたい。

　なお、債務者からの取立委任、保護預りなどに基づいて金融機関で預かっている手形について商事留置権が成立すれば（商法521条）、担保の目的とすることができる。商事留置権が成立しなくとも、銀行取引約定書等の基本取引約定書により留置権の成立するものもある。これらの手形は金融機関で期日呈示し、決済が得られれば相殺により融資債権に充当できるが、手形債権の譲渡を受けているわけではなく、手形債務者に人的抗弁で対抗されることがあるので、その点留意しておく。前述したように、債務者が破産になった場合の代金取立手形と商事留置権の成否について、最高裁判所は、「手形上の商事留置権者は、破産宣告後も留置的効力を主張し、破産管財人からの返還請求を拒むことができる」と判示し（前掲最三小判平10・7・14）、さらに判例は、再生手続開始後の手形取立金についても、法定の手続によらず銀行取引約定書に基づき、債務の弁済に充当することができるとした（前掲最一小判平23・12・15）、のは先にみたとおりである。

「第1章第4節2(2)b(b)」を参照されたい。

手形債権についてはその要式証券性、呈示証券性等から、手形要件が完備しているか、期日呈示が守られているか、裏書の連続があるかといった形式的な面も再確認をしておくことはいうまでもない。

④　協会等の保証

各地の信用保証協会や特定業種に関する基金といった公的保証機関の保証のある債権については、確実に回収が見込める。各種の保証保険などを利用している場合も同じである。公的保証等については、保証機関の制度の目的から、各種の規制がある点に留意する必要がある。いわゆる免責事項に該当していないかを確認しておかなければならない。信用保証協会の保証でよく問題を生ずる免責事由については、「第1章第2節6(6)」参照。

⑤　指名債権担保

金融機関は自行預金以外にも、他行預金、売掛金、工事請負代金、診療報酬、敷金、保証金など各種の指名債権を担保の目的としている。これらの債権の担保では、次の点に留意する必要がある。前掲「第1章第2節6(4)ｂｃｄｅ」をあわせて参照されたい。

・対抗要件……質権、譲渡担保の対抗要件は、第三債務者に対する通知またはその承諾を確定日付ある証書により行うことである。動産・債権譲渡特例法に基づく債権譲渡登記も新たに第三者対抗要件として認められるようになった。代理受領、振込指定の場合は、第三者対抗要件ではないが、担保目的の契約であり、本人の直接受領禁止、解約・変更禁止の特約のある依頼文書に第三債務者の承諾が必要である。

・支払能力……担保は法的に有効でも、支払能力に欠けるものは、担保価値がない。第三債務者の資力の確認が大切になる。

・抗弁権……担保の目的となっている債権が、建物の明渡しを条件とするもの、工事完成を条件とするものなどの条件付きの場合は、その条件との関係、現況、今後の見込みとともに、第三債務者が反対債権による相

殺、返品ずみなどの抗弁を主張していないかを確認する。第三債務者から異議をとどめない承諾を得ておけば、抗弁を封じることができる（民法468条）。

・法的整理手続……債務者が法的整理手続に入ると、担保権の取得が否認される場合もある（破産法160条等）。代理受領、振込指定は、破産手続では担保権として認められない（委任契約であるため。民法653条等）。開始決定前に入金がないと、担保とはみられないのである。このことは民事再生手続等の他の法的整理手続についてもいえることである（民事再生法127条等）。

・平成20年12月1日施行された電子記録債権法（平成19年6月27日法律第102号）については、「第1章第2節6(4)f」参照。

⑥ 保証、保険

融資に対し、信用保証協会の保証以外にも有力な保証人や、債権担保目的の保険があれば、回収資源として貴重である。保証、保険（住宅融資の保証保険、輸出保険など）の契約が有効に成立しているか、保証、保険条件に問題はないかを確認し、そのうえで保証人等の資力を調査しておく必要がある。特に保証人については保証意思の確認が、保険については免責事項との関係の確認が重要となる。

以上の確認にあたっては、できるだけ固い数字において把握しておくべきである。甘い数字で安心していて、後でその誤りに気がついて保全強化を図ろうとしても手遅れになることが多い。

地方公共団体の補償については、すでに述べたとおりである。「第1章第2節6(7)」参照。

c 長期回収資源

債権を保全するための回収資源には、不動産担保や建設協力金債権の担保など、回収に長期間を要するものもある。このような担保に依存せずに回収できればそれにこしたことはないが、早期回収資源による保全で不足する場

合は、これらの担保にも依存せざるをえない。不動産担保は、担保権を実行（抵当権実行等）して競売手続により回収するより、有利に、早期に任意回収を図るための道具として利用する。担保権の実行による競売は最後の手段と考えるべきである。

d 第2次回収資源

早期回収資源、長期回収資源について固い数字により現況を把握し、長期回収資源に依存せざるをえない状況にあるときは、中長期の回収計画を立てる。早期・長期の回収資源をみても回収困難の生ずる場合は、「ことによるとより多く回収できるかもしれない」といった甘い数字による回収計画を立ててみることも必要となる。この甘い数字のもとになる手段こそ、今後の回収計画としてまず第1に着手しなければならない回収資源となるからである。

たとえば、決済見込みの不明の手形、取扱い方次第によっては回収に結びつけられるかもしれない手形、競売によれば回収額は少なくなるが、適当な買主を探し出し任意売買の形式で売却すれば、より多く回収できるであろう不動産担保などである。

(2) 債務者の現況を把握すること

債権の回収は、主に債務者からの弁済によるから、債務者の倒産後の状態の正確な把握は、よい回収計画を立てるための大前提である。そのためには、次の事項について、その実態を正確に調査、確認しておく必要がある。

a 本人、事業所の現況調査

債務者が不渡を出し倒産したのち、社長が行方不明になっているか、社長は行方不明ではあるが他の役員や従業員は出社しているのか、あるいは店舗は営業しているのか、工場は休止しているのか稼働しているのかなどの現況をみておく。社長の行方不明も、倒産直後の混乱に巻き込まれないために、一時的に身を隠しているだけなのかもしれない。特に従業員の現況は、その

企業が再建可能か否かの決め手となる。直接従業員に面接して、真意を確認するのも1つの方法であろう。

b 財務諸表の入手

債務者の資産状態を正確に把握するためには、最近の、できれば直近の貸借対照表、科目明細書などを入手するのが最適だが、実務的には入手が困難であり、また、必ずしも正しく実態を表しているとは限らないという問題がある。財務諸表を入手することはたしかに困難であり、債務者に密着しなければ入手できない。新しいにこしたことはないが、少しぐらい前のものでも十分参考になる。粉飾されていても手がかりには十分になる。

c 整理方法の確認

回収計画は、私的整理によるか法的整理によるか、具体的な整理手続は何かによって回収計画の立て方が変わってくる。整理手続の種類とその特色は「第1章第4節」で紹介したとおりである。法的整理は、申立て前に顧問弁護士とどのような折衝がもたれているかの確認に重点を置く。すでに申立てずみの可能性があるときは、債務者の本店を管轄する地方裁判所（支部）の民事事件の受付係に、自己が債権者であることを証する書面をもって照会してみるか、顧問弁護士に依頼して確認してもらうと便利である。

d 整理計画の妥当性

整理方針が再建型（棚上げ型、第二会社方式、会社更生および民事再生）である場合は、債権者の協力が必要であり、積極的に再建計画の内容を聴取する。ときには、債務者から自発的に計画を債権者に説明し、協力を依頼してくることもある。その場合注意すべきは、口先だけか、実現の可能性があるのかの確認である。強硬な債権者の取立てを一時凌ぎに回避し、その間に財産の散逸を図ろうとする者がいるからである。本人がその意図をもっていたとしても、実現の可能性が低ければ計画は失敗し、第2次的な整理になる可能性もあるので、その後の対応を考えておく。

そして、出された再建計画の見通しを判断するにあたっては、私的整理ガ

イドラインのいう再建計画案の要件（第7項(2)(3)）が参考になる。詳細は、「第2章第7節1(4)c」を参照されたい。

e　他の債権者の動きを確認する

　債務者自身の状況のほか、他の債権者の動向も確認する。大口債権者、主取引金融機関をはじめ他金融機関はどう出るかを注視する。特に留意すべきは、取立屋、整理屋と称される悪質な債権者が介入していないかである。整理屋には、暴力的組織を使い法を無視して倒産企業にわずかに残った財産を取り上げ、故買商に処分させて利益をあげる者と、表面は通常の倒産を装い、裏に回って債務者と結託し、善良な債権者を犠牲にして計画的に整理を進め、利益を得る者とがある（前記「第1章第4節3(1)g」参照）。

　暴力的整理屋に対しては、警察の力を借りることも考慮する。行為を不当として直接整理屋と折衝することは、大きな危険が伴うので消極的に考える。整理屋の出方次第では、回収計画の立て方に大きく影響するので、できるだけ法的手段（「第2章第7節」参照）を利用すべきである。整理屋の動きは、社長の言動や、債権者集会をみることにより容易に把握できる。

(3)　回収資源を発見すること

　私的整理の場合には、債務者に残っている回収資源をいち早く発見し、それをいかに回収に結びつけられるかが明暗を分ける。この点については、個人の場合と法人の場合とに分けて説明したので、「第1章第1節5」を参照されたい。

2　回収計画のつくり方

　回収計画は、前記「立案のための準備」作業を進めながら、その進行に合わせて作成していくもので、準備を完了してからつくるものではない。手続の進行に従い、順次修正、追加し、よりよい、より効果的な方法に的をしぼっ

ていく。その作業は、次の手順による。

(1) あらゆる手段を考えてみること

　回収の手順は、倒産した企業によりそれぞれ異なり、あらゆるケースに共通したよい方法があるわけではない。相手により、状況により、それぞれ回収計画は異なるから、最も効果的なものをつくる必要がある。考えられる少しでも多くの方法を列挙して、比較検討する。

　回収計画の作成は、その時点までに知りえた債務者の現況、回収資源を前提として、具体的にどのような方法が考えられるか、知恵をしぼることから始まる。回収に精通した人の意見を聞くことは非常に有益であるが、注意すべきは、一般に過去の自分の体験をもとに偏った考え方をもっていることがよくあることである。その人以外にもできるだけ多くの意見を聞き、後輩、未経験者の意見も無視すべきでない。回収計画の善し悪しは、このアイデアの多少によって決まるといってよく、具体的方法を列挙しておく。

(2) 現況における効果を考えること

　具体的な回収手段をできるだけ多く列挙したら、次に各手段について回収の可能性、回収可能見込額、費用、労力と予想される問題点を整理する。回収は任意回収（債務者の意思による弁済）を原則とすべきであり、本人の非協力などが原因で任意回収が困難な場合でもあきらめてはならない。情により本人に弁済の意思をもたせるよう説得するとともに、強制回収策をとった場合のプレッシャーを任意に弁済せざるをえない状況に追い込む手段として利用する。

　やむをえず強制回収に入ったのちも債務者とは常に折衝できるよう心がけておく。強制回収手続を弁護士に依頼したのちも、その手続の進行の節目で任意回収への説得を試みる。いったん競売手続が開始すれば、債務者にとっても不動産の処分が間近に迫っていることが現実感をもって感じられるよう

になる。任意回収に移行したほうが処分価格等の面で債務者にとっても有利であることを説明し、同意を得るよう粘り強く働きかける。実際に債務者が任意回収に同意した時点で競売手続を取り下げる例は多い。

　回収計画をつくる場合には、その置かれている社会的環境、従来の取引経緯なども配慮する必要があり、債権者としてもこの判定には慎重であるとともに、場合によっては経営判断も必要となろう。

(3) 手順を決めて整理すること

　回収のための各手段について効果を検討したら、次に、各手段についてどの順序で実行していくべきかを決定する。①１日を争い直ちにとにかく早く手をつけておくこと、②長期戦を覚悟して当方の陣容を固めておくこと、③実行のために資料の収集を要するもの、の３つに分類し、その手順を決め、一表に記録しておくのが回収計画といわれるものである。回収計画は時に応じて、よりよい計画に修正していくもので、完全なものができるものではない。回収計画の作成にあたり、各事項の担当者、責任者を明確にし、正確な記録をとり、時に応じてその者からの経過報告を受ける。

第2節

相　殺

　相殺は、金融機関の融資取引では最も有効かつ一般的な回収方法である。通常、金融機関は預金取引のある先に対して融資を実行する。預金取引は融資先との取引の深耕を図るための手段として利用される一方で、債権保全においても活用される。預金取引の動向をみることで融資先の信用状態を測り、最終的には相殺の原資とする。相殺は、融資の回収とは切り離しえない関係にある。

　以下、①相殺の可否、②相殺の時期、および、③相殺権の濫用について解説する。なおあわせて、「第1章第4節2(2)」を参照されたい。

1　相殺できるものとできないもの

　相殺は、2人が互いに同種の目的を有する債務を負担する場合において、双方の債務が弁済期にあるときに、各債務者がその対当額について債務を免れるためになされる（民法505条1項本文）。ただし、債務が相殺を禁止されていたり、相殺に適しないものであったりする場合は認められない（同項但書）。通常の場合、融資先、保証人、手形債務者などの預金で弁済期にあるものはすべて相殺可能となる。実務上次の点に留意する。

(1) 預金者の認定に注意する

　相殺の認められる預金は債務者の預金でなければならないが、預金者の認定について判例（最二小判昭52・8・9金融法務事情836号29頁）・学説とも客観説をとっているため、債務者が名義人や預入行為者であっても、資金の出

【図表30】 相殺できるもの、できないもの

原則	相殺の認められているもの ① 同種の債権　② 債権の対立 ③ 弁済期　④ 禁止されていない	破産法で特に認められた債権がある
留意事項	預金者は出捐者とされるのでその点の確認を	証書の回収をしておくと安全
	差押え後の債権による相殺は無効	民法511条
	支払承諾の事前求償権による相殺は認められている	代理貸の回収金按分充当分は除く
	法的整理で相殺が禁止される場合	破産法71条、72条 民事再生法93条、93条の2 会社更生法49条、49条の2
	再生債権届出期間内および更生債権届出期間内でないと相殺はできない	民事再生法92条 会社更生法48条

捐者でない限り預金者と認められず、相殺できない。

　金融実務においては、名義人が預金の出捐者であるか確認できない場面が多々ある。金融機関が預金証書を占有し、債務者を預金者本人と信じたことに過失がなかった場合、預金の出捐者が別人であっても、民法478条の類推適用により相殺は有効とされている（前掲最一小判昭59・2・23）。つまり、表見預金者とみるからである。問題のある預金については早期に証書の交付を受けておくことである。

　なお、金融機関では、「犯罪による収益の移転防止に関する法律」に基づき、口座開設の際に、顧客の氏名、住所、生年月日等について確認するが、同法の改正により、平成25年4月1日から、職業・事業内容や取引を行う目的等についても、確認が義務づけられることとなった。

(2) 差押え後に取得した債権

　受働債権（預金）に差押えのあったのち、その債権者（預金者）に対して

有する自働債権（融資債権等）で相殺することにより、差押債権者に対抗できるのは、差押え時に存した自働債権に限られ、その後に取得した債権による相殺は認められない（前掲最大判昭45・6・24）。この判例以前は、少なくとも自働債権の弁済期が受働債権の弁済期より前でないと、差押え時に相殺適状にない限り、相殺をもって差押債権者に対抗できないとされていた（最大判昭39・12・23金融法務事情395号46頁）。現在は、自働債権の弁済期にかかわらず、差押え時に有した債権であれば、相殺適状になった時点でいつでも相殺できる。

(3) 事前求償権はよいが回金義務の分は認められない

　金融機関の取引で、契約時点で直ちに取引先に対し金銭債権を取得することにならないものとして、手形割引、支払承諾、貸付有価証券取引がある。

　手形割引による買戻請求権（手形の遡求権についても）は、割引手形の不渡など一定の事由が生じないと発生しない。支払承諾の求償権は代位弁済をしないと原則として生じない。貸付有価証券の損害賠償債権（現物債の場合）や求償権（登録債の場合）は返還期限の経過や代位弁済などをしないと発生しない。これらの取引においては、預金などに差押えがあったのちに、上記の事態が生じると、それ以前の取引にかかるものでも、相殺をもって預金の差押債権者に対抗できないことになるのではないか、疑念が生じる。

　そこで、買戻請求権については銀行取引約定書、支払承諾や登録債の貸付有価証券の求償権についてはそれぞれの約定書において、金融機関は債務者への差押命令などの発信時に買戻請求権、事前求償権を取得するとの特約をしている。現物債の有価証券の損害賠償請求権についても同様に、債務者への差押命令の発信時に証券の返還債務と同時に発生する旨特約されているのが普通である。この特約のある先の預金の差押えには、常に相殺をもって対抗できる。

　手形割引は、割引依頼人に仮差押えの申立てがあったときは通知・催告が

なくても金融機関に対して割引手形の買戻債務を負い、直ちに弁済する旨の銀行取引約定書等の基本取引約定書による合意に基づいてなされている。割引依頼人の債権者が割引依頼人の預金など金融機関に対する債権につき仮差押えをし差押・転付命令を得たときは、金融機関は、特段の事情のない限り、右仮差押えの申立てがあった時に割引依頼人に対し手形買戻請求権を取得しその弁済期が到来したものとして、右手形買戻請求権をもって被転付債権と相殺することができる（最一小判昭51・11・25金融法務事情809号73頁）。

　日本政策金融公庫（以下「公庫」という）の代理貸付において、受託金融機関は公庫に対し一定割合の保証（旧中小企業金融公庫の場合は残債権の80％）をするとともに、代位弁済後債務者から求償権の行使により回収した場合、公庫に一定割合按分充当することが義務づけられている（これを回収金按分充当義務という）。この場合、弁済による求償権（事前求償権を含む）と、回収金按分充当義務の履行による求償権とは区別する必要がある。公庫の代理貸付のある先の預金が差し押えられた場合は、前述の支払承諾取引としてそれ以前に代位弁済をしていなくとも事前求償権は発生しているので、その後保証債務を履行することにより、求償権との相殺をもって差押債権者に対抗できる（京都地判昭52・6・15金融法務事情870号59頁）。しかし、回収金按分充当義務の履行による求償権には、事前求償権は発生しておらず（民法460条）、差押え後に回収金按分充当義務を履行した分は相殺をもって対抗できないとされている（前掲最二小判昭62・7・10）。結局、公庫の債権を100％金融機関で回収しないと免責されない。

　なお、平成20年10月1日中小企業金融公庫は解散し、同日付をもって設立された特殊会社である株式会社日本政策金融公庫（略称「日本公庫」）に統合した。「第2章第1節1(1)a」参照。

(4) 破産法等により相殺が禁止されているもの

　破産、民事再生、会社更生などの法的整理手続では、一定の場合に債権者

から行う相殺は禁止されている（破産法71条等）。詳しくは、「第 1 章第 4 節 2 (2) b」を参照されたい。

(5) 破産法により相殺が認められるようになるもの

破産法は、その破産手続開始決定時の状態によりすべての債権・債務を清算することを目的としているため、民法の規定では相殺できない場合でも、一定の条件のもとに相殺をすることを認めている。詳しくは、「第 1 章第 4 節 2 (2) d」を参照されたい。

(6) 手形の交付を要する場合

金融機関の融資先との相殺では、手形貸付の手形や買戻請求権の手形などは、同時履行の抗弁権が放棄されているので、相殺時における手形の呈示・交付はそれほど問題になることはないが、預金の差押・転付債権者、破産・会社更生の管財人などの関係では、この特約の効力は及ばないので、その手続を失念しないようにしなければならない。「第 1 章第 1 節 2 (3)」参照。

２ 相殺を急ぐべき場合と急ぐべきでない場合

相殺は、弁済期にある自働債権と受働債権が対立している状態にあればいつでもできる。理論的には相殺を急がなくとも、相殺権を失うわけではない。昭和45年の最高裁判決（前掲最大判昭45・6・24）により相殺通知を急ぐ必要はなくなったが、次の点に留意する。

(1) 相殺を急ぐべき場合
a 原則は、早期に相殺しておくべきである

倒産した先の預金は、他の債権者や滞納税金などにより差し押えられても、また債務者が破産、更生手続など法的整理に入っても、それまでに発生した

【図表31】 相殺の時期

急ぐべき場合	原則は早期に、特に紛争の生じないように 手形支払人から転付命令があった場合 支払承諾の代位弁済は至急に
十分検討してから相殺すべき場合	相殺は主債務者の分を優先して 商手は不渡が確定してから 法的整理は債権届をするまでに
相殺の最終期限	再生債権は届出期日までに 更生債権は債権届出期日までに

債権による相殺権まで失われるものでないので、それをおそれて相殺を急ぐ必要はない（ただし民事再生や会社更生では債権届出期日までに相殺する必要がある）。もっとも、相殺予定の預金の相殺をいつまでも延ばすことは、高利率の損害金債権を故意に増加させることになり、しかもその預金についてその間に差押えや払戻要求などがあり、面倒な問題を生じさせる可能性もあるので、実務的には、いずれ相殺せざるをえないことの明確なものについては、1日も早く相殺しておく。相殺適状時から著しく遅滞した相殺について、「信用組合が貸付金と預金の相殺適状時点から2年半を経過した後、既に生じていた貸付金の利息・損害金と預金を信用組合取引約定7条3項により差引計算しても、信義則に違反するとはいえない」とした判例があるが（最二小判平2・7・20金融法務事情1270号27頁）、これは、数個の貸付金・預金債権につき相殺適状が数回生じる場合、相殺適状の時から著しく遅滞した時期に一括して相殺した異例のケースである。

　特に、預金者の認定が客観説によっている以上、相殺を留保している間に事故届があると、債権の準占有者に対する弁済の規定（民法478条）の類推適用に支障を生ずることもあるので、そのようなことのないよう配慮する。

b　問題の生じそうな相殺は早めに
　金融機関のもつ相殺権は非常に強力であるために、一般に融資先の倒産し

たのちの相殺について、差押債権者や債権者委員会、あるいは保全管理人、管財人の弁護士などから、金融機関の相殺を権利の濫用として異議を唱えてくることがある（後掲「第2章第2節3」参照）。その全部が法的に問題となるわけではないが、実務的には、なるべくトラブルは避けたほうがよい。いらざる争いに巻き込まれないほうが無難である。特に同行相殺は急ぐべきである。

c 手形支払人から転付命令のあった場合

預金と融資の相殺は、金融機関からだけでなく、預金者からも可能である。金融機関より先に預金者のほうから、自己に有利な融資のほうに充当する相殺通知（たとえば、無担保債権より担保付債権のほうへ先に充当する）をされると、金融機関は不利になる。銀行取引約定書等の基本取引約定書では、預金者からする相殺については充当の変更権が金融機関に与えられている。しかし、割引手形の支払人が、割引依頼人の預金について差押・転付命令をとり、金融機関より先に自己振出分の割引手形と相殺を主張されると、金融機関は充当の変更ができなくなり（最三小判昭54・7・10金融法務事情908号46頁）、不本意な相殺を強いられるので注意を要する。その意味から、割引手形の支払人により融資先の預金に差押・転付命令がなされた場合は、一刻を争って相殺通知を発送しておくべきである。

(2) 相殺の時期を考える場合

a 保証人の預金の相殺は、できたら後回しに

保証人の預金も相殺できるが、保証人は主債務者から回収のできないとき、その補完として債務を負担している者であるから、同じ相殺をするにしても、主債務者に対し相当回収努力をしたことを示してからすべきである。債務者の回収資源に関する情報を保証人から入手する場合もあるので、その点も配慮する。ただし、保証人が会社役員などで債務者である会社と運命共同体的な存在である場合は、そのような効果は望めないので、債務者の預金と同じ

ように扱う。

b 充当先がわからないときはそれを見極めてから相殺する

　金融機関の融資には、証書貸付、手形貸付、手形割引、代理貸付など各種のものがあり、同一融資先に対する融資でも、回収可能程度に相違がある。回収見込みのない融資から優先して相殺に充当するが、実務的には、保証人の弁済能力、担保価値、商手・担手の決済見込みなどの関係上、倒産直後には直ちにその判断のむずかしい場合がある。特に商手・担手の判定が困難なことが多い。

　割引手形の期日決済不能が確定してから、相殺するのが実務である。支払期日まで相当日数が経過しても、その相殺が信義則に反するものではない点につき前掲最二小判平2・7・20が参考となろう（「第2章第2節2(1)a」参照）。なお、不渡手形は割引金融機関が留め置き、手形債務者に対して手形債権を行使できるのはいうまでもない。

c 強制執行、法的整理手続に参加する場合（更生手続を除く）

　債務名義を得て、動産、不動産、債権の強制執行などに参加する場合には、相殺前の債権により参加手続をとり、配当を受領したのち相殺するのが有利である。特に破産手続などに参加したのちに、保証人がその債権を一部弁済をしても、その求償権に対する配当は債権者に交付される（名古屋高判昭60・6・26金融法務事情1101号34頁）ので、取扱いに注意する。そして、その上告審で最高裁判所も、「債権者がその債権の全額につき破産債権として届出をしているときは、保証人はその保証債務の全部を履行すれば格別、一部の弁済をしたのみでは、そのことを理由に求償債権により破産手続に加わることはできない」とする（最一小判昭62・7・2金融法務事情1178号37頁）。

(3) 相殺のできる期限

　相殺適状になったのが時効完成前であれば、自働債権が時効になったのちでも相殺が認められている（民法508条）ので、その意味では相殺を急ぐ必要

があるわけではないが、次の場合には、以後相殺ができないとされているので、それまでに相殺しておく必要がある。
① 再生債権の届出期間経過後（民事再生法92条）
② 更生債権の届出期間経過後（会社更生法48条）

3 相殺権の濫用

　相殺権の濫用とは、相殺権の行使が債権者の行為として妥当とは認められない場合に、権利の濫用の法理により（民法1条3項）、その相殺を無効とすることである。

　金融機関は、預金取引などがあり債権回収には相殺をよく利用している。相殺により不利益を被った者が、権利の濫用を主張して対抗してくることが多い。問題になる例としては、次のものがある。

(1) 相殺権の濫用が認められる場合
a　ねらい打ち相殺
　差押えのあった預金以外の預金と相殺しても債権の回収ができるのに、わざわざ差押えのあった預金と相殺し、他の預金は預金者に払い戻す場合（大阪地判昭49・2・15金融法務事情729号33頁）。
b　駆込み割引
　金融機関が、手形の支払義務者が支払停止等の危機状態にあることを知りながら、その者の預金が自店または僚店にあることを奇貨として、あえてその手形の所持人の依頼によりこれを割り引き、こうして取得した手形債権を自働債権とし、手形支払義務者の預金を受働債権として相殺する場合。なお、同行相殺（「第2章第2節3(2)d」参照）に留意のこと。

　法的整理手続では許されず（破産法72条1項3号等）、またこのような手形債権は根抵当権の被担保債権にもならない（民法398条の3第2項）。

【図表32】 相殺権行使上の問題点

相殺権の濫用	濫用となる可能性あり	ねらい打ち相殺 駆込み割引
	その可能性は少ないがよく問題となる	不渡異議申立提供金預託金との相殺 担保付債権による相殺 決済確実手形による相殺 同行相殺
民事再生手続における相殺	債権届出期日までに相殺する	
更生手続における相殺	① 債権届出期日までに相殺する ② 相殺通知は管財人（保全管理人）宛に ③ 手形の呈示、交付は期日までに	
逆相殺があった場合の対応	① 充当の変更の必要性の確認を ② 手形の支払人の転付命令に注意を	
相殺と手形の呈示・交付	呈示・受戻証券性からその呈示、交付を手形債権が併存している場合にも必要	
代理貸と差押預金との相殺	事前求償権による相殺はできるが、回収金按分充当による求償権は相殺で対抗できない	

(2) 問題とされることの多い場合

a 不渡異議申立提供金預託金との相殺

契約不履行等で不渡となった手形の所持人が、手形支払人が異議申立てのために預託した預託金返還請求権を差し押えたのち、支払金融機関が融資金と相殺する場合。判例はこれを権利の濫用とはしていない（最一小判昭45・6・18金融法務事情587号34頁）。

b 担保付債権による相殺

十分な担保がある債権と差押預金とを相殺する場合。判例はこれも権利の濫用とは認めていない（最一小判昭54・3・1金融法務事情893号43頁）。

c 決済確実な商手との相殺

期日が到来すれば必ず決済になるであろう割引手形について、割引依頼人

が倒産したことにより買戻請求権と差押預金とを相殺する場合。一部にこれを権利の濫用とした判例もあるが（大阪高判昭48・8・6金融法務事情695号36頁）、反対説が強く、最高裁も権利の濫用とは認めていない（前掲最一小判昭51・11・25）。

　d　同行相殺

　割り引いた手形の手形債権と、割引依頼人以外の手形債務者の預金との相殺をいい、同一金融機関の僚店間にまたがる相殺である例が多いのでこの名がある。この結果、割引依頼人は手形の買戻債務を免れ利益を得たのに対して、手形債務者の他の一般債権者からみると、相殺預金相当額だけ一般財産が減少し不利益を被むることになり、権利濫用を問題にしてくることが予想される。判例は、割引金融機関が振出人に対して手形上の債権を行使するか、買戻請求権ないし遡求権を行使するかは、自由な意思により選択決定しうるところであるとして、同行相殺を認める（最一小判昭53・5・2金融法務事情861号31頁）。

　割引依頼人の買戻能力にもよるが、少なくとも、駆込割引が権利濫用となるのは先にみたとおりである（「第2章第2節3(1)b」参照）。

第3節

督　促

　延滞している債務者から弁済を受けるためには、弁済の督促をすることがまず必要になる。

　単に督促しただけで弁済してくれる債務者については、特にその方法について問題にするほどのことはないであろうが、弁済できない債務者には、それぞれ弁済できない理由があるため、単に督促しただけではなかなか効果が生ずるものではない。

　回収の基本は督促にあるから、これを上手に使う必要がある。上手な督促の方法とは、要するに債務者を弁済せざるをえない心境に追い込むことにある。相手によって適した方法があるので、一概にどの方法がよいと決めることはできないが、次の点には留意する。

　督促は、誰に、どのような手段でするかということである。一般に督促は1回ですむものでなく、むしろ督促を重ねる間に生ずる相手の反応をどのようにして回収に結びつけるかが、督促における最も重要なポイントである。

1　誰に督促するのか

　債権回収は、1つの債権につきできるだけ多くの債務者に請求するほうが効果のあるのは当然である。延滞債権の回収のため弁済を督促する場合にまず必要なのは、できるだけ広く、たくさんの相手に督促することである。主債務者に限定し、主債務者のみを相手に督促をし、それがうまくいかない場合に保証人や他の債務者に対し督促を始めると、手遅れになる危険がある。できるだけ多くの相手に、手早く手を打っておく。もっとも、相手によって

督促の方法をどうすべきか個別の配慮は必要である。

督促する相手については、「第1章第1節」で述べているので、その項を参照されたい。

2　どのような方法で督促するのか

督促は、債権者が債務者に対して、債務の履行を求めていることを伝えるだけのものでも、債務者に債務の履行を促すだけのものでもない。その目的

【図表33】　督促の方法

事項	留意点
面接	事前の基礎調査を忘れずに 相手の立場を理解して 打合せの場所、時間は正確に 転んでもただでは起きない 互いに約束の厳守を確約 その他
文書	葉書、手紙など細かく配慮を 電報の取扱いは慎重に 葉書は他人にみられる点注意 発信方法にも工夫を その他
法的手段の利用	支払督促 仮差押え、仮処分 詐害行為取消権 調停、和解の申立て 日本版ADR 本訴 その他
法的規制	威迫行為 私生活の侵害行為 その他

第3節　督　促　123

は、債務者をしてどうしても債務を履行せざるをえないような心境にさせることにある。債権回収の基本は任意回収にあるから（「第1章第1節6(3)」参照）、情に訴え、環境をつくりだすことにより、あるいはそうせざるをえない状態に相手を追い込むことによって、回収の実効があがるよう工夫する。そのための1つの手段が督促である。督促をする際はその目的を十分踏まえる必要がある。各種の方法を利用し、相手が返済せざるをえないような状態にいかに追い込むかがテクニックを要するところである。

　同一手段で、同一内容の督促を繰り返していたのでは、いくら強い文言で督促しても、かえって相手に安堵感を与え、相手になめられ、督促の効果を失う。債権者が次にどのような手を使ってくるか、債務者が督促を受けるたびに心理的に追い詰められていくようにする。督促についても、やはり法的に一定の限界はあるから、それを忘れてはならない。

　各種の督促の手段と、督促の内容および限界について述べることとする。

(1) 督促の手段

　督促は、債権者が督促の趣旨を債務者に知らせることであるが、その知らせ方にもいろいろな方法がある。たとえば面接、伝言、電話、電報、葉書、手紙、内容証明郵便などである。面接の方法にも、来訪を求めて面接したり、債権者から訪問して面接する方法がある。

　いずれにしても大切なのは、それらの方法を上手に使い分けることである。

① 面接などにより督促する場合には、これまでの交渉の経過を記録により確認して、どのような方法が最も効果的か、今回しなければならないことは何か、相手の回答により次の対策としては何が必要か、を事前に検討してかかる。

② 相手方の心境、性格、立場などを十分理解し、情に訴えるのがよいか、弱みを利用したほうがよいか、強硬に対処すべきかを考え、常に硬軟織り混ぜて、その対応を決めてかかる。

③　来訪を求めるときは、場所と時間を正確に打ち合わせ、訪問する場合は、事前に時間と訪問の目的を連絡しておき、行き違いの生じないようにしておくこと。予告すると逃げを打つ場合以外は、原則として突然の訪問は避ける。

④　転んでもただでは起きない心がけが大切である。相手と会った以上、どんな少額であっても弁済を求めるとともに、弁済も受けられないときでも、なんらかの約束はとっておく。また、次回の交渉の手がかりとなるものをその場でつかんでくる。約束は口頭でなく文書にする。

⑤　一度約束したことは、債権者のほうでも必ず守ることが大切である。そのかわり相手が約束に少しでも違反した場合には、その場でそれを明確に指摘し、二度と約束に違反しないように、厳しく対処していく。

⑥　勤務先への訪問は、債務者としては極度に嫌うものである。その点、度の過ぎた勤務先への訪問は問題であろう。

⑦　相手との面談には、感情を表に出すことのないようにし、相手の言い分は十分に聞き、認められるところはできる限り認め、認められないところはその理由を示し明確に断わる。その場限りの不明確な応答は後日に問題を残すだけである。

⑧　交渉は、督促の反応によって対応することである。単に支払を督促しても、それで弁済請求に応じてくるものではない。債務者は、それぞれなんらかの言いわけをつけて一時逃れをしようとするものである。その言葉尻をとらえるわけではないが、相手の出方によりそれに応じた対応をし、相手が逃げられないようにもっていくことである。

(2)　文書による督促

　本人と面接して交渉することも大切であるが、実務的にはそれのみには頼れない場合が多い。文書による督促も利用することになる。

　文書による督促も、前記面接による場合と共通するところが多いが、文書

特有の留意点としては次のとおりである。

① 文書による督促は、経費と効果を考えて、手紙、葉書などから、順次強硬になっていくように配慮し、文章もその点を考慮する。

② 電報による督促や呼出しは、相手に与える刺激が非常に強いので、その取扱いには十分注意が必要であるが、場合によっては利用せざるをえないこともある。

③ 葉書による督促は、他人がその内容を読むことができるので、相手の名誉を傷つけないようにし、しかも本人にはそれが督促であることがわかる文章であることが必要である。

④ 葉書、手紙などの場合には、最初から「支払がなければ、直ちに強制執行をします」といった強硬な文言によるべきではない。督促を重ねるたびに、次第にその文言が強くなるように配慮する。

⑤ 発信人についても、担当者から課長、支店長、顧問弁護士と、発信のつど芸を細かくしていく。同じ手紙でも、普通郵便から内容証明郵便を使ったり、書留郵便、配達証明郵便、速達郵便、裁判所構内の郵便局の消印による方法、執行官による送達など、方法を考える。

⑥ 文書による場合には、読み捨てにされないようにすることが大切である。そのためには、文章に注意するとともに、返信が必要な内容にしておくことも大切となろう。

⑦ 返信のない場合は、その原因を究明する。反応のない督促状は、結局督促状の出し方が悪いのである。なお、メールによる督促は、その例はみられず、避けるべきであろう。

(3) 督促手段としての法的手続の利用

督促は、債務者に弁済を求めるためにするものであるが、法律は債務の履行をしない債務者に対して、その履行を求めるための各種の制度を設けている。そこで、前記の督促方法ではその効果を生じないときは、次の各種の方

法も利用することを検討する。

　a　支払督促

　支払督促とは、債権者が債務者の管轄裁判所に申し立てて、督促状を発送してもらい、一定期間（2週間）内に異議の申立てがないと、債務名義が認められ、直ちに強制執行ができる手続である（民事訴訟法382条以下）。債務者にとっては裁判所から支払督促がきたというだけで相当の効果がある。ただ、この手続の欠点は、債務者の行方が不明であるとできないことである。債務者がまったく了知しないまま、債権者に債務名義が付与されるのは不合理だからである（同法388条）。

　b　仮差押え、仮処分

　債務者の財産が少しでも残っている場合には、その財産に対して仮差押えや仮処分を申請してみるのも、債務者に対する債権者の強硬な態度を示す手段として案外効果のあることがある。仮差押えと仮処分は民事保全法に規定がある。仮差押えの具体的な対応については、後掲「第2章第4節」参照。

　c　詐害行為取消権の行使

　債務者が倒産すると、債務者は財産の隠匿を図り、債権者は強硬な取立てをし、それらの行為が詐害行為となる場合は案外多い。そこで、その詐害行為となるものを発見して、あれば取消を求め（民法424条）、時にそのための仮処分も試みる（民事保全法52条）。詐害行為取消権については、「第1章第4節2(3)」および「第2章第7節3」参照。

　d　調停、和解の申立て

　調停や和解は、一般に債務者が債務の免除などを求めて申し立てるものであるが、債権者からでも申立てはできる。この申立ては、債務者に対して裁判所から呼出しの通知がなされるので、相当の効果がある（民事訴訟法275条）。

　e　日本版ADR

　平成19年4月1日に「裁判外紛争解決手続の利用の促進に関する法律」が施行された。法律名が長いので日本版ADRといい、これはAlternativ

Dispute Resolutionの頭文字をとったもの。訴訟手続によらずに民事上の紛争を解決しようとする紛争当事者のために公正な第三者が関与して、その解決を図ろうとするものである。第三者の専門的な知見を反映して紛争の実情に即した迅速な解決を図る手続が重要なものとなっていることから、民間紛争解決手続の業務に関し、認証の制度を設け、あわせて時効の中断等に係る特例を定めてその利便の向上を図るとする、本法の施行にいたったものである。

そして、平成21年改正金融商品取引法（平成21年法律第58号）において創設された金融分野における裁判外紛争解決制度（金融ADR制度）に基づき、指定を受けた紛争解決機関が、平成22年10月1日から業務を開始している。

f　本訴の提起

債務の履行をしない債務者に対しては、裁判所に対して債務の履行を求める訴訟の提起のできることは当然である。特に債権額が140万円以内であり、管轄が簡易裁判所になると（裁判所法33条1項1号）、弁護士以外の者でも代理人となって申立てができるので、この方法も有力である。

g　強制執行と財産開示手続

債権に債務名義がある場合には、債務者の物件について差押えをしてみるのも、強硬手段として効果がある。

債務名義を得て強制執行ができるようになっても、債務者の財産を把握していないと、債権を回収することがでない。そこで平成15年法律第134号で民事執行法の第4章に財産開示手続が創設され、平成16年4月1日施行された。それによると、確定判決など債務名義の正本を有する金銭債権者等の申立により、裁判所は、債務者を呼び出し、債務者に宣誓させたうえ自己の財産を陳述させるものである（民事執行法196条以下）。いったん開示されると債務者は、開示されなかった状態に戻すことはできず、また虚偽陳述に対しては過料に処せられ（同法206条1項）、一方債権者に対し、この手続で得た債務者の財産情報を目的外に使用することを禁止し（同法202条）、その違反

に対しても過料に処する（同法206条2項）ものである。

h　刑事責任の追及

　債務者に刑事責任を課したからといって、債権の回収ができるものではない。ただ、債務者が倒産した場合には、債務者は破れかぶれになり、債権者は相当強硬な取立てもし、それが刑事事件（脅迫、窃盗、詐欺、恐喝、横領、器物損壊、住居侵入、強制執行免脱など）に関係してくることも十分考えられる。債権者としては、債務者に対してその事実を指摘し、債権回収に結びつけることも考えられよう。

(4)　法的規制に注意すること

　いくら債権者であるからといって、債権回収のためなら何をしてもよいというわけではない。自力救済は禁じられており、やはり社会通念上是認される範囲がある。

　その範囲については、刑事責任の生ずるものであってはならないのは当然であるが、具体的には、貸金業法で禁止されているような行為（貸金業法21条）ができないことはいうまでもない。主なものは、次のものである。

① 　威迫行為……暴力的態度、大声、乱暴な言葉遣い、多数人による押しかけ
② 　私生活侵害行為……夜間の電話・電報・訪問、反復・継続した電話・ファクシミリ等、プライバシーの公開
③ 　その他……借金のたらい回し、法的手続申立後の請求、義務なき者への請求、その他無理な請求

第 4 節

仮差押え

　倒産した債務者から債権の回収をするためには、担保権のついた債権のほうが有利であるのは当然であるが、担保権は債務者の協力がないと設定を受けられない。担保権は、目的物件が競売になった場合や、債務者が法的整理に入った場合においてのみ優先弁済権が認められるのであり、そうでない限り他の債権者より特別に早期に回収してもよいわけではない。実務的には、債務者との関係では担保権を有する債権者のほうが回収交渉に有利であることも確かである。その点、仮差押えは法律的には担保権と相違し優先弁済権は認められてはいないが、債務者との関係では決して担保権付債権にもとるものではない。場合によっては担保権よりも強力な効果をもたらすこともある。

　仮差押えは、債務者の協力なくして実行でき、債務者の財産が競売にかけられることは例外であるから、債務者が倒産した場合にこの仮差押えをいかに上手に利用するかが、債権回収の1つの決め手となる。以下では、仮差押えの利用上の留意点、つまり、目的物の選択とその上手な使い方について述べる。

1　目的物の選択

　仮差押えは、動産を除き申立て時に何を差し押えるか特定することが要件となっている。仮差押えをするためには、まずその目的物の発見が必要になる。その点については、本書ではすでに「債務者から回収資源はどのようにして発見するのか」(「第1章第1節5」参照) で述べてあるので、その項を

参照されたい。そのなかから、回収に最も効果のある物件を選んで仮差押えすることになる。実務的には債務者の状況、目的物件の状況などにより異なるため、一概には優先順位はつけられないが、金融機関の立場でみた場合には次のような順位が適しているといえよう。

(1) 仮差押えに適した物件の順位

① 不動産……土地・建物のことだが、未登記物件などがあると最適である。
② 不渡異議申立提供金預託金……商手、担手が不渡となり、不渡異議申立

【図表34】 仮差押えの目的物の選択

	目 的 物	留 意 点
適した物件の順序	不動産	未登記分を含む
	不渡異議申立提供金預託金	相殺に注意
	敷金、保証金、建設協力金	権利金は困難
	機械、設備	個人の場合貴金属等も
	商品、原材料、半製品	現地でまず確認を
	売掛金、工事請負代金債権	第三債務者の信用の確認を
	医師の診療報酬金	従来の1年分に限らず将来相当長期にわたって発生するものも含む
	給料、報酬	個人の場合に
	賃料債権	強制管理も考慮を
	他行預金、出資金	相殺に注意
	貸付金、関係会社出資金	効果に疑問
	手形、株式	現物の占有ができること、株券の電子化に留意
適しない場合	法的整理に入る場合	失効する可能性あり
	滞納処分がある場合	同上
	相殺される危険のある場合	預金、売掛金等
	第三債務者に通謀の危険あり	同上
	リース、所有権留保物件	第三者異議がある
	処分、管理の困難な物件	商品、原材料に注意、緊急売却の制度がある
	費用に足りない場合	
	道義上問題のある場合	家財道具等

提供金預託金が積まれた場合には、この仮差押えが有効である。
③ 敷金、保証金、建設協力金等……債務者が借地、借家などで営業している場合に、この仮差押えが有効になる。ただ権利金については、その性質により差押えのできないものもあるので注意を要する。
④ 機械、設備……工場抵当法に注意。
⑤ 商品、原材料、半製品……現物の所在地とその保管状況に注意すること。
⑥ 売掛金、工事請負代金債権……第三債務者の信用と現在額に注意する。
⑦ 医療報酬債権……従来は将来債権についての譲渡は1年分に限られていたが（前掲最二小判昭53・12・15）、将来8年3カ月にわたって発生すべき債権の譲渡の有効性が認められたので（前掲最三小判平11・1・29）、将来分は1年分に限らず、相当長期にわたって将来発生すべき医師の診療報酬債権も仮差押えの対象となろう。
⑧ 給料、報酬等……主に個人の場合が対象になる。
⑨ 賃料債権……目的物件が第三者に賃貸されている場合に、その賃料債権は継続的債権として仮差押えができ、強制管理（民事執行法93条）も考える必要がある。

なお、抵当不動産の賃料債権については、物上代位による差押え（民法372条、304条）や不動産収益執行（民事執行法180条）も考えられよう。
⑩ 他行預金、出資金……相殺されることに注意する。
⑪ 貸付金、関係会社出資金……実質的に効果のない場合が多い。
⑫ 手形、株式……現物を占有することができないと、仮差押えできない。株券の電子化については、「第1章第2節6(5)a」参照。

(2) 仮差押えの適しない場合

仮差押えは、債権回収には強力な手段であるが、目的物件によりそれぞれ注意点があると同時に、債務者の状況などにより、仮差押えの適しない場合もある。以下、そのうち主な注意点を述べる。

a　法的整理手続に入る可能性がある場合

　債務者が、破産、民事再生、会社更生手続などの法的整理に入ると、その財産になされていた仮差押え、仮処分などの手続は効力が制限され、最終的には失効するので、せっかくの手続が無駄になる。

b　滞納処分による差押えの可能性がある場合

　仮差押えは滞納処分の執行を妨げないとされており（国税徴収法140条）、しかも税債権には優先弁済権が認められているので（滞納処分と強制執行等との手続の調整に関する法律18条、36条の12）、換価代金で滞納税金に充当すると残余がない場合には、仮差押えの効果はまったく生じないことになる。

c　債権の仮差押えでは第三債務者により相殺される可能性がある場合

　差押通知が第三債務者に送達された時点において債務者に対する反対債権があれば、その債権による相殺によって差押債権者に対抗できる（前掲最大判昭45・6・24）。仮差押えも同様に相殺に対抗できない。特に、他行預金、売り買いのある商人間の売掛金債権などの仮差押えには注意が必要である。

d　第三債務者が債務者と通謀する可能性がある場合

　売掛債権のような指名債権の仮差押えで注意すべきことは、その債権の第三債務者が債務者と通謀し、本来は差押債権が存在していたのに、支払ずみとか、相殺すべき反対債権があるとか、返品ずみなどと主張し、その仮差押えの効力を否定してきたときに、債権者としてその申出が虚偽であることの立証が困難なことである。

e　リース物件、所有権留保物件に注意すること

　債務者の使用している物件であっても、リース物件であると所有権はリース会社にあり、割賦払物件（クレジット商品など）であると所有権は売主に帰属しているので、せっかく差し押えても、その所有権者から第三者異議が出ると（民事執行法38条）差押えは無効になる。特に工場の機械・器具や自動車、建設機械などの仮差押えには、この点の注意が必要となる。

f　処分、管理の困難な物件である場合

　仮差押えは、差押え後直ちに競売されるものではない。その債権について本訴などにより債務名義を取得したうえで、競売の申立てをするまで売却はされない。その間に目的物件が散逸、変質などにより、物件の価値が下落したり、競売できなくなると、差押えした意味がない。特に仮差押えは目的物件を競売するというより、仮差押えしていることにより債務者との交渉を有利に進めることを目的とする手続であるから、その間の目的物件の管理が容易であることが大切となる。もちろん、処分が容易であることも重要である。

　なお、動産仮差押えについて民事保全法49条3項は、「仮差押えの執行に係る動産について著しい価額の減少を生ずるおそれがあるとき、又はその保管のために不相応な費用を要するときは、執行官は、民事執行法の規定による動産執行の売却の手続によりこれを売却し、その売得金を供託しなければならない」と、債務名義の取得から強制執行の手続を待たずに強制換価することができる場合を定めている。動産の緊急売却といわれるものである。

g　債権額との関係で費用に注意すること

　仮差押えは、一般に弁護士に依頼する。仮差押えした物件からの回収には、その債権について本訴を提起し、確定判決を得たうえで、あらためて差押えの手続が必要になる。そのために要する費用は決して少額ではない。仮差押物件の価値が相当あり、十分回収できるのであればよいが、その価値がないときは、費用倒れにならないように注意する。

h　道義上の問題にも注意すること

　金融機関は公共的機関である。前記督促の手続の項で紹介したような法的規制の問題となる請求をしてはならない（貸金業法21条）と同時に、仮差押えにあたっても、わずかな生活用品など、道義的に問題がある差押えはすべきでない。なお、一定の物件や債権について、差押えの禁止や制限がなされている（民事執行法131条、152条）。

2 仮差押えの上手な使い方

　仮差押えは、単にその物件の処分を禁止し、後日競売するまでその散逸を予防するだけが目的ではない。仮差押えにより債務者に心理的圧迫を加え、以後の交渉を有利にすることも重要な目的である。しかも、債務者は倒産すると、なんとか債権者の追及を免れようとし、各債権者は先を争ってその財産から回収しようとする。その間にあって、他の債権者より優先的に回収の実をあげうるかが債権者のテクニックといえよう。その意味において、仮差押えの使い方の留意点は次のとおりである。

(1) 仮差押えすべき先

　債権の回収は、返済意思も返済資力もある先なら問題ないし、返済意思がなくとも返済資力が十分にあれば、仮差押えするまでもなく本訴することになる。また、返済資力はないが返済意思のある先に仮差押えをすれば、その返済意思まで喪失させ、かえって回収を困難にすることがある。

　そこで、この仮差押えをすべき先は、次の点があげられよう。

a　資力、信用に疑問のある先

　わずかな財産ではあるが、いまならなんらか差押えすることのできる物件

【図表35】　仮差押え実施上の留意点

実施すべき場合	・資力、信用に疑問ある先には ・不渡異議申立提供金預託金は原則として ・財産散逸の危険があれば何をおいても ・第二会社の設立の危険があれば ・整理屋が介入していたら
留　意　点	・効果のあがる順序に ・手早く ・債務者の困る物件から ・事前に担保交渉の可否の検討を

があるが、債務者についてその誠意を認めることのできない状態にある先こそ、仮差押えを急ぐ先である。

b　不渡異議申立提供金預託金が積まれた場合

割引手形や担保手形が不渡となり、その手形について不渡処分を免れるために異議申立てがなされた場合には、手形債務者は支払金融機関に手形金相当額の預託金を積む必要があるから、その仮差押えを検討する。

c　財産を散逸される可能性のある場合

債務者が倒産し、法的整理の申立てもなく、このままでは無秩序にその財産が散逸してしまう可能性のある場合にこそ、債権者としてその財産の仮差押えの最も必要なときである。

d　第二会社を設立し、または設立しそうな場合

倒産した企業が、第二会社を設立して再建しようと計画している場合であっても、債務逃れを目的としていると認められたときは、第二会社の設立前に主要な財産の仮差押えをしておくことが、債権保全上有効である。

債務者がすでに第二会社を設立してしまったのちでも、債務逃れのものであると認められた場合には、なんらかの方法で仮差押えを利用することがその対策となることについては、すでに述べたとおりである（「第1章第3節3(1)」参照）。

e　整理屋が入ってきた場合

同じ整理屋でも、暴力的手段を用いる者は、警察などの援助がないと手を出すのは危険である。しかし、いわゆる計画倒産を陰で操る整理屋に対する対策としては、積極的に法的手段、特に仮差押えを利用することが効果的である。

(2)　仮差押えの方法

実際に仮差押えをしようとする場合には、次の点に留意する必要がある。

① 　目的物は、前記の「第2章第4節1」の項であげた順序により、価格が

高価なものから、仮差押え後の管理が容易であって、しかも処分の容易なもの等の点から総合的に判断して選択する。

② 仮差押えは早いほうがよく、相手に察知されないようにする。時間がたてばそれだけ財産は減少するであろうし、債権者の仮差押えを債務者が察知すれば、当然その財産を差し押えられないように、なんらかの工作をするであろう。極秘裡に一刻を争って実施する。

③ 仮差押えは、債務者が困る物件からする。仮差押えの効果は、その目的物件の処分代金から回収することのほかに、物件を競売されると困ることから、債務者との回収交渉を有利に進めることも重要である。たとえば担保余力のない物件のみの場合は、債務者にとって競売されると困る物件を優先しての仮差押えも考える。

④ 仮差押えできる物件のある場合には、まずそれを担保にとれないかを検討してみる。ただし、仮差押え前に担保交渉をし、それが不調なら仮差押えをするのは、相手に仮差押えを感づかれるので、その点は留意しなければならない。感づかれそうな場合には、まず仮差押えをしておいて、そのうえで担保交渉をする。なお、不動産などでせっかく仮差押えの手続をとったのに、その直前に所有権が第三者に移転したとか、高額の担保権が設定された場合には、詐害行為取消の訴訟が提起できないか、検討してみる。

第 5 節

手形不渡対策

　一般の企業においても、受取手形が不渡となった場合の対策は大切であるが、金融機関の融資取引においては割引手形や担保手形の管理回収が、債権回収にはきわめて重要である。手形債権は、手形法と手形交換制度を理解しないと有利な回収ができないので、本節では、それらの点を中心に、特有の問題について述べる。それは、手形債権の管理、支払人との交渉、それに不渡事由とその対策の3点。

1　手形債権の管理上の諸問題

　手形債権の管理、回収にあたっては、まず、手形は厳格な手形法の適用があるので、その理解のうえに処理しなければならない。特に手形債権の回収面からみて注意すべき事項をあげてみると、次の点がある。

(1)　手形現物を確認しておくこと

　手形債権には、呈示証券性、受戻証券性がある。手形債権を行使するためには、債務者に手形を呈示し（手形法38条）、支払を受けるためには手形を債務者に交付する（同法39条）ことが要件となる。債務者が倒産した場合には、まず手形現物により、枚数、金額を確認しておくことが必要である。

(2)　白地の補充をしておくこと

　手形は振出日や受取人名の記載がなくとも流通しているが、手形法では厳格な手形要件（振出日、受取人名も含まれている）を定め、その1つでも欠け

ると、法律的には手形債権としては認められない。債務者が倒産した場合には、法律の規定により債権を行使することになるので、手形要件が完備していることを確認しておくことが必要になる。

判例は繰り返し、振出日の記載を欠く確定日払手形は無効であり、これを白地手形と解しても、振出日未補充のままなされた支払呈示は無効となり、後日補充してもその呈示がさかのぼって有効になるものではないから、裏書人に対する遡求権を行使することができないとする（最一小判昭41・10・13金融法務事情460号6頁）。白地手形を引渡しにより譲り受けて所持人となった者は同時に白地補充権を取得するので（最三小判昭34・8・18金融法務事情225号9頁）、白地手形を受け取った金融機関は、その場で裏書譲渡人に振出日を記載してもらうか、または金融機関自ら補充することになる。確定日払手形で振出日白地のものも出回っており、支払金融機関で決済されているが、それは、当座勘定規定ひな型17条で「小切手もしくは確定日払手形で振出日の記載のないものまたは手形で受取人の記載のないものが呈示されたときは、その都度連絡することなく支払うことができる」との特約があり、判例も、特段の事情があれば、白地手形についても支払を委託する趣旨の合意が成立したものとみることができないわけではない（最一小判昭46・6・10金融法務事情618号50頁）とこれを是認しているからである。ただこれは、金融機関が手形を支払う立場に立ったときにいえることで、手形債権を行使する場合はそうはいかない。

(3) 手形の期日呈示は厳格にすること

手形を期日に呈示しなくても、約束手形の振出人と為替手形の引受人に対しては手形債権を失うことはないが、裏書人や為替手形の振出人に対しては請求できなくなる。少なくとも遡求義務者のある手形の場合は、不渡になることが明らかであっても、必ず期日呈示をしておく必要がある。

(4) 手形のジャンプは慎重に

債務者が倒産すると、その影響で連鎖倒産したり、連鎖倒産の危機に陥る手形債務者が散見される。そのような債務者が、自己の振り出した手形について金融機関に手形のジャンプ（支払延期）を依頼してくることがある。その場合における注意事項は、次のとおりである。

a ジャンプは本当に必要か

振出人等から手形ジャンプの依頼があったとき、それが真に必要かどうか判断しなければならない。次のケースでは依頼に応ぜざるをえないであろう。それは、第一に実損が懸念されるケースで、割引依頼人が倒産し、買戻能力がなく、その手形が決済されないと金融機関に実損がでる場合。第二に回収長期化のケースで、担保不動産が見合いとなっていて、実損は免れるものの担保処分に時間と労力がかかる場合。そして第三に否認が懸念されるケースで、割引依頼人や担保商手提供者が破産等の法的整理手続に入っていて、買戻しをすると否認が懸念される場合である。もっともこれは、そもそも手形の割引実行時や担保取得時に問題があったケースでもある。

b 保全強化を求めること

ジャンプを認めることは、債権者が手形の期限の利益を債務者に与えるこ

【図表36】 手形のジャンプの依頼対策

(1) 本当に必要かを確認して 　　　　実損懸念、回収長期化、否認懸念
(2) 保全強化を求める 　　　　担保、保証を求め、契約は公正証書で
(3) 期日呈示の必要性に配慮する 　　　　遡求権の確保の必要性に注意する
(4) 旧手形の返還は原則としてしない 　　　　代物弁済、更改となる
(6) 新手形の徴求、延期契約の締結 　　　　割引依頼人・担保提供者・保証人等の同意

とである。手形債権者としては、債務者に利益を与えた代償としてなんらかの要求をしておくことである。ジャンプを求めてくるのは支払の意思があるからだと肯定的にとらえるべきではない。ジャンプを認めるかわりに、何か担保を、担保が無理なら保証人を、返済契約は公正証書にすることなどを要求し、少なくとも契約時に手形金額の一部を弁済することなどの要求はしておくことである。

c　遡求義務者のあるときは交換呈示し「依頼返却」を

ジャンプする手形に裏書人などの遡求義務者のある場合には、それら手形関係人全員の呈示免除の依頼書の提出のない限り、一度交換呈示し依頼返却の手続をとる。「依頼返却」により遡求権が保全されることは判例も認めるところである（最二小判昭32・7・19金融法務事情148号9頁）。また、手形関係者から手形ジャンプについての同意を得ておくのが望ましい。

d　手形の書替は旧手形の返還をしないこと

手形の書替をした場合に、旧手形を債務者に返還すると、新手形により旧手形債権が弁済されたものと解されるとした判例（最一小判昭29・11・18金融法務事情60号4頁）があるので、ジャンプや分割弁済の手形を取得した場合であっても、原則として旧手形は新手形が全部支払われるまで債務者に返還すべきではない。

e　分割弁済の三つの方法

手形ジャンプには、①手形の期日そのものを変更する、②満期を変更した新しい手形を徴求する、③手形外で延期（分割弁済）契約を締結する、の3つの方法が考えられる。これらのうち、①は、手形関係人全員の同意を要する点に問題があり、同意をしなかった者との関係で手形の変造となるからだ（手形法69条）。そこで、②と③とを併せた方法がとられる。その際、割引依頼人・担保提供者・保証人等の同意をとっておく。買戻しに応じた保証人等が直ちに依頼人の振出人等に支払請求することを止めるためである。なお、利率は商事法定利率6％（商法514条）による必要はない。

(5) 手形を紛失した場合は事故届を

なんらかの事情で、手元にあるべき手形が紛失した場合には、法律的には簡易裁判所に公示催告の申立てをし、除権決定をとる方法もあるが、これは除権決定後の手形の善意取得者の発生を防止する効力しか認められていない（最一小判昭47・4・6金融法務事情648号22頁）から、公示催告の申立てから6カ月以内に弁済期の到来する手形については、効果はあまりない。むしろ、手形振出人に依頼して、その支払金融機関に事故届を出しておくほうがよい。

除権決定については、後掲「第2章第5節3(1)a⑥」参照。

2　手形支払人との交渉は早めに

取引先が倒産した場合には、早期に債務者に対して返済交渉をし、保全措置をとると同様に、手形債務者に対する関係においても、早期にその決済見込みを確認し、不渡の危険のある分については直ちに対策を立て、交渉に入る。実務的には取引先が倒産した場合には、その者から取得した割引手形や担保手形は多数にのぼり、その決済見込みの確認は煩瑣である。その調査の要領は、次のとおり。なお、あわせて「第1章第2節6(3)」を参照されたい。

(1) 一覧表を作成すること

手形債務者が多数ある場合には、まずそれらの債権を一覧表にして管理すると便利である。一覧表には、次の項目をつくる。

〔債務者名〕　住所、商号、代表者
〔規　　模〕　資本金、業種
〔取引金融機関〕　支払金融機関、主取引金融機関
〔数　　量〕　手形の枚数、金額
〔資　　力〕　上場会社か、関係会社か、不動産の有無、支払意思の有無
〔融手関係〕　融手でないか、ハウスビルでないか

〔決済見込み〕 各種の調査に基づきその結果を記載する

　上記の表を作成したうえで、次に融手関係の調査と、電話照会をし、さらには現地調査をしてその決済見込みを判断することになる(前掲図表17参照)。

(2) 融通手形でないかの確認をする

　融通手形が必ず不渡になり、回収できないわけではない。しかし、一般に融通手形は振出人も資力が乏しく、その可能性が高い。融通手形の可能性の高い手形は、最初からそのつもりで債権回収にかかる必要がある。融通手形の確認方法には、手形金額が端数のない場合、支払期日、支払場所、金額の記載方法などが一般の手形と違う場合などいろいろな方法があるが、最も大切なのは、その手形の筋であろう。その他、支払人が、①会社設立したばかりである、②支払金融機関との取引開始後まもない、③預金のみの取引である手形は融手の場合が多いといわれている。

(3) 現地で調査する

　手形の決済見込みは、支払金融機関への信用照会や信用調査機関の調査によっても可能であるが、金融機関間の信用照会は確度において問題があり、信用調査機関への調査依頼は費用と時間がかかる難点がある。その意味から、融資担当者が直接現地に行って確認をしてくるのが最も確実であろう。調査する場合には、次の手順による。なお、あわせて「第1章第2節6(3)b」を参照されたい。

① 取引金融機関での確認……手形の支払場所の金融機関はもちろん、主取引金融機関がわかればその金融機関においても、手形の決済見込み、その他債務者についての情報を聞いてくる。
② 法務局での不動産関係の調査……不動産を所有しているか否かは、債務者の資産状態を知るうえで重要であるとともに、万一不渡となった場合の(仮)差押えの対象ともなるので、必ず確認をする。不動産登記記録は信

用調査の宝庫ともいえよう。
③ 信用調査機関への照会……新たに信用調査機関へ信用照会を依頼することが時間的に間に合わない場合には、念のためその手形支払人について過去に調査した資料があれば、閲覧してみることも案外役に立つ場合がある。
④ 本人との面接……最後に本人の主たる営業所で本人に面接し、支払意思を確認し、同時に債務者の営業所の状態、工場の状態なども確認しておく。本人との面接において、本人の支払意思に問題ありと認められた場合には、直ちにその場で返済についての交渉をしなければならない。

3 不渡事由と対策

割引手形や担保手形は期日に交換呈示し不渡になると、必ず不渡事由を記載することになっている（東京手形交換所規則52条）。不渡事由は、手形債権者にとっては手形をどうやって回収するか対策を立てるのに大切である。以下、各不渡事由別に、その法律関係と対策について述べる。

(1) 0号不渡事由

0号不渡事由とは、「適法な呈示でないこと等を事由とするつぎに掲げる不渡事由であり、この場合、不渡届は不要である」とされており、さらに次のa～dの4種類に分かれている（東京手形交換所規則施行細則77条）。

a 手形法、小切手法等による事由

① 形式不備

手形要件の欠けた手形である。白地の補充のなされていない場合には、補充すれば手形債権の行使には支障がないが、白地のまま呈示した場合には支払呈示の効力が認められず、手形裏書人などに対する遡求権は生じない。遡求権を確保するためには、呈示期間に間に合えば、直ちに白地を補充し支払金融機関への店頭呈示でも再度支払呈示する必要がある。手形の

【図表37】 不渡事由と対策

不 渡 事 由		対　　　　　策
0号	（手形法、小切手法等による事由） 形式不備 裏書不備 引受なし 呈示期間経過後 期日未到来 除権決定	補充して請求する 実質的連続を証明して請求する 振出人、裏書人に請求する 遡求義務者以外に請求する 期日に再呈示する 善意取得により請求する
	（破産法等による事由） 保全命令 開始決定 支払禁止の仮処分	手形債権により請求する 手続への参加、他債務者への請求を 実質関係を調査して
	（案内未着等による事由） 依頼返却 該当店舗なし 振出人の死亡	手形のジャンプの項（第2章第5節1(4)）参照 営業所に呈示して請求する 相続人に請求する
1号	資金不足 取引なし	仮差押え、支払督促、手形訴訟の利用を 遡求義務者に対する請求を
2号	契約不履行 詐取、紛失 盗難、偽造	不渡異議申立提供金預託金の仮差押え、人的抗弁切断、善意取得の主張を、手形関係人や連帯責任者に請求する
	変造 取締役会未承認 用紙相違等	偽造に同じ。変造前後により請求を 請求権の行使に支障なし 同上

　主債務者に対しては、白地を補充して請求する。請求の方法は、一般の債権と異なるところはない。

　確定日払手形で振出日白地のものも、支払金融機関はそのつど連絡することなく支払うことができるとの特約があり（当座勘定規定ひな型17条）、判例もこれを是認している（前掲最一小判昭46・6・10）が、ただこれは手形を支払う金融機関の立場でいえることで、手形債権を行使する立場とは

相いれるものではない。「第2章第5節1(2)」参照。
② 裏書不備

　裏書の連続していない手形でも、実質的に手形の譲渡があったものについては手形債権の行使には支障がない（最二小判昭33・10・24民集12巻14号3237頁）が、手形交換所規則では裏書の連続のない手形は不渡になる。

　事前にそのことがわかった場合には、直ちに裏書を連続させるように修正すべきであるが、それができない場合には、手形の移転関係を調査して、そのまま請求する。なお、取締役と会社間の取引（会社法356条、365条）に該当する手形の場合には、取締役会等の承認のない場合であっても、善意の相手方には無効を主張できないとされているので（前掲最大判昭46・10・13）、そのまま請求する。

③ 引受なし

　為替手形で支払人の引受の署名がないと、引受人には請求できないのは当然である。裏書人や振出人には請求できる（手形法43条）。

④ 呈示期間経過後

　手形は、呈示期間内においてのみ支払場所の金融機関に呈示することが認められており、呈示期間経過後の呈示は呈示の効力がない（同法38条）。呈示期間経過後の手形は裏書人などの遡求義務者に対する請求権は認められないが、振出人などには請求できる。なお、小切手については、「呈示期間経過後かつ支払委託の取消」となる（小切手法29条、32条）。

⑤ 期日未到来

　期日の到来を待って、再呈示する。期日に呈示しても不渡になることが明らかであっても、期日前では呈示の効力はない。期日前に裏書人などに遡求するためには、別に本人の営業所などで支払呈示し、支払停止の事実を公正証書とするなどの手続が必要になる（手形法44条）。

⑥ 除権決定

　手形の紛失、盗難などを理由にして、除権決定が出ている場合には（非

訟事件手続法106条〜112条)、その手形によっては請求はできない。その手形では請求ができないだけであって、手形金の請求権が行使できないわけではない。除権決定が出たのちでも、除権決定の出る前に手形を善意取得していれば、手形債権の行使は認められているから(前掲最一小判昭47・4・6)、手形金の請求をするのはさしつかえない。

b 破産法等による事由

① 法的整理(破産、会社更生、民事再生および特別清算)による財産保全処分

法律の規定により支払が禁止されているので、支払は受けられないが、手形の呈示の効力は認められているので、期日の呈示だけはしておく必要がある。直ちに整理の実態を確認し、手続に必要な保全処置をとる。

② 法的整理手続の開始決定、清算手続による弁済禁止

法的整理手続が開始すると、債権者に対する公平な弁済をするため、前記保全処分の場合と同様に単独では弁済が受けられない。手形は期日呈示をするとともに、法的整理手続に参加して債権の回収をする以外にない。

③ 支払禁止の仮処分

手形の支払人が、自己の振り出した手形について、詐取などを理由に裁判所に、金融機関のその手形の支払を禁止する仮処分を申請して、その決定により不渡にするものである。このような仮処分があったからといって、手形債権が行使できなくなるわけではないから、手形債権者としては通常の不渡と同じように請求する。一般に、故意にこのような仮処分をとり、不渡異議申立提供金預託金を積まずに不渡処分を免れようとする例があるので、そのような場合には直ちに法的な強硬処置をとるべきであろう。

c 案内未着等による事由

① 依頼返却

依頼返却は、手形債務者からの申出によりなされ、法的には支払呈示の効力が認められている(前掲最二小判昭32・7・19)。その場合は、債務者

からその手形について支払延期の依頼があったときであろうから、実務的にはむしろ手続を誤らないようにすることが大切になろう（前記「第2章第5節1⑷」参照）。手形債務者の依頼に基づかず、金融機関の裁量で依頼返却をすると、支払呈示の効力を否定される懸念が大きい。

② 該当店舗なし

支払場所の金融機関が存在しないのであるから、その訂正が得られない限り、支払人の営業所または営業所のあったところに直接呈示する以外にない。

③ 振出人等死亡

手形の振出人が死亡しても、手形が無効になるわけではない。不渡になった手形により、振出人の相続人に対して請求することが可能である。

d　その他による事由

前記a、b、cの各不渡事由に準じる事由であり、その取扱いも同様に考えてよいであろう。

(2)　第1号不渡事由

第1号不渡事由は、「資金不足」と「取引なし」の2つである。

この2つの事由はいずれも、債務者の信用が疑われる典型的な場合であり、債務者に異議の申立てを認めず、直ちに不渡処分にし、2回の不渡で手形振出人を手形交換所の取引停止処分にする（東京手形交換所規則62条）。この理由により不渡になった場合には、まず手形支払人は倒産するものとみて間違いない。ただ、振出人のなんらかの手違いにより不渡にしてしまうこともあるので、不審に思われる場合には、念のため債務者にその不渡原因を確認してみる必要がある。債務者の支払能力不足から出た不渡である場合には、直ちに債権回収対策を立てる。

手形債務者が倒産した場合の債権保全、回収対策は、原則として一般の債務者が倒産した場合の手続と相違するものではない。特に手形であることか

ら生ずる特別の注意点としては次の点があげられる。

a　仮差押えの利用

　手形が不渡になってから、債務者に対し支払を請求するのでは、一般に事前にその者の倒産を予知していた債権者より手遅れになる場合が多い。そのときは、何をおいてもまず債務者の財産を発見し、それを仮差押えし、そのうえで債務者との交渉に入るほうが有利である。詳しくは、「第1章第1節5」、および、「第2章第4節」を参照されたい。

b　裏書人に対する請求

　手形が不渡になった場合には、手形債権者はその手形の裏書人や為替手形の振出人などに遡求権を行使できるから、直ちにそれらの者に遡求通知を内容証明郵便で発信する（手形法45条）。そのうえで、それらの者に支払を求めていく。

c　債務逃れ対策に注意する

　連鎖倒産の危険のある場合には、債務逃れ、特に第二会社を利用した債務逃れを計画していないか、よく調査してみる必要がある。その場合は、仮差押え、商号の続用、法人格の否認など各種の対策があるので、前記を参照されたい（「第1章第3節」。なお、後記「第3章第1節2」も参照）。

d　支払督促の利用

　零細企業などの倒産の場合には、その債務者に支払督促を出すのが、債権者の強硬な態度を相手に示すことになり、案外効果があるので、一応検討してみる必要があろう。「第2章第3節2(3)a」参照。

e　手形訴訟の利用

　手形債権の支払を求める訴訟については、民事訴訟法において特に手形訴訟手続が認められている（民事訴訟法第5編）。この訴訟は、訴訟手続が簡素化されており、口頭弁論も1回ですみ、1カ月くらいで勝訴の判決がとれる便利なものである。いくら勝訴の判決がとれても、債務者に支払能力がなければ回収はできない。債務者に支払能力があるが弁済請求に応じない場合と

か、債務者を裁判所に呼び出すなど債権者の強硬な態度をみせることにより、債権回収に効果があると考えられる場合などには、この方法が利用できるといえよう。

(3) 第2号不渡事由

第2号不渡事由には、2つある。その1つは、債務者が申し立てている事由が本当であるのなら、それを不渡にするのは当然であり、債務者の信用には関係ないものである。本人の申出が本当かどうか直ちには判断できないので、本人から異議の申立てがあると不渡処分の猶予を認めるのである。他の1つは、振出人が手形の記載方法を誤ったものと思われる場合である。この場合についても、異議申立てが認められている点においては前記の本人申出の場合と同じである。

なお、この第2号不渡事由により不渡になった場合には、支払金融機関から交換所に異議申立てがなされ、手形振出人から支払金融機関に不渡異議申立提供金預託金を預託しなければならないから、直ちに異議申立ての有無を確認し、その預託金を仮差押えすべきか検討する。

a 契約不履行

手形振出の原因関係において、手形の支払義務が存在しないとして不渡にするものである。前渡手形の抗弁、融通手形の抗弁など、最も多い不渡事由の1つといえよう。このような抗弁は、法的には「人的抗弁」といい、直接の当事者かその事情を知って取得した手形所持人以外には、その抗弁をもって対抗できない（手形法17条）。そこで、このような理由により不渡となった場合には、相手がそのような法律的な効果を知らないときは、念のためその者に人的抗弁は対抗できないことを説明して、手形を支払うように説得してみる。特に融通手形については、手形所持人が融通手形と知って取得した場合でも、人的抗弁では対抗できないとされている（最三小判昭34・7・14金融法務事情219号9頁）。

b 詐取、紛失、盗難

　いずれの場合も、本人の意思により振り出されたものであり、手形所持人がそれらの事情を知らずにその手形を取得したものであれば、それが事実であっても手形債権の行使に支障がない。手形の裏書が連続していれば、無効な裏書があっても請求権が認められ（手形法16条）、人的抗弁があっても前述の契約不履行の場合と同様に対抗されないからである。

　振出人に手形の特質を説明して、支払を求めるとともに、それに応じない場合には、異議の申立ての有無を確認し、不渡異議申立提供金預託金の仮差押え等を検討する。紛失・盗難手形について公示催告、除権決定の出ている場合は前記「第2章第5節3(1)a⑥」を参照されたい。

c 偽　　造

　偽造とは、手形振出人になっている者の意思によらずに、無断で手形が振り出された場合のことである。それが事実であれば、本人の印章や金融機関届出印により手形が振り出されていても、本人には請求できない。

　偽造は、本人と無関係な人によりなされることは少なく、従業員、家族、同一社内の者など本人となんらかの関係のある者により、本人に無断で振り出されている場合が多い。そのような場合には、その者と本人の関係をよく調査してみることが大切になる。表見代理（民法109条、110条、112条）、表見支配人（会社法13条）、表見代表取締役（同法354条）などが成立する場合であれば本人に請求できるし、それが成立しなくとも本人の使用者責任（民法715条）を追及できる場合がある。偽造者に対して手形債権を請求したり（最二小判昭49・6・28金融法務事情726号28頁）、刑事責任を追及することもできる。

　偽造の場合には、同じ第2号不渡事由ではあるが、手形交換所に告訴状などを添付して申請すると、不渡異議申立提供金を提供せずに異議申立てが認められているので、その手続がなされているかを確認しておく。

d 変　　造

　変造とは、有効に成立していた手形の手形要件の一部を、無断で変更することである。変造前の手形上の署名者は変造前の記載により手形債務を負担し、変造後の署名者は変造後の記載により手形債務を負担することになっている（手形法69条）。変造の届出があると、手形交換所ではすべて不渡にする。この場合の対策としては、前記偽造の場合に準じて扱うことになるが、そのほか変造前の署名者と変造後の署名者に対する請求を忘れないようにする。この場合にも不渡異議申立提供金免除の制度があるので注意しなければならない。

e 取締役会承認等不存在

　取締役と会社間の取引となる手形の振出について、取締役会が承認した旨の記載のない場合であるが、現在の判例では手形所持人がその承認のないことを知っていたことを、振出人において立証できない限り、その無効を主張できないとされているので（会社法356条、365条。前掲最大判昭46・10・13）、たとえ不渡となっても関係なく請求すればよく、不渡異議申立提供金預託金が提供されていれば、その仮差押えなどを検討する。

f 金額欄記載方法相違、約定用紙相違

　現在ではほとんどみられないが、手形としては有効なものである。

(4) 不渡事由が重複する場合

　不渡事由が重複する場合には次による（東京手形交換所規則施行細則77条）。①0号不渡事由と第1号不渡事由または第2号不渡事由とが重複する場合は、0号不渡事由が優先し、不渡届の提出を要しない。②第1号不渡事由と第2号不渡事由とが重複する場合は、第1号不渡事由が優先し、第1号不渡届による。ただし、第1号不渡事由と偽造または変造とが重複する場合は、第2号不渡届による。

第 6 節

各種の事例と対策のポイント

　債権の回収は、一定の方法によって請求していけば必ず回収できるものでもない。一定の方法で請求していく間に、思わぬ回収資源が現れてくるので、それを上手に回収に結びつけることが大切なのである。それは単純に現れるのではなく、変わった形で、問題点を抱えて現れてくるため、実務上それにどう対処したら回収に結びつけられるのか、戸惑いを感ずることがよくある。その現れ方は、事例によりまったく異なるので、定型的に対策を記述することは不可能であるが、対策のポイントと要件だけにしぼって紹介する。実務では、そのポイントを参考にして現況に適した方法をとることが大切である。以下、不動産関連、その他の財産関連、そして、その他の事態の発生についてみていこう。

1　不動産関係

(1)　不動産をみつけたら
　回収資源として債務者の不動産は最も価値ある物件である。
a　仮差押えを検討する
　仮差押えには、不動産の登記事項証明書、固定資産税の公課証明、所有者が法人の場合にはその法人の商業登記の登記事項証明書が必要であるので、それらの資料を調えて至急弁護士に相談してみる。
b　担保に提供してもらえないか
　物件に抵当権を設定してもらえれば、債務者に与える影響も少なく、競売した場合に優先弁済権が認められるので、債権者にとっても有利である。仮

【図表38】 各種事例と対策Ⅰ（不動産関係）

事　　例	対　　　　　策
不動産の発見	仮差押えを検討する
相続未登記不動産発見	相続の代位登記後、仮差押えを
買取未登記不動産発見	代位登記か、本訴で登記請求を
保存未登記不動産発見	代位で保存登記し仮差押えを、未登記のまま仮差押えを
賃貸不動産発見	賃料の仮差押えか、不動産の仮差押え、強制管理を利用する。不動産収益執行も視野に
借地、借家の場合	敷金、保証金の仮差押えを
倒産直前の所有権移転や担保権設定	詐害行為取消権、またはその行為の無効を主張する

　差押えの前に債務者に抵当権を設定してもらえないか依頼してみる。不用意に抵当権の設定を交渉すると、債務者に差押えの危険を感づかれ、他に処分されることがあるので、その可能性の少しでもあるときは、先に仮差押えをしてから抵当権設定の交渉をすべきである。

c　担保余力に注意すること

　担保余力のあるほうがよいのは当然であるが、倒産した債務者に期待するのは一般に無理である。担保余力がないからといって、仮差押えをあきらめる必要はない。先順位担保権が根仮登記担保であれば、差押えによりその権利は失効し（仮登記担保法14条）、抵当権なども登記された金額だけ被担保債権があるとは限らず、その時点では存在しても処分時にはどの程度債権が残っているかわからない。特に不動産の場合、任意売買されれば担保余力に関係なく仮差押えは有効に働くこともある。

d　法的整理に注意すること

　仮差押えは、債務者が破産、民事再生、会社更生、特別清算など法的整理に入ると、効力が認められなくなるので、その点は注意する必要がある。

(2) 相続登記のされていない不動産をみつけたら

　債務者の郷里などに、相続によって財産分与されていても登記がまだなされていない不動産が残っていることがよくある。このような物件は、第三者の権利の登記もされていないことが多いので、差押対象としては有効な物件といえる。所有権者が被相続人になっているので、差押えをするためには、事前にその名義を相続人である債務者に変更しておく必要がある。債権者代位権（民法423条）により、債務者に相続権のあることを証する戸籍謄本、除籍謄本、相続の放棄をしていないことの証明書（被相続人の最後の住所地を管轄する家庭裁判所の証明書）、債権証書などを添付して、債権者が登記の申請をすることができる（不動産登記法59条7号）。そのうえで仮差押手続をとる。なお、「第3章第1節2(1)d」参照。

(3) 代金支払ずみの未登記の不動産をみつけたら

　債務者の所有不動産について、代金は支払ずみであるのに所有権移転の登記がなされていない場合には、債権者代位権による債権者単独での登記は利用できない。前所有権者から登記の協力が得られれば、前所有権者の所有権移転の登記用委任状に、債務者の債権者であることを証する債権証書を添付して、債権者代位権により債務者を所有権者とする所有権移転の登記の申請ができる。前所有権者の協力が得られない場合には、まず前所有者を相手に、所有権移転登記を求める本訴を、債権者代位権により提起し、勝訴の判決をとってからでないと、所有権移転の登記をすることはできない。所有権移転の登記が完了してから仮差押えの手続をとる。

(4) 保存登記の未登記不動産をみつけたら

　債務者の所有不動産であることは確かではあるが、保存登記がなされていない物件もある。第三者の権利関係はなく、仮差押えの目的物件としては適している。未登記物件には、表示登記はあるが所有権保存登記のないもの、

固定資産税は払っているが表示登記がなされていないもの、固定資産税すら課されていない新築物件がある。表示登記のある場合には、前記の債権者代位権により債権者が保存登記をしたうえ仮差押えをしても、仮差押えの申請書に未登記物件である旨を記載し、表示登記の登記事項証明書を添付して申請してもよい。裁判所の嘱託により登記がなされる。
　表示登記のなされていない場合でも同じであるが、その物件が債務者の所有物であることを証する書面が必要になる。

(5)　賃貸不動産をみつけたら

　賃貸不動産も債務者の所有物件である以上、仮差押えができるのは当然である。その物件について先順位抵当権などがあり担保余力がない場合は、賃料から回収することを目的に、仮差押えによる強制管理を利用することも検討する（民事保全法47条）。
　強制管理とは、不動産を差し押え、執行官の管理に移し、以後その不動産に関するいっさいの収支は執行官が行い、収益を債権者に配当する手続である。賃借人が債務者と通謀し将来何年分も賃料が支払ずみだと主張する場合があるので、賃借人の信用を調査しておくことが大切となる。賃貸物件の仮差押えと強制管理の申立手続については、申請書に強制管理の申立てであることを記載することが必要となる。
　なお、賃貸不動産を担保徴求のうえ、抵当権の物上代位による賃料の差押え（民法372条、304条）や不動産収益執行（民事執行法180条）も考えられよう。「第2章第7節2(5)b」参照。

(6)　借地上の建物や借家であったら

　債務者の使用している不動産が本人の名義になっていない場合には、差押えはできないが、注意しなければならないのは、借地・借家について地主、家主に敷金、保証金などを差し入れていないかということである。敷金・保

証金の返還請求権は金銭債権として仮差押えの対象になる。特に債務者が倒産して、建物を明け渡す可能性が高い場合や、明け渡した直後であれば、この仮差押えは有効である。

申立てにあたっては、債権を特定しなければならず、債務者や第三債務者が法人である場合には商業登記の登記事項証明書が必要になる。第三債務者の資力は確認しておく必要がある。「第2章第4節1(1)③」参照。

(7) 倒産直前に不動産を第三者に移転していたら

債務者は自己が倒産する見通しが明らかになると、少しでも財産を残すため、隠匿をしたり、差押えを逃れるためにあらかじめ所有権を第三者に移転したりすることがある。明らかに詐害行為に該当するので、そのような事実を発見したらその取消を検討する。

詐害行為の取消権（民法424条）を行使するためには、客観的要件（その行為により一般債権者を害したということ）と、主観的要件（他の債権者を害する行為であることを、債務者も行為の相手も知っていたということ）の2つを債権者が立証しなければならない。これは、裁判上きわめて煩雑な手続であるため、事前に弁護士と十分に打ち合わせておく。本訴により取消権の行使を求める前に、不動産の処分禁止の仮処分を得て、相手と交渉していくことが効果的である。詐害行為取消権については、「第2章第7節3」参照。

2　その他の財産関係

不動産以外でも債務者の資産であれば回収資源になるから、何でも発見したら直ちに回収のための手続をとる。

(1) 店内や倉庫に商品がありそうなとき

商品、製品、原材料などの動産は、執行官により仮差押えの可能な物件で

【図表39】 各種事例と対策Ⅱ（その他の場合）

事　　　　例	対　　　　　　　策
商品の発見	仮差押えを検討する
売掛金の発見	同上。第三債務者の信用調査を
金融機関に手形が残る	手形かその返還請求権の仮差押えを
債務者が医者なら	診療報酬の仮差押えを
自動車を発見	仮差押えの前に交渉の手段に
ゴルフ会員権を発見	会員権の種類に注意して仮差押えを
本人を発見	まず本人の現況の確認から
手形が不渡になったら	第2章第5節参照
整理屋が関係していた	相手をよく確認して対策を
商品引揚げの事実を発見	誰が何を、詐害行為取消権を
保全命令が出たら	手続の種類を確認し、手続参加を
第三者からの弁済申出	利害関係、弁済の目的の確認を

ある。特に倉庫内の商品などは、債務者が債権者による強引な持出しを警戒して、厳重に施錠していることがある。債務者の協力が得られて担保の差入れが受けられればよいが、不可能な場合には至急仮差押えの手続をとる。

　動産の仮差押えの申請は、目的物件の特定を要せず、施錠されていても執行官による開扉が認められている（民事執行法123条）ので、事前に執行官に事情を話して打合せのうえ、仮差押えを執行する。この執行には、債権者はできるだけ立ち会うようにすべきである。「第1章第1節5(2)d⑤」参照。

　前述したように、動産仮差押えについて民事保全法49条3項は、債務名義の取得から強制執行の手続を待たずに強制換価することができる場合を定めている。動産の緊急売却といわれるもので、あわせて利用すれば実効あるものとなるであろう。緊急売却については、「本章第4節1(2)f」参照。

(2) 売掛金のあることがわかったとき

企業であれば売掛金のあるのは当然であろうし、その金額は高額であることもあり、差押えに成功すれば直ちに金銭の回収ができる有用な回収資源である。「第1章第1節5(2)d③」参照。

売掛金の仮差押えは、①倒産する際に残っている可能性が低いこと、②他の債権者もねらっていること、③実質的には仮差押えは成功しているのに、債務者と第三債務者が共謀して支払ずみ、相殺ずみ、返品ずみなど虚偽の申立てをしても、債権者として反証をすることが困難であること、④仮差押えに成功しても第三債務者に支払能力がないと無駄になることなど、失敗する可能性の高い点には注意を要する。債務者から担保の提供が受けられればよいが、それができないときは仮差押え以外にない。仮差押えの手続は、債権の特定をし、債務者と第三債務者が法人の場合はその商業登記の登記事項証明書をそろえて、弁護士に委任する。仮差押えについては、「本章第4節」参照。

(3) 取引金融機関に手形が余りそうなとき

債務者の有する手形は、取引金融機関の手元にあるのが普通である。割引手形や担保手形はもちろん、担保の対象になっていなくとも、金融機関に債務があれば留置され差押えは困難である。担保の対象になっていなければ、金融機関の同意を得て仮差押えは可能であり、同意の得られない場合でも少なくとも手形の返還請求権の仮差押えは可能である。割引されていたり担保となっていたりしても、預金などと相殺して相殺済手形の残る場合には、手形の返還請求権の差押えは不可能ではないので、念のためその是非について検討してみる。

(4) 債務者が医者で、診療報酬がありそうなとき

医師は、診療のつど患者から診療代や薬代の収入があるほか、健康保険に

よる診療については、毎月社会保険診療報酬支払基金または国民健康保険団体連合会などから社会保険料診療報酬金の支払が受けられる。判例は、将来8年3カ月にわたって発生すべき診療報酬債権の譲渡の有効性を認めたので（前掲最三小判平11・1・29）、相当長期にわたって仮差押えの対象となる。

念のため、その担保取得が可能か検討し、困難な場合には、仮差押えをしてみるのも意外と効果的である。

(5) 自動車をもっていたら

債務者の自動車も、差押えは可能であるが、必ずしもその差押えにより回収するのが得策とは限らない。一応は仮差押えをしておいて、債務者に心理的に圧迫感を与え、以後の交渉を有利に進めるのも1つの方法である。

(6) ゴルフの会員権をもっていることがわかったら

ゴルフクラブには株式会社組織のものもあるが、現在はだいたい預託金制である。ゴルフクラブが株式会社組織になっている場合にはその株式を、預託金制の場合はその預託金返還債権を担保にとるか差押えすることにより、債権保全を図ることが可能である。ゴルフクラブの確認が先決になる。各クラブによって名義変更の手続が異なるので、その点も調査しておく必要がある。

3 その他

債務者が倒産すると、さまざまな事態が生じる。処置や対策を誤ると、回収できる債権を回収しそこなうばかりでなく、債権それ自体を失うことにもなりかねないので注意を要する。

(1) 本人の居所がわかったとき

債務者と思われる人物を発見した場合には、まずその者が本当に本人であり人違いでないかを確認しておくのは当然である。債務の履行期から時間が経っているときは、時効にかかっていないかの確認も行う。時効期間が経過していても、債務者が時効を援用しなければ債権の請求は可能であるが（民法145条）、債務者との交渉において念のため確認しておく。

次に債務者の現在の収入、勤務先、事業などを確認する。状況により当然交渉の方法も異なる。本人の家族構成も確認しておいたほうが便利である。本人に面接したときは、自己の債務についてどのように考えているかを確認し、弁済についての誠意の有無を見極めたうえ、弁済の交渉をする。

(2) 手形が不渡になったら

債務者から受け取った手形を期日に支払呈示したが、不渡になって返却された場合の対策については、「第2章第5節」で紹介してあるので参照されたい。

(3) 整理屋が入っていたら

中小企業の倒産の場合には、整理屋といわれる悪質な債権者がその整理に立ち入り、正常な清算を妨害してくることがよくある。まずその整理屋が暴力的手段により強引な整理をするグループか、表面には出ずに裏で各種の工作をするグループかの確認をしておく。暴力的な整理屋のときは、一般の債権者はむしろ関係しないようにして、事態の推移を静観し、それらの者が手を引いたのを確認して対策を立てたほうが安全であり、へたに抵抗しても効果はなく、かえって事を面倒にすることがあるので注意する。陰に隠れて整理をリードし、裏で悪質な清算をするグループの場合には、仮差押え、破産手続開始の申立てなどの裁判所の手続を有効に利用する。整理屋については、「第1章第1節4(2)」参照。

(4) 他の債権者が商品を引き揚げた事実があったとき

債務不履行にある債務者の商品を債権者が無断で持ち出す行為は、窃盗であり刑事問題になる。一般にはあまり生じないであろうが、時として相当強引な方法で商品を持ち出す債権者もいる。この場合、当該商品を納入し代金が未収になっている債権者であれば、先取特権が認められているので、否認や詐害行為として取消ができない。

債権者が先取特権者でない場合には、その行為は詐害行為になり、法的整理になれば否認の対象になる。その債権者に対しそれを指摘し交渉する必要がある。商品の引揚げが直接の動機となって倒産した場合に、債権者に対する損害賠償請求が認められた事例もある。詐害行為取消権については、前掲「第1章第4節2(3)」および後掲「本章第7節3」参照。

(5) 裁判所の保全処分命令が出ていたとき

債務者が倒産し、破産、会社更生、民事再生、特別清算などの法的整理手続開始の申立てがあると、裁判所から支払禁止などの保全処分命令が出されることが多い。保全処分命令は、倒産した債務者に対して一定の行為を禁止するのみで、債権者の行為まで禁止しているものではない。債権者は保全処分命令には関係なく債権の保全・回収をしてよいのである。特に相殺、担保権の実行、手形債権の行使など債権者のみで行使できる権利の実行まで制限されるものではない。申立てにより、または職権で担保権実行等の手続の中止命令が出されることがあるので、原則として裁判所の手続に依存しない方法により回収すべきである。

保全処分命令が出されていることは、法的整理手続開始の申立てがなされていることを示すから、手続を確認しておかなければならない。詳しくは、後掲「本章第7節」参照。

(6) 第三者から弁済の申出があったとき

　債務者、保証人など債務を負担している者以外の者から弁済の申出があった場合には、まず弁済を申し出てきた者が法定代位権者か否かを確認する。

　債権者は法定代位権者からの弁済の申出を受けないと受領遅滞となるので（民法413条）、当然そのまま弁済を受けることになる。その場合、担保権などの権利は弁済者が代位するので、担保保存義務に留意する（同法504条）。

　第三者からの弁済は、債務者の意思に反する弁済でないか、非債弁済にならないかを確認する。法定代位権者からの弁済は、債務者の意思に反していても有効であるが、それ以外の者の弁済は、後で債務者がその弁済に反対すると無効になる（同法474条2項）。弁済者が自分は債務者と勘違いしていたことがわかると、原則としてその弁済を無効として、取戻しが可能である（同法705条）。もっとも、その者にあらかじめ保証人になってもらっておけば、弁済は無効にならず、また、取戻しの危険はない。

第 7 節
各種整理手続参加

　債務者が倒産した後の債権・債務の整理の方法には、夜逃げ型以外の場合は、私的整理手続か法的整理手続によることになり、それにも各種の整理の方法があることについては、すでに述べたとおりである（「第1章第4節」参照）。

　私的整理手続や法的整理手続において、その手続により弁済を受けるためには、債権届などをすることにより、手続に参加することが必要になる。以下、整理手続に参加する場合の注意点について述べる。

　あわせて、担保権実行手続等への参加する際の実務についても解説する。

1　私的整理手続への参加

　私的整理にも、清算型と再建型とがあり、再建型もさらに棚上げ方式と第二会社方式があるが、いずれにしてもそれらの手続は法律の規定によるものでないため一定していない。私的整理ガイドラインについても触れておいた（後掲(4)参照）。

(1)　手　　続

　一般には、債権者委員会の名において、または債務者名で、各債権者に債権届の依頼があるのが普通である。この債権届は法律的な要件ではないので、一定の様式、記載内容が決まっているわけではない。債権の内容が相手方に判別できる程度の記載がなされていれば足りる。その場合、債権が担保権付きであるか、将来の債権であるかによって、区別する必要はない。私的整理

【図表40】　私的整理手続の手順

準備段階
（倒産意思決定、主要関係者の意向打診、財産保全工作、弁護士への相談、委任）

↓

債権者会議の準備
（会場の準備、会議の手順決定、資料の作成）

↓

不渡発生
（従業員対策、営業所の処理、社長の行方不明、保全処分）

↓

債権者会議の招集
（倒産通知、債権者会議招集状の発送、配布書類の準備）

↓

債権者会議の開催
（受付、会議資料、委任状配布、挨拶、説明、質疑、委員選出、決議、委任状回収）

↓

債権者委員会開催
（委員長、担当委員の選出、整理方針の決定、整理手順の決定）

↓

整理手続に着手
（債権、担保権の届出、確認、財産の確認、優先債権の処理、従業員の整理）

↓

清算型	第二会社型	棚上げ型
（換価、回収、管理）	（第二会社設立、事業譲渡、資産の継承、挨拶状の発送、事業の再開）	（計画案の作成、根回し、修正）（債権者承認、事業承継）

↓

配当の実施
（委員会決議、配当通知、債権放棄書の回収）

↓

終　結
（債権者会議招集状発送、開催、資料配布、承認、終了）

第7節　各種整理手続参加

手続では、債権の届出をしなかったことにより、法律上なんら不利益が生ずることはなく、届出した債権と同一の権利がそのまま認められる。

　債権者委員会でも債務の総額を実際に確認するために、債権届を受けるのが便利であろうから、債権者としては特別の事情のない限り届出をしておく。届出期日の定めがあり、それに遅れたときでも、追加して届け出ておく。それにより不利益を受けることは認められない。

(2) 届出の効果

　私的整理手続においては、債権届が権利行使の要件とならない。届出をしなくても、届出した債権者の債権より劣後的な不利益を受けることはない。届出をすることにより特別有利な権利が法律的に認められるものでもなく、その債権の回収が私的整理手続により拘束されることもない。弁済期にある債務の弁済を請求したり、担保権の実行、（仮）差押えなど法的手段による権利行使をすることも可能である。

　債権届により生ずる法的効果は、その相手方が債務者自身である場合、債務者との間に債権・債務の整理の委任を受けた委員会である場合、単なる債権者の代表としての性質しかない債権者委員会である場合とでは多少異なる。債務者自身かその代理人である場合には、その者に対する債権届は、民法上裁判外の請求として時効中断の効力が生じ（民法153条）、届出債権者のリスト（債権者表）に具体的に記載され、届出債権者にそれが交付されれば、債務承認の効果を生ずる（同法156条）であろうが、単なる債権者の代表としての委員会への届出は、それらの効果は生じない。

　債権届をし、債権者集会に対し債権・債務の整理等に賛成した債権者は、少なくともその届出債権の処理については、債権者委員会の決議の内容により拘束を受けることになろう。

(3) 留意点

私的整理手続に参加する場合の留意点については、「第1章第4節3(1)」を参照されたい。

(4) 私的整理ガイドライン

a 私的整理ガイドラインとは

平成13年4月に政府が発表した「緊急経済対策」を受けて採択されたもので、債権者と債務者との合意によって金融債務の一部猶予や減免によって経営困難に陥った会社を再生させることにある。ガイドラインに基づく債権放棄がなされた場合には、税務上損金算入が認められて無税償却ができる。

b その手続

その手続は、債務者が再建計画を立てたうえで主要債権者に対して私的整理を申し出、主要債権者協議を経て支払を一時停止する旨の通知を債権者に発送し、その後債権者集会を開催して再建計画を検討し、各債権者の同意を得て再建計画を実行する。

c 再建計画案の要件

再建計画案は、①原則3年以内の実質債務超過の解消、②3年以内の経常黒字化、③増減資による株主責任の追及、④モラルハザード防止のための経営責任の追及、⑤平等と衡平を旨とし、⑥債権者にとっての経済的合理性の確保、の要件を備えることを要する（第7項(2)(3)）。つまり、これらの要件を達成できない私的整理手続はそのまま維持することは好ましくない。債権者として、法的整理に移行すべく決断が求められる。

d 個人債務者のガイドライン

平成23年7月15日「個人債務者の私的整理に関するがガイドライン」が公表された。東日本大震災に被災した債務者に対する政府の「二重債務問題への対応方針」を受けて策定されたものである。

2 法的整理手続と担保権実行手続等への参加

　法的整理手続は、手続への参加方法が法定されているのが原則であるが、必ずしも一定していない。最も厳格に手続を定めているのが会社更生手続、次が破産手続であり、特別清算手続では清算手続の関係上届出が要件となっている。民事再生手続においても債権届出の制度があるが、①5分の3以上の債権者の再生計画案に対する同意により、債権調査・確定手続を経ることなく手続続行が可能な簡易再生（民事再生法211条）、および②債権者全員の同意により債権調査・確定手続、再生計画案の決議を経ることなく整理が可能な同意再生（同法217条）の2つの簡易手続も認められる。

　あわせて、担保権実行手続等への参加する際の実務についても解説する。

(1) 会社更生手続への参加

最も厳格な会社更生手続から紹介する。

a　準　　備

会社更生手続に参加する場合に特に留意すべきことは、次の点である。

- ・債権届のなされていない債権は、更生会社に対してはいっさいの権利が認められないこと
- ・その届出の期日はきわめて厳格で、失念して届出が1日でも遅延すると、原則として追加して届出が認められないこと
- ・債権届出期日後は相殺が認められないこと
- ・債権届は更生債権と更生担保権に分けて届け出ること

　ただし、債権届出期間経過後の届出については、回収した債権が届出期日後に否認され復活した場合など、債権者の責めに帰することのできない事由により届出ができなかったときは、その事由が消滅したのち1カ月内に限り届出が認められており（会社更生法139条）、そのような事由がなくとも裁判所で便宜受け付けてもらい、それが債権の調査期日に異議なく承認されると、

【図表41】 会社更生手続の手順

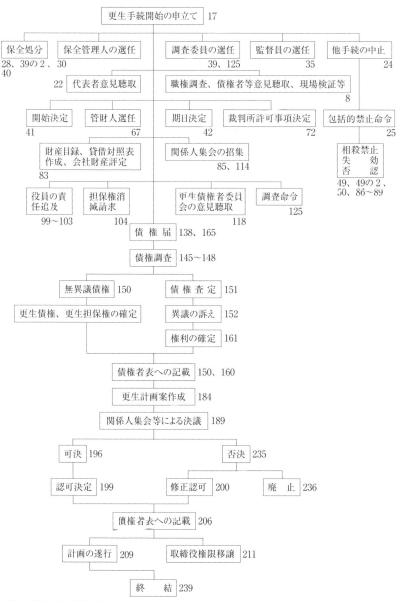

（注） 数字は会社更生法の条文を示す。

第7節　各種整理手続参加　　*169*

その届出分も有効となる（最一小判昭44・12・4金融法務事情571号22頁）などの例外はある。同判決は「更生債権または更生担保権の届出が届出期間経過後になされ、しかも、会社更生法127条（現行139条—筆者注）所定の要件を備えていないものであっても、管財人、更生債権者、更生担保権者および株主に異議がなく、調査の一般期日において調査をすることとなった以上、前記の期間の徒過を事由とする異議は許されない」というが、更生債権者等の同意が得られることはまずないとして、必ず届出期間内に届出をしなければならないのはいうまでもない。

　そこで、一般に債権届出期日が決まったら、次の準備に入る必要がある。
① 相殺を完了しておくこと
　　会社更生法では、相殺のできる期間を債権届出期間内としているので（同法48条）、それまでに更生会社に対する債権・債務の全部を正確に把握し、どの預金とどの融資を相殺するか確定させる必要がある。特に預金については、別段預金、仮受金、僚店の預金などの調査もれの生じないように注意し、融資については割引手形のうち決済見込みの低いほうから先に充当する判断が必要となる。

　　相殺をする場合には、債権届出期日までに相殺通知が必ず管財人に到着するようにすること、相殺通知の相手方は開始決定後は管財人宛、開始決定前は保全管理人があればその者宛に発信しなければならないこと、手形債権による相殺は全額相殺分は同時に手形を相手方に交付し（受取証をとる）、一部相殺の場合は呈示しておき、買戻請求権の目的の手形、手形貸付の手形などは同時履行の関係上、全額相殺分は相手方に交付（受取証をとる）することに注意を要する。
② 担保評価をしておくこと
　　更生手続では、同じ更生会社に対する債権でも、担保権付債権と無担保債権とではその議決権に強弱がつけられており、担保付債権ではその担保価値の範囲内のもののみ認められているので、事前にその評価を正確にし

ておく必要がある。

　担保の評価は、従来は破産手続における評価と異なり、「会社の事業が継続するものとしての評定」によることになっていた（旧会社更生法124条の２、これをゴーイング・コンサーン・バリューという）が、新会社更生法は「評定は、更生手続開始の時の時価によるものとする」と改正した（同法83条２項）。

　なお、更生手続においては、開始決定が出ると、担保権実行による会社財産からの回収が認められていない（会社更生法50条）ので、株式の担保など簡単に処分できるものは、開始決定前に処分し、回収しておく。

③　債権届に必要な添付書類の準備をしておくこと

　債権届は、一般に一定の用紙が準備されているので、できるだけその用紙を利用すべきで、不足するときは裁判所から取り寄せておく。この届出には、債権者が法人の場合は商業登記の登記事項証明書などの資格証明、代理人による場合は委任状、債権や担保が手形等である場合はその明細書、不動産など登記・登録のある物件の担保権については登記事項証明書を添付する。事前にそれらが必要であれば、その準備も必要となる。不動産の登記事項証明書のように、部数が多く、費用もかかり、しかも会社や他の債権者からの提出書類と重複する可能性のあるものは、事前に裁判所や管財人などと打ち合わせ、省略することを認めてもらうのも一法である。

b　更生担保権届

　更生担保権として認められているのは、更生会社の財産のうえに成立している特別の先取特権、質権、抵当権、商法の留置権（会社更生法２条10項）と、根担保でない仮登記担保（仮登記担保法19条）である。判例ではそのはかに、機械・器具などの譲渡担保（最一小判昭41・４・28金融法務事情443号６頁）や所有権留保による担保（大阪高判昭59・９・27金融法務事情1081号36頁）についても、取戻権を認めず、更生担保権とみている。会社更生手続における譲渡担保権者の地位について、前掲最高裁昭和41年４月28日第一小法廷判決は、

「会社更生手続の開始当時において、更生会社と債権者との譲渡担保契約に基づいて債権者に取得された物件の所有権の帰属が確定的でなく、両者間になお債権関係が存続している場合には、当該担保権者は、物件の所有権を主張して、その取戻を請求することができない」としたうえ、「前項の場合において、譲渡担保権者は、更生担保権者に準じて、その権利の届出をし、更生手続によってのみ権利を行使すべきである」という。

　問題は、商業手形の譲渡担保であるが、判例に、それも更生担保権として認めたものもある（東京地判昭56・11・16金融法務事情993号41頁）が、実務的には、更生担保権と認められても、決済確実分についてのみ評価されることになり、その決済分は直ちに回収に充当できないことになる（会社更生法50条）ので、むしろ更生債権として届け出て、その後の決済分は会社からの回収でないとし（同法203条）て直ちに充当できるようにしたほうが有利ではないかと思われる。更生担保権として届出をした場合には、「担保手形の決済代金は更生手続によらず金融機関の債権回収に充当する」旨を付記しておくことであろう。いずれにせよ、各債権者が同一歩調で届け出るのが望ましいので、あらかじめ裁判所に確認しておくのもひとつの方法である。

　更生担保権の利息・損害金は、担保価値の範囲内に限り、開始決定後1年分だけは未発生の分も担保権として届出が認められている。ただ、この1年分には議決権はない（同法2条10項、136条）。

c　更生債権届

　更生債権とは、開始決定時にあった更生会社に対する金銭債権で、債権届出日の現在額をいい、開始決定後の利息・損害金は含まれない（劣後債権となる）。なお、手形債権のような無利息債権で、開始決定時に期日未到来の分は、ホフマン方式（元本÷〔1＋利率×期間〕）により、期日未到来分の法定利率（6％）による利息分を控除して算出することになっている。

d　担保権消滅請求制度

　担保権消滅請求制度とは、更生手続開始決定当時、更生会社の財産につき

特別の先取特権、質権、抵当権または商法の規定による留置権（以下「担保権」という）がある場合、更生会社の事業の更生のために必要であるときに、管財人の申立てにより、当該財産の価額に相当する金銭を裁判所に納付して当該財産を目的とするすべての担保権を消滅させる制度をいう（会社更生法104条1項）。民事再生手続にならって、平成15年施行の新会社更生法に設けられた制度である。手続の流れは以下のとおり。

① 申立て

　管財人は、更生手続開始当時、更生会社財産のうえに担保権があり、事業更生のため必要であり、更生計画案を決議に付する旨の決定されるまで、当該財産の価格に相当する金銭を納付のうえ、担保権を消滅させることについての許可を裁判所に申し立てることができる（会社更生法104条1項・2項）。

② 担保権の消滅時期

　担保権は、裁判所に金銭の納付があった時に消滅する（同法108条3項）。

③ 価額決定請求

　管財人は自ら適正な額を提示するが（同法104条3項）、その額に不服がある担保権者は、裁判所に価額の決定を請求することができ（同法105条）、請求を受けた裁判所は、請求を不適法として却下する場合を除き、評価人を選任して財産の評価をさせる（同法106条）。

④ 裁判所による配当手続

　裁判所は納付された金員を保管し、更生計画認可後に管財人に交付し（同法111条）、一方、更生手続の廃止・不認可の場合は、民事執行に定められた配当手続に準じて、担保権者に配当する（同法110条）。

(2) 破産手続への参加

a 準備

　破産手続においても、配当を受けるためには、破産債権の届出をすること

が必要である。

① 債権者は債権届出期間内に債権の額および原因等を届け出なければならないが（破産法111条1項）、債権者の責めに帰すことのできない事由によって一般調査期間の経過または一般調査期日までに届出ができなかったときは、その事由が消滅した後1カ月以内に限り届出をすることができる（同法112条1項）。

② 担保権付債権（担保価値の範囲内の分のみ）は、別除権が認められ、破産手続外で行使することができるので（同法65条1項）、債権届出の必要がない。ただし、別除権の行使により弁済が受けられなかった債権について、破産手続に参加して配当を受けることができるので、別除権者は、債権届出期間内に別除権の目的である財産と、別除権の行使によって弁済を受けることができないと見込まれる債権の額を裁判所に届け出なければならない（同法111条2項）。

③ 相殺は、債権届出期間後でもできる。

④ 破産債権として認められる債権は、更生債権と同じように金銭債権となる債権であるが、破産手続はいっさいの権利・義務を清算することを目的としているので、更生手続では相殺の認められていない期限前の債権や条件付債権、非金銭債権についても相殺が認められる（同法67条以下）。

そのほかの点ではだいたい更生手続における債権届と同じであるので、その手続に準じて担保評価（強制処分価額により評価する）や債権届に添付する書類を準備しておく。

b　破産債権届

破産債権届は、その届出期日までに届け出ておく必要があるが、相殺の時期については制限がないので、回収見込不明の分があれば、その決済見込みの確定するのを待って相殺することとし、相殺前の残高で届け出ることになる。

担保付債権は、更生手続と違い、別除権として破産手続によらず担保権を

【図表42】 破産手続の手順

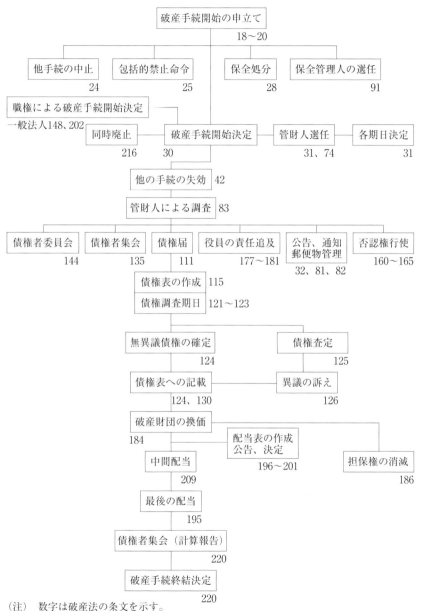

(注) 数字は破産法の条文を示す。

第7節 各種整理手続参加

自由に実行し回収することができるので、債権届の必要はない。別除権として認められる担保権の種類は、更生担保権の場合と同じと考えられている。もっとも、担保権付債権でも、それが担保価値の範囲外となると見込まれるものは、破産債権として届け出ることにより破産配当を受けることができ、しかも担保価値を見込んだ金額以上の価格で担保処分ができれば、たとえ担保不足分として届け出た分でも、被担保債権である以上、自由に回収に充当できるので、実務的にはこの担保評価はなるべく固くみて届け出ておくほうが一般には有利である。

c 担保権消滅制度

平成17年施行の新破産法により、民事再生法、会社更生法に続いて、破産手続においても担保権消滅制度が設けられた（破産法186条）。民事再生、会社更生における担保権消滅制度との主な違いは次の点である。

① 申立ての条件が、民事再生法においては「事業の継続に欠くことのできないもの」（民事再生法148条1項）、会社更生法においては「事業の更生のため必要であると認めるとき」（会社更生法104条1項）とされているのに対し、破産法では「破産債権者の一般の利益に適合するとき」（破産法186条1項柱書本文）とされていること

② 破産法においては、担保権者の利益を不当に害することとなるときは、認められないこととされていること（同項柱書但書）

③ 破産法においては、異議のある担保権者のために担保権実行の申立て（同法187条）、買受けの申出（同法188条）の手続が設けられていること

(3) 特別清算手続への参加

特別清算手続は、解散により清算手続に入った株式会社について認められた制度であるため、その清算手続において債権申出が必要であり（会社法499条）、この申出をしなかった債権者は、債務者で承知していた債権者と認められない限り、申出債権者等へ支払を完了したのちの残余財産からしか弁

済が受けられなくなる（同法503条）ので、必ず債権申出期間内に届出をすることが大切となる。

(4) 民事再生手続への参加
a　準　備
民事再生においても、債権者は、債権を届け出なければ配当を受けることができない。
① 債権者は債権届出期間内に債権の内容および原因などを届け出なければならないが（民事再生法94条1項）、債権者の責めに帰すことのできない事由により債権届出期間内に届出をすることができなかったときは、その事由が消滅した後1月以内に限り届出の追完をすることができる（同法95条1項）。
② 担保権付債権（担保価値の範囲内の分のみ）は、別除権が認められ、再生手続外で行使することができるので（同法53条2項）、債権届出の必要がない。ただし、別除権の行使により弁済が受けられなかった債権について、再生手続に参加して配当を受けることができるので、別除権者は、債権届出期間内に別除権の目的である財産と、別除権の行使によって弁済を受けることができないと認められる債権の額を裁判所に届け出なければならない（同法94条2項）。
③ 相殺は、債権届出期間内に限り行うことができる（同法92条1項）。

b　別除権、相殺の取扱い
別除権の扱いについては破産と同じ、相殺の期間制限があるのは会社更生と同じである。よって、担保権の価値で回収されない債権についての取扱いは前掲「(2) a ②、b」で述べた破産と同様であり、相殺の手続および留意点については前掲「(1) a ①」で述べた会社更生と同様である。ただし、民事再生の場合は、原則として債務者が管理・処分権を失わないので、相殺通知等の宛先は債務者となる。ただし、保全管理人（同法81条）あるいは管財人（同

【図表43】 民事再生手続の手順

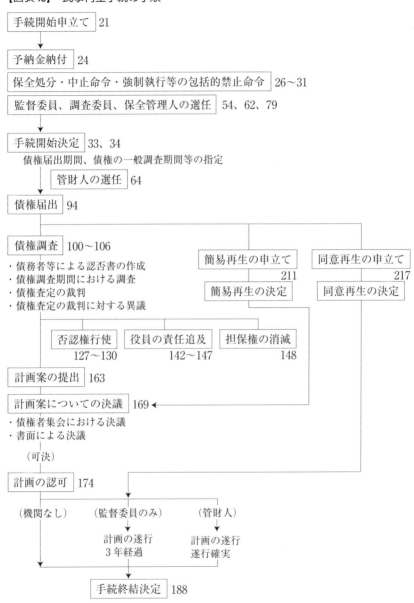

（注） 数字は民事再生法の条文を示す。

法66条）が選任されているときは、それらの者宛に通知する。

　c　担保権消滅制度

　再生手続開始当時再生債務者の財産の上に民事再生法53条1項に規定する担保権（すなわち、別除権＝再生債務者の財産の上に存する特別の先取特権、質権、抵当権または商法の規定による留置権）が存する場合において、当該財産が再生債務者の事業の継続に欠くことのできないものであるときは、再生債務者は、裁判所に対し、当該財産の価額に相当する金銭を裁判所に納付して当該財産の上に存するすべての担保権を消滅させることについての許可の申立てをすることができる（民事再生法148条1項）。手続は、主体が原則として（同法81条・66条に注意）、管財人ではなく再生債務者であることを除き、会社更生（前掲(1)d）とほぼ同様である（民事再生法148条～153条）。

(5) 担保権実行手続等への参加

　法的整理手続ではないが、債務者の財産について担保権の実行、差押え、公売などのあった場合にも、債権者として手続に参加して、配当の支払を求める必要があるか検討する。もちろん、配当を受けられる可能性なしと判断される場合には、参加を要しないが、参加する必要ありと認めた場合は、下記の点に留意する。

　a　担保不動産競売手続

　不動産の競売は、抵当権実行としてなされる担保不動産競売事件でも、差押えによりなされる強制競売事件でも、それに参加する手続は同じである。

　当該物件に抵当権、仮登記担保権等を有する場合には、裁判所から配当要求の終期に関する通知により債権届の催告がある（民事執行法49条、仮登記担保法17条）ので、それまでに送付を受けた用紙により、被担保債権を届け出る。届出をしなくても担保権を失うわけではないので、届出もれを発見したら直ちにその分の届出をしておく。届出もれ、届出相違により損害を受けた者があると賠償責任を負うので注意を要する（民事執行法50条）。

目的物件が売却され、配当がなされると債権者に債権計算書提出の催告があるので、配当期日までの利息・損害金を計算して届出、配当期日に裁判所に出頭し、配当表を確認、異議がなければその場で配当金を受領する。配当表の記載に異議のあるときは、直ちに口頭によってでもその旨裁判所に申し立て、以後の手続を弁護士と相談する（同法89条）。

　当該物件に抵当権等の担保権は有しないが担保余力ありと認められる場合には、配当要求の終期までに配当要求の申立てをする。なお、当該物件にすでに仮差押えをしていた場合には単に債権届のみで足りるが、仮差押えをしていないときは、その終期までに仮差押えをしたうえで配当要求書を提出する。もっとも、債務名義のある債権（「第1章第1節3」参照）か給料債権のような一般の先取特権付債権は、仮差押えを要せず配当要求が認められる（同法51条）。

　その後の手続は、抵当権付債権の場合と同じである。

b　担保不動産収益執行

　平成16年4月1日施行の「担保物権及び民事執行制度の改善のための民法等の一部を改正する法律」（平成15年法律第134号。以下「平成15年民法等改正法」という）により、担保権者が担保不動産の収益から優先弁済を受けるための強制管理類似の手続として、担保不動産収益執行の制度が創設された。これは、担保不動産競売とは別個の手続とされ（民事執行法180条2号）、強制管理の手続が準用されている（同法188条）。留意すべき点は「第6節1(5)」で述べた強制管理と同様である。

c　滞納処分による公売手続

　滞納処分による差押えは、税債権に一般債権よりも優先弁済権が認められている（国税徴収法8条）ので、当該物件に抵当権等担保権を有しないと、税徴収後の余力の出る場合は少ないであろう。担保権を有する場合は、差押えのあった場合に担保権者に通知される（同法55条）が、その際は特別の手続をとる必要はない。それが実際に公売により換価されるときに、公売通知

【図表44】 担保不動産競売手続の手順

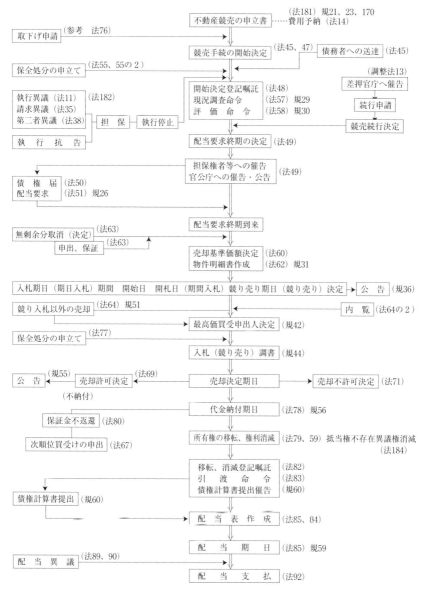

(注) 数字は条文を示す（法は民事執行法、規は民事執行規則、調整法は滞納処分と強制執行等との手続の調整に関する法律）。

【図表45】 滞納処分手続の手順

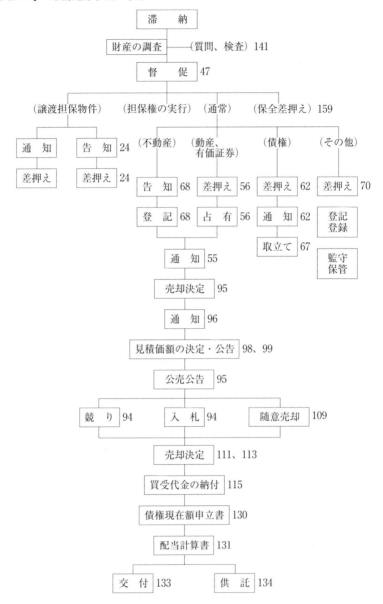

(注) 数字は国税徴収法の条文を示す。

【図表46】 仮登記担保権実行手続の手順

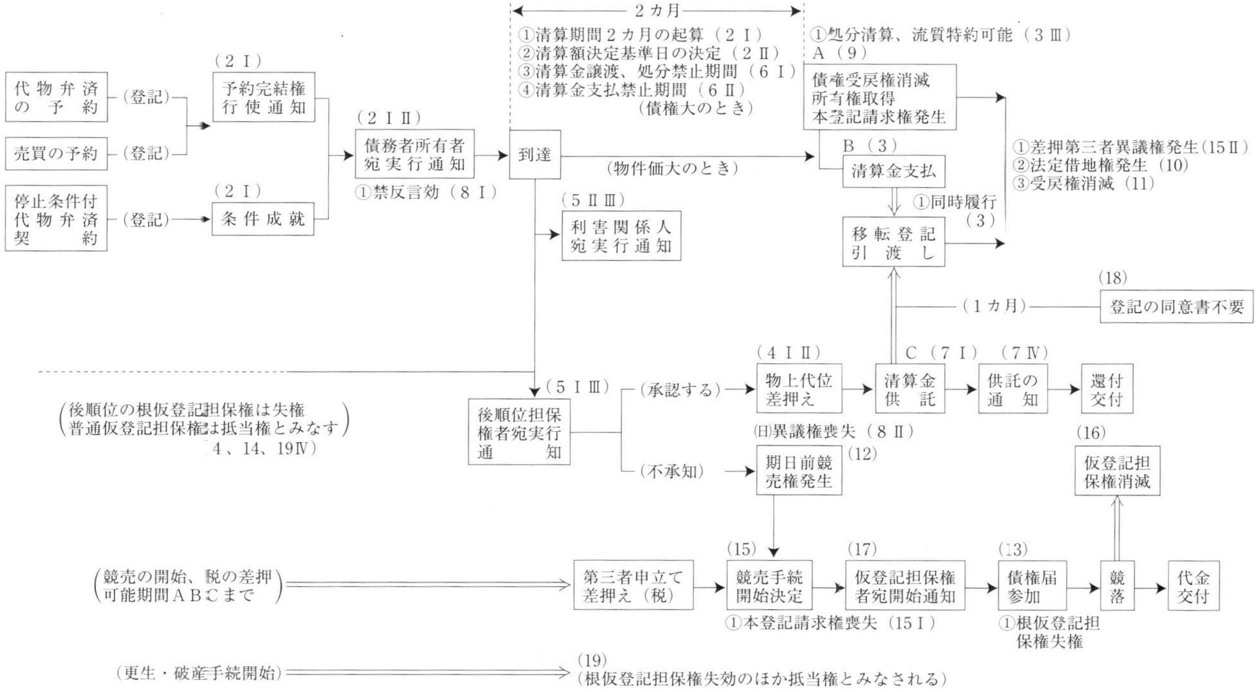

(注) 数字は仮登記担保法の条文を示す。

とともに債権現在額申立書提出の催告があるので、その用紙により届け出る（同法96条）。

担保権を有しない場合で、余力の生ずる見込みのあるときは、事前に当該物件の差押えまたは仮差押えをしておくと、公売により生じた売却代金の残余金が裁判所に交付され、配当されることになる（滞納処分と強制執行等との手続の調整に関する法律17条）。

d 仮登記担保権実行手続

債務者所有の不動産に仮登記担保権の実行があった場合でも、その物件に優先する抵当権等の担保権を有する場合は、抵当権付きのまま新所有者に所有権が移転するのみで、なんらの損害を生ずるわけではないので、そのままにしておいてよい。

当該仮登記に劣後する抵当権等を有する場合は、実行手続に入ると直ちに物件の見積り額、被担保債権の額とその清算金の額を通知してくることになっている（仮登記担保法5条）。この通知がないと、その実行をもって抵当権者等に対抗できない。通知を受けた場合は、清算金の額に不服がなければ、それを物上代位権により差し押えると、抵当権の順位により配当が受けられる（同法4条）。不服のある場合または抵当権はないが担保余力ありと見込んだときは、仮登記担保権実行通知から2カ月の清算期間内に抵当権実行または差押えの申立てをすると、本登記はされず、競売により配当が受けられることになる（同法15条）。仮登記担保権が被担保債権の特定しない根担保である場合には、この差押手続に入ると、その権利が失われることになっている（同法14条）ので、それを利用することも効果的である。

3 詐害行為取消権と否認権

倒産した債務者は自己の財産を債権者の取立てから防衛しようと隠匿したり、一部債権者にのみ有利に弁済したりすることがよく生ずる。

そのような不公正な行為を取り消し、一般債権者に分配できるような制度に、詐害行為取消権（債権者取消権）と否認権がある。この２つの制度は、目的は同じであるが、制度としては次の点において異なる。

　まず、詐害行為取消権は倒産した債務者に対して常に認められる制度であるのに対し、否認権は、管財人の選任される破産と会社更生および監督委員の選任される民事再生手続の場合についてのみ認められるものである。

　そこで、取消権の申立てが認められる者は、詐害行為の場合は債権者なら誰でもよいが、否認の場合は管財人（または監督委員）に限られる。また、取消権申立て可能な時期についても、詐害行為の場合はその行為から20年経った後と、それが詐害行為であることを知ってから２年後であるのに対して、否認の場合は手続開始決定の日から２年または行為の日から20年で申立てができなくなる。

【図表47】　詐害行為と否認との相違点

項　目	詐　害　行　為		否　認　権	
取り消す場合	一般の場合		破産、会社更生、民事再生の場合	
取 消 権 者	債権者		管財人または監督委員（民事再生）	
取 消 期 間（時　　効）	知りたる時から２年 行為の時から20年		開始決定から２年 行為の日から20年	
取消の方法	本訴の提起		本訴の提起、抗弁否認の請求	
対　　象	客観的要件	主観的要件	種　類	内　　容
	優先弁済	通謀	詐害行為	詐害行為に同じ
	代物弁済	知りて	偏頗行為	支払不能等後の弁済等
	担保権設定	知りて	同　　上	支払不能等前30日後の義務なき弁済、担保設定
	贈　　与	知りて	無償行為	支払停止等前６月後の分
		知りて	対抗要件	支払停止等後の分
			執行行為	支払停止等後の分

【図表48】 否認権の種類（破産の場合）

類　型	詐害行為否認	偏頗行為否認		無　償　否　認
		義務ある偏頗行為	義務なき偏頗行為	
破産法条文	160条1項	162条1項	162条2項	160条3項
行　為	詐害行為すべて	本旨弁済等	非本旨弁済等	無　償　行　為
時　期	問わない	支払不能・破産手続開始申立て後	支払不能・破産手続開始申立て後またはその前30日	支払停止等・破産手続開始申立て後またはその前6カ月
破産者の詐害意思	要	不　要	不　要	不　要
相手方の悪意	要	要	要	不　要

　しかし、この詐害行為取消権と否認権の相違で最も重要なことは、取り消される対象の行為が、否認のほうが幅広いことである。詐害行為取消権で取消可能なのは、その行為により他の債権者が害されることになることを、債務者も行為の相手方も知っていた場合（弁済についてだけは、債権者とその債権者が通謀していることが必要だとされている。最二小判昭33・9・26金融法務事情192号8頁）に限られる。否認は詐害行為として取消の可能な場合のほか、債務者が支払不能・停止後にした弁済、担保権設定などの行為（無償否認以外は、債権者が支払不能・停止を知らなかったときを除く）や登記などの対抗要件、差押えなどによる回収行為も対象となる。弁済期前の弁済や義務なき担保権設定などは支払不能の前30日以内になされたもの、無償行為（第三者のための保証、担保権設定など）は支払停止等の前6カ月以内になされたものまで取消可能になる（破産法160条～165条、会社更生法86条～90条、民事再生法127条～130条）。

　たとえば弁済について、前掲最高裁昭和33年9月26日第二小法廷判決が「債

務超過の状態にある債務者が一般債権者に対してなした弁済は、それが債権者から強く要求せられた結果、当然弁済すべき債務をやむなく弁済したものであるだけでは、これを詐害行為と解することはできない」とするのに対して、大審院昭和15年9月28日判決（民集19巻21号1897頁）は「破産者が支払停止した後、これを知った債権者に弁済したときは、両者ともに他の債権者を害する悪意があったものと推定され、否認の対象になる」とする。

　ところで、近年、詐害行為取消権は会社分割により債務逃れの対策として浮上してきた。詳細は、「第3章第1節2(5)」参照。

第3章

回収のための諸問題

　債権の回収には、法律上の制度を利用せざるをえないので、法律問題の生ずることが多くなる。法律用語は一般になじみにくいとともに、煩瑣な制約があることから、敬遠しがちになるが、債権回収においては一応の法律用語や法律で定めた制度の趣旨ぐらいは理解しておかないと、十分な回収の実効をあげることは困難になる。
　本章では債権保全に関係する法律関係、つまり、債務者の変動など債権の関係、担保の関係および債権の消滅にしぼって、その考え方の要点を述べることとする。

第1節

債権の関係

1　債権の種類

　融資債権、手形債権、売掛金債権など、回収しようとするものは、法律的にはすべて金銭債権である。債権は、所有権や担保権などの物権に対する用語で、金銭債権ばかりが債権ではない。債権は、法律的には「特定の人（債権者）が他人（債務者）に対して一定の行為（給付）をなすことを請求することのできる権利である」とされている。平たくいえば、相手に約束を守るように請求できる権利であり、金銭の支払だけが目的となるものではないが、その代表的なものが金銭債権である。

　同じ金銭債権でも、1つの債権を2人以上で共有している場合、同じ債権を2人以上の債務者に請求できる場合がある。特に、2人以上の債務者がある場合、金銭債権のように分割できる債権は、債権者は原則として各債務者には頭割りの金額でしか請求できない（民法427条）。しかし、連帯債務であると、債権者は債権を回収するため、各債務者の誰に対しても（同時にでも、別々にでも）全額請求できる（民法432条）。

　連帯債務は、契約で債務者が連帯債務を負う（連帯保証する）契約をしていた場合のほか、債務者にとってそれが商行為になる取引によって負担した場合（保証の場合には、主債務が商行為により生じたときと保証人が商行為によって保証したとき）には、特約がなくても連帯債務となる（商法511条）。連帯債務は、債権者にとって各人に全額請求できる利点はあるが、そのかわりその1人について時効、免除などの理由で請求できない事由が生ずると、その者の負担部分（原則として頭割りの金額）だけ他の債務者に請求できなくなるの

で、その点は留意する必要がある（民法434条以下）。連帯債務の場合、そのうち1人が全額弁済すると、その者のみが損害を負担することになり不合理であるため、法はその者は他の連帯債務者に対しその者の負担部分の求償を求めることができるとしている（同法442条）。

債権には、融資債権、売掛金債権のように債権者の特定した債権のほかに、手形・小切手のように債務者への通知や承諾なしにその債権を自由に第三者に裏書譲渡することのできる指図債権や、国債や一般の金融債のように無記名債権がある。いずれの場合も、債権である以上、債務者が債務不履行を生ずれば融資債権のような指名債権の場合と同じように、債務者に履行の請求をすることはできるが、指図債権や無記名債権の場合は自分が債権者であることを債務者が確認できるよう、証券の所持と、裏書の連続などの立証が必要になる。

その点、指名債権は債権譲渡等の場合は対抗要件が必要になるが、それがなければ特に証券の所持などは請求の要件となるものではない。

2 債務者の変動

債権は、債務者に弁済を請求できる権利であるが、債務者については、個人（自然人）は死亡、行方不明、法人（株式会社など）は合併、分割、組織変更、解散などの変動が生ずることがある。その場合、債権は法律上どうなるかは、債権者にとって重要な問題である。以下、順次みていこう。

(1) 債務者が死亡するとどうなるのか

死亡した者（被相続人という）の権利（財産）・義務（債務）は、法律の定めにより、相続人が承継する。相続にはいろいろの種類があり、それぞれ効果が違うので、実務上必要な確認手順と、各場合の注意点、対策の要点を次にあげる。それは、死亡事実、相続人および相続方法の確認だ。

a 死亡の事実の確認をする

死亡の事実は、本人の戸籍謄本または除籍謄本により確認する。航空機事故死亡など、遺体の確認ができないと、失踪宣告があるまでは死亡したことにならず、行方不明の場合にも失踪宣告により死亡とみなされる（民法31条）が、相続人は死亡時を基準にして決まるから、死亡の時（失踪の場合は死亡とみなされる時）の確認が重要となる。

b 相続人の有無を確認する（相続人のない場合と遺言の有無）

被相続人に対する債権は、原則として相続開始時における相続人に承継されるので、被相続人の死亡を確認したら次に、相続人となる者がいるかどうかを確認する。

相続人となるべき者は、第1順位は被相続人の子（相続開始前に死亡しており、その子のあるときは、孫に当たるその子）と配偶者が相続人となり、被

【図表49】 債務者が死亡した場合

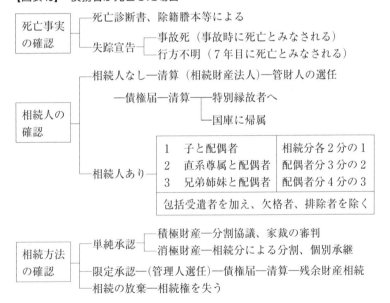

相続人に子のいないときは第2順位として被相続人の直系尊属（父・母）と配偶者が相続人となり、直系尊属もいないときは第3順位として被相続人の兄弟姉妹と配偶者が相続人となる（そのほか、遺言により財産の全部または一定の割合の遺贈を受けた者があると、その者も相続人として扱われる。民法990条）。

　この第1順位、第2順位、第3順位のいずれにも該当する者がいない場合、または形式的には該当するがその者が相続の放棄をし、または相続欠格者と認められ（同法891条）、あるいは廃除された者で（同法892条、893条）、実質的に相続人がいない場合には、被相続人に対する債権は清算手続に入るので、債権者は清算手続に参加して支払を受けることになる。清算手続は、まず相続人不存在を理由として相続財産法人が組成され（同法951条）、利害関係人などの請求により家庭裁判所は管理人を選任し（同法952条）、その管理人から各債権者へ債権の申出をするよう催告・公告されることにより開始する（同法957条）。債権届出期日までに債権届をしないと、管理人の知らなかった債権者の債権は支払を受けられなくなることがあるので、知・不知にかかわらず必ず債権届をすることである。そこで、管理人は相続財産を換金し、届出債権者（知れたる債権者を含む）に順次支払っていき、残余財産があれば確認できる範囲内で届出のない債権者にも支払うが、そのほかは特別縁故者または国庫に帰属する。それ以後は債権の行使は認められない（最二小判昭56・10・30金融法務事情995号66頁）。

　また、遺言の有無も確認しなければならない。近年判例は、遺産を特定の推定相続人に単独で「相続させる」旨の遺言は、推定相続人が遺言者の死亡以前に死亡した場合には、遺言者が、当該推定相続人の代襲者その他の者に遺産を相続させる旨の意思を有していたとみるべき特段の事情のない限り、その効力を生ずることはない（最三小判平23・2・22金融法務事情1930号94頁）という。受遺者と法定相続人との関係など詳細は相続法に当たられたい。

　なお、抵当権などの担保権者は、これらの手続に関係なく、その担保権を実行して回収することができる。

c 相続人の相続の方法を確認する（限定承認のあった場合）

　相続人は、その相続について、放棄するか、承認するとしても限定承認とするか単純承認とするか、自由に選択することが認められる。相続の方法は、相続人が自己のために相続の開始があったことを知った時（相続債務のあることを知った時。最二小判昭59・4・27金融法務事情1060号13頁）から3カ月以内に、家庭裁判所に相続の放棄をするか、限定承認するかの申述をすることによって行い、放棄または限定承認の申述をしていないと単純承認したことになるので（民法921条2号、915条）、この申述の有無を確認する。

　相続の放棄をした相続人は、初めから相続人でなかったことになる（同法939条）から、その者には被相続人に対する債権により請求することはできない。一般に債務超過にあることの明らかな債務者が死亡したとき、その相続人が債務の承継を免れる目的でこの申述をする例が多い。相続人が放棄の申述をしても、相続財産の一部でも処分したり、隠匿した場合は、単純承認したものとみなされる（同法921条1号・3号。最一小判昭37・6・21集民61号305頁）ので、その者に弁済の資力があると認められたら、その点を調査してみることが大切になる。なお、ここにいう相続財産には相続債務も含まれる（最一小判昭61・3・20金融法務事情1132号47頁）。

　相続人が限定承認の申述（相続人全員の申述を要する）をすると、被相続人の債権・債務はすべて清算され、清算後の残余財産があればそれを相続人が相続するが、清算しても全債務の弁済ができなかったときは、債務は承継しないことになる。被相続人が債務超過になっている可能性のあるとき、よくこの方法がとられる。この場合も、相続人が相続財産の一部を処分、隠匿した事実があったり、申述の際、家庭裁判所に提出する財産目録に重要な資産を故意にもらしていたと認められると、やはり残債務の弁済責任を免れることはできなくなる。限定承認があった後の清算手続は、各債権者に債権届をするよう通知・公告し、相続財産を換金し、各債権者に支払うことになる。この場合も知れたる債権者以外は、債権届をしないと届出債権者に劣後する

ので、必ず債権届をしておかなければならない。ただし、相続財産について特別担保を有する者は、この限りでない（同法935条）。

d　相続分を確認する（共同相続の場合）

単純承認で、相続人が1人の場合は、債権者は債権全額をその相続人に請求できるので、特に請求金額の問題は生じない。相続人が2人以上いるとき（共同相続という）は、被相続人の財産の承継方法は、積極財産と消極財産（債務）とでは多少異なる。

不動産や預金・有価証券などの積極財産は、財産の種類により法定相続割合に基づきそれぞれの相続分を定め、特別寄与者への相続分を認め、遺言があればそれに従って分ける（民法900条以下）が、最終的には相続する財産の種類や相続人の状態を考慮して、各相続人が相談し、その分割協議によって分け、その協議が調わないときは家庭裁判所の審判により決める（同法907条）。

債務については債権者に不利益になるような分割を自由に決めることはできないので、すべて法律で定める相続割合で分割され、各相続人は連帯しては責任を負わない（最二小判昭34・6・19金融法務事情216号10頁）。長男が何を相続したかということに関係なく、次男、三男と同額の債務を承継し、自分の承継した分を弁済すれば他の相続人の承継した分が弁済できなくとも、責任がない。そこで実務上は、共同相続の場合には相続人のうち最も弁済能力のあると思われる者に、他の相続人の承継した債務について保証をしてもらうか、債務引受をしてもらうのが堅実な対応である。

相続分の割合は、相続人が子と配偶者の場合は各2分の1、配偶者と直系尊族の場合は配偶者3分の2、直系尊属3分の1、配偶者と兄弟姉妹の場合は配偶者4分の3、兄弟姉妹4分の1（数人ある場合はそれを頭数で分ける）が原則である（同法900条）。

保証人が死亡した場合も同じである。

e 平成25年12月施行の民法の一部改正

　最高裁判所大法廷は、平成25年9月4日「民法900条4号ただし書前段の規定［嫡出でない子の相続分は、嫡出である子の相続分の2分の1とし］は、遅くとも平成13年7月当時において、憲法14条1項に違反していた」と判示した（金融法務事情1983号104頁）。そこで、法定相続分を定めた民法の規定のうち嫡出でない子の相続分を嫡出子の相続分の2分の1と定めた部分（900条4号但書前半部分）を削除し、嫡出子と嫡出でない子の相続分を同等にする、民法の一部を改正する法律が成立し、平成25年12月11日公布・施行された。

(2) 債務者が行方不明になったら

　債務超過でとても弁済不可能と認められると、債務者によっては本人が夜逃げ同様に行方不明になったり、場合によっては家族全員が行方不明になることもある。債務者が行方不明になっても債権の行使ができなくなるものではない。差押えも、担保権実行も可能である。

　債務者が不在であるため債権回収に支障が生ずるのは、債務者との交渉（契約）により任意回収をする場合である。債権の回収においては、担保権があるとは限らず、差押えが必ずしも有利とはいえず、できたら任意回収が望ましいのが通常であるから、まず本人の発見が必要になる。

a 行方不明者を捜査するにはどうしたらよいか

　行方不明者の調査は、その直後にするのが肝要であり、遅れれば遅れるほど調査は困難になる。往々にして債権者の知らぬ間に行方不明になるので、債務者の現況を常に注意している必要がある。債権者として大切なことは、各種の手段で調査をしてみること、何か手がかりをつかんだらねばり強く調査を継続していくことである。以下、各種の調査方法を例示する。

① 近隣者から聞く……いくら夜逃げ同然であっても、近隣の人も知らないうちに引っ越してしまうのは困難である。どこへ引っ越したかまでは知らないことも多いであろうが、一応念のため聞いてみる。

【図表50】　債務者の変動と対策

行方不明	発見の方法	近隣者から、郵便局、役場で 同業者、組合、保証人、親戚から 学校、勤務先、電話帳などから 自動車、免許の登録などから	
	対　　策	未登記の抵当権 火災保険の期限切れ 本人の同意 通知 債権譲渡 債務引受 時効中断 裁判所の手続 その他	仮登記を命ずる処分の利用 債権保全の火災保険の利用 内容により対策を立てる みなし到達、公示送達 債権譲渡登記 重畳的債務引受の利用 仮差押え、連帯保証人に請求 公示送達の利用 不在者管理人の選任
法人成り 合　　併 分　　割 組織変更 第二会社 解　　散 代表不在		債務引受、担保権の保全に （包括承継）異議申立制度の利用 詐害行為取消権の利用 （法人の同一性）異議申立制度の利用 第1章第3節3(1)参照 第1章第4節3(3)、第2章第7節2(3)参照 職務代行者、特別代理人の制度あり	

② 郵便局への照会……本人が転居しても、大切な郵便物があるかもしれないので、本人が郵便物の転送を郵便局に依頼し、転居届を提出していることがある。その有無を確認してみる。
③ 役所での調査……住民届や子どもの学校の関係で、市役所、町村役場などに住所変更の手続がなされている場合があるので、その確認をする。
④ 同業者、組合、主な取引先などに対する照会……商売上の関係で、案外転居先を思いあたる場合がある。
⑤ 保証人、親戚での調査……保証人や親戚は、従来の関係上その居所を知っていることがある。

⑥　勤務先の調査……「債権者であるが」ということでは、どこでもそんなに簡単には本人の現住所を教えてはくれない。しかし、調査の拠りどころであることは確かである。

⑦　電話帳、自動車の登録などの確認……何かの手がかりにはなる。

b　債務者の行方不明と実務対策

債務者が行方不明であるために、債権回収上不都合の生じた場合の対策は、次のとおりである。

①　抵当権設定予約、登記留保抵当権の場合

　　抵当権の設定登記に必要な書類が完備していれば、本人が行方不明でもそれにより登記できるが、問題は、予約だけでまだ抵当権の設定契約書も登記関係書類もないとか、抵当権の設定契約書や登記委任状はあるが、印鑑証明の有効期間が経過している場合である。

　　この場合には（実印により契約されていること）、不動産登記法による仮登記を命ずる処分の手続をとる（不動産登記法108条）。裁判所でその権利が認められれば設定者の協力なしに、予約だけの場合には、抵当権設定請求権保全の仮登記が、印鑑証明の期間切れの場合は、抵当権設定の仮登記が可能である。

②　抵当不動産に対する火災保険の期間切れの場合

　　建物など損害保険の目的となる物件に抵当権を有する場合には、一般に債務者に付保してもらい、それに質権の設定を受けている。債務者が行方不明となれば、「債権保全火災保険」を金融機関が契約者になって付保する。

③　本人の同意の必要な場合

　　金融取引では、各種の取引において本人の同意が必要となる場合がある。たとえば、利害関係のない第三者から弁済を受けたり、免責的債務引受をしてもらったり、あるいは担保・保証の変更について担保保存義務の関係上、その同意を必要とする場合などである。債務者や保証人が行方不明であると同意がとれない。この場合には、公示送達などの方法によることも

できない。後日、本人がその取引について異議をとなえることもほとんどないので、その危険を覚悟で実行するのもひとつの方法であろう。

④ 通知を必要とする場合

　債務者に対する意思表示は通知によるが、通知は原則として債務者に到達しないと効力が生じない。そこで、本人が行方不明では意思表示ができないが、実務的にはそれほど困ることは生じない。まず銀行取引約定書等の基本取引約定書において、届出の住所に発信しておけば、本人との関係では通常到達すべき時に到達したものとする特約がある（銀行取引約定書旧ひな型11条）。相殺通知は、本人が預金の支払請求をしてきてから通知しても、遡及効が認められているので、その時点で通知が必要なわけではない（民法506条2項）。

　通知が絶対必要な場合には、民法の公示送達の方法もある（同法98条）ので、その方法による。

⑤ 債権譲渡、債務引受の場合

　金融機関で債権譲渡をしたり、債権譲渡を受けたりする場合に、その債権の債務者が行方不明であると譲渡通知ができず、免責的債務引受をするのに債務者の同意がとれない。債権譲渡の場合には、対抗要件として通知が必要であるから、最終的には公示送達によらざるをえないであろうが、免責的債務引受の場合には、その同意が得られなければ重畳的債務引受の方法による。

　なお、債権譲渡の対抗要件については、債権譲渡登記の制度がある（動産・債権譲渡特例法4条）。

⑥ 時効中断の場合

　債務者が行方不明で債務承認による時効の中断ができない場合であっても、債務者や連帯保証人の財産があれば、差押え、仮差押えをすることにより中断が可能である。連帯保証人に対する裁判上の請求でもよい。なお、物上保証人に対する不動産競売においては、開始決定正本の債務者への到

達によって初めて時効中断の効力を生ずる（最三小判平7・9・5金融法務事情1458号111頁）。

最終的には、本人に対して本訴の提起をする。
⑦　裁判上の請求の場合

債務者の財産に対する差押え、仮差押えはもちろん、抵当権実行など裁判上の手続により請求する場合には、本人が行方不明でも、裁判所で公示送達の方法で手続を進めてくれるのでなんら問題ない。
⑧　不在者管理人を選任する場合

本人が住所または居所を去って容易に判明しないときは、利害関係人は家庭裁判所に不在者管理人の選任を申請できることになっている（民法25条）。やむをえない場合にはこの方法も可能である。

(3)　債務者が法人成りをしたらどうなるのか

個人営業であった企業が、その営業を法人組織に変更することを、一般に法人成りという。法人成りをするのは、税法の関係で個人所得税より法人税のほうが節税になることがあり、金融取引や商取引において個人企業より株式会社のほうが一般に信用があると受け取られる傾向があるからである。その点、法人成りした企業に対する債権が回収困難になる可能性は低いといえよう。債務者によっては、法人成りを利用して、個人債務の弁済を免れようとする者もないとはいえない。その場合の対策については前述したので、参照されたい（「第1章第3節3(2)」）。

債務者が債務逃れでなく、企業を株式会社にした場合には、債権者としてはそれまでの債権をその株式会社に債務引受してもらい、担保権などを新しい会社に対する債権も担保するように手続し、新会社との取引契約を締結しておく。経営者は同一人であっても、法人としては別人であるから、今後の取引については新しく契約を締結しておき、個人当時の債権は新会社に引き受けてもらい、担保がすべての債権を担保しているかを確認しておくことで

ある。また、それらの契約について会社法356条、365条の取締役会等の承認手続の必要なものはないかも確認しておく。

(4) 会社が合併したらどうなるのか

2つ以上の会社が合併して1つの会社になることもよくある。合併には、新設合併と吸収合併とがあるので、まずその確認が必要になる。

新設合併とは、合併しようとする2つ以上の会社がすべて解散し、新会社を設立して事業を継承する方法であり、吸収合併とは、合併しようとする会社のうち1社のみ残り、他の会社はすべて解散して残った会社に事業を継承させる方法である。合併の費用の関係から、一般には吸収合併のほうが多い。

新設合併や吸収合併により消滅する会社と取引していた場合には、その会社に対する債権はすべて残存した会社、新設会社に継承され、それまでの取引関係もそのまま継承されることになるので、特段の手続は必要ではない。もちろん、残存した会社との取引については、合併によりなんら影響は受けない。

合併は、会社が大きくなることであるから、通常の場合には債権者にとって不利益を受けることはないであろう。

もし赤字会社に合併する等により会社が損失を受け、信用に不安が生じる危険があると認めた場合には、会社法ではその債権者に一定期間内に合併に異議を述べる権利が認められているので、合併する会社からその旨通知を受けたとき、直ちに内容証明郵便で異議ある旨通知しておく必要がある。この異議に対しては、会社はその債権の弁済などの手続をとらないと、合併ができない（会社法789条等）。

(5) 会社が分割したらどうなるのか

a 会社分割とは

会社分割とは、株式会社または合同会社がその事業に関して有する権利義

務の全部または一部を、分割により、他の会社に包括的に承継させる組織法上の行為をいう。事業を分割する会社を分割会社、それを包括的に承継する会社を分割承継会社といい、分割した事業を既存の別会社に承継させる吸収分割（会社法2条29号）、分割した事業を新設の会社として承継させる新設分割（同法2条30号）がある。

b 濫用的会社分割と債権者異議手続の不備

ところで、分割会社の事業をほぼ分割承継会社に引き継がせ、分割会社にほとんど財産がないのに、分割会社に債務は引き続き残す、つまり、債務逃れの目的で会社分割が用いられる例が散見される。いわゆる濫用的会社分割の問題だ。これに対して、特に新設分割の債権者の場合、分割承継会社に対して債権者の異議を述べることができず（同法810条1項2号）、新設分割無効の訴えも提起できない（同法828条2項10号）。分割した事業に見合う財産が入ってくるとの建前からであろう。

c 詐害行為取消権の活用

そこで、このような濫用的会社分割に対して詐害行為取消権を活用して救済する裁判例が現れた。そして最高裁判所は、株式会社を設立する新設分割がされた場合において、新たに設立する株式会社にその債権に係る債務が承継されず、新設分割について異議を述べることもできない新設分割をする株式会社の債権者は、詐害行為取消権を行使して新設分割を取り消すことができる（前掲最二小判平24・10・12）とした。

(6) 会社が組織変更をしたらどうなるのか

会社の種類には、株式会社のほかに持分会社（合名会社、合資会社、合同会社）があり、それぞれ特色があるが、会社の都合でその会社の種類を変更することがある。このことを会社の組織変更という。なお、合名会社、合資会社、合同会社間の変更は持分会社の定款の変更による種類の変更であり（会社法638条）、特例有限会社の株式会社への変更は商号の変更であって（会社

法の施行に伴う関係法律の整備等に関する法律45条、46条)、いずれも組織変更ではない。

組織変更は、手続としては変更前の会社の登記簿が閉鎖され、変更後の登記簿が新設されるので、まったく新しい会社が設立されたようにみえるが、法律的にはこの組織変更によっても法人格には変更は生ぜず、同一法人なのである。そこで、取引の相手がいくら組織変更により肩書が変わっても、単に商号が変更となったと同じように考えればよいだけである。実務的には、念のため確かにそれが別会社でなく組織変更なのかを商業登記の登記事項証明書などにより確認しておくくらいで、特に債務承認や債務引受などの手続は必要ではない。

その点は、会社の商号変更、代表者の変更、住所の変更などのあった場合でも、法人格についてなんら変更の生じないことにおいて同様である。

(7) 会社が第二会社をつくったらどうなるのか

第二会社は、いくら旧会社と同じメンバーで営業していても、別法人として登記し営業している以上、法人格が異なり、A会社に対する債権によりB会社に対して請求はできない。そのことを利用して債務逃れをしようとするのが、会社が倒産した場合によく使われる第二会社である。その場合における債権保全対策については、前にも紹介してあるので、その項を参照されたい(「第1章第3節3(1)」)。

同じ第二会社でも債務逃れではなく、会社の事業の都合で別会社をつくり、会社の事業の一部をその別会社に移管する場合もある。その場合、自己の取引が今後その別会社の事業の部類に属していた場合には、新しく会社が設立されたものとして別会社と契約を締結するとともに、従来の会社にも保証人になってもらうようにし、従来の会社に対する債権については新会社に債務引受してもらうようにすべきであろう。

(8) 会社が解散したらどうなるのか

　会社は、その事業の目的を完了した場合など一定の事由が生ずると解散するが、一般には事業に失敗し、営業が継続できなくなると解散する。

　合併・分割など特別の場合を除き法人が解散した場合は、直ちに清算手続に入り、以後その法人は清算法人として債権・債務の清算事務を進めることになる。債権者は、清算手続に参加して債権の弁済を受けることになる。清算には、任意清算、法定清算、特別清算の３つの種類があるが、任意清算は人的会社である持分会社に認められ（会社法668条）、特別清算は株式会社についてのみ認められている（同法510条）制度である。

　任意清算は、定款または総社員の同意により残余財産を処分し、債権者や社員に分配する方法であり、この方法に異議のある債権者には弁済するか担保を提供しないと清算ができない（同法670条）。また特別清算は、債務超過になっている株式会社について、裁判所の監督のもとに会社と債権者の協定により清算をする手続であり（同法563条）、協定が成立しない場合には破産手続により清算される（同法574条）。

　任意清算は債務超過にない場合になされるであろうから、債権者としてはほとんど問題は生じない。また、特別清算は債務超過の場合になされる手続であるが、この場合の債権保全手続については前記「第１章第４節３(3)」および「第２章第７節２(3)」で述べているので、その項を参照されたい。

　法定清算手続は、清算人から各債権者に対して一定期間内に債権を届け出るように催告し、この期間内に債権届をしなかった債権者に対しては、届出のあった債権者に弁済して残余財産があったときしか弁済ができないことになっている（同法504条）。債権者としては、この届出を失念しないようにするのは当然である。ただ、会社として「知れたる債権者」に該当する債権者に対しては、この除斥をすることは認められていない（同法503条１項）。

　なお注意すべきことは、会社は解散により消滅し、存在しなくなるのではなく、清算手続が結了するまでは清算を目的として存続しているので（同法

476条)、清算人を相手にして交渉は継続していかなければならない。

(9) 会社の代表者がいなくなったらどうなるのか

　会社の代表者がいない場合にも、代表者が任期満了、辞任などにより退任したとき、代表者が死亡したとき、代表者が行方不明になったときなど各種がある。代表者の退任の場合は、後任の代表者が選任されるまでは退任した取締役が代表者としての責任、権限をもつことになる（会社法346条1項）ので、その者と取引する。代表者が死亡した場合は、後任の代表者が選任されるまで会社を代表する者が存在しないことになり、会社は法律行為ができない状態になる。その場合に会社と取引（契約）する必要が生じ、会社側でその代表者選任の手続をとらない場合には、債権者として裁判所に代表者の一時代行者の選任を請求し（同法同条2項）、訴訟関係では特別代理人の選任を申請し（民事訴訟法35条）、その者と取引することになる。代表者は死亡も退任もしていないが、事業に失敗したとか、会社の内紛などで行方不明になることもある。その場合でも会社で後任の代表者を選任しなければ、同様の問題が生ずる。債権者としては、代表者死亡の場合に準じて取り扱うことになる。

　なお、代表者の死亡、行方不明などの理由で代表者がいないときでも、すでに代理権を有する者がいれば、引き続きその者と取引ができることはいうまでもない。

3　債権の変更

　債権は、期日に回収されればよいが、なんらかの関係で回収に支障を生ずると、その債権自体について、債権者や債務者に変更を生じたり、債権の内容を変更する必要の出てくることがある。債務引受、債権譲渡、第三者弁済、延期・更改、免除・更改、それに、保証人・担保の変更などがその例だ。

　それらの場合の法律関係と主な留意点を次にあげる。

(1) 債務の引受とはどういうことか

債務の引受とは、それまでの債務者にかわって第三者が債務の弁済を引き受ける契約のことで、それには次の4つの方式があり、契約の当事者、効力に違いがある。

① 免責的債務引受……債権者と債務者と債務引受人との3者間の契約であり、債務引受人が弁済をするに利害関係のない者であるときは、債務者の意思に反しては効力を生じない（民法474条2項）。効果は、債務者が旧債務者から債務引受人にかわり、旧債務者は債務を免れることになる。

② 重畳的（併存的）債務引受……原則として債権者と債務者と債務引受人の3者で契約するが、債権者と債務引受人とで契約することができる。債務者が引受契約に反対しても引受契約の効力は失われない。効果は、現債務者と債務引受人の両者が連帯債務者となり、債務者の追加となる。

③ 履行の引受……現債務者と債務引受人との間で契約し、債権者が引受契約の当事者とならない。効果は、債権者が引受契約の当事者になっていないため、債務引受人に直接請求することはできない。

【図表51】 債務引受の種類と留意点

種　　　類	契約当事者	効　　果	留　　意　　点
免責的債務引受	引　受　人 債　権　者 （旧債務者の同意）	債務者の入替え	旧債務者が反対すると無効 保証、担保提供者の同意が必要 根抵当権では担保されなくなる 旧債務者には請求できなくなる
重畳的（併存的）債　務　引　受	引　受　人 債　権　者	債務者の追加	連帯債務になる（時効、免除等の絶対効に留意）
履　行　の　引　受	現　債　務　者 引　受　人	債務者に変更なし	引受人に債務の引受をさせる
地　位　の　引　受	引　受　人 旧　債　務　者 債　権　者	将来の契約の当事者の入替え	3面契約によること

④　地位の引受……債権者と債務者と引受人の3者で契約しないと効力を生じない。効果は、契約締結時に残存する債務の債務者が引受人にかわるばかりでなく、現在の債権者と債務者の間に成立している一定の継続的取引契約の、債務者の地位（将来の権利・義務のいっさいを含めて）を引受人に変更させることになる。たとえば、リース契約において、ユーザーが第二会社をつくり、いままでどおり第二会社がリース取引を承継するときなどに利用する。リース業界では権利義務承継契約といわれている。

a　免責的債務引受契約の利用上の留意点

① どのような場合に利用するか

　免責的債務引受は、旧債務者が債務を免れることになるので、旧債務者として別の人に債務を肩代りしてもらいたいときに利用する。債権者としては旧債務者との関係をいっさい断ち切り、今後はすべて引受人との関係にしてしまいたいときに利用する。

② 利用上の留意点

　判例は、免責的債務引受は一種の第三者弁済に相当するので、利害関係のない第三者（法律上の利害関係がなく、法定代位権の認められない者のこと）の引受については、債務者が反対すると、引受契約の効力が生じないとしている（大判大10・5・9民録27輯899頁）。この契約には、できるだけ債務者の同意（契約書への連署または同意書の提出）をとっておくべきである（民法474条2項）。ただし、引受人が法定代位権者に該当すればその必要はなく、債務者が反対する可能性のない場合も、同意がなくとも契約は可能である。

　債務引受によっても債務者の変更となるが、債務引受契約によらないで債務者を変更する契約をすると、その結果「更改」（同法513条）されたと認められ、旧債権が消滅し、別個の新しい債権になる可能性が高い。

　更改と認められても債務引受と認められても、その債権に担保・保証とか特別の抗弁権などがなければ、債権者としては不利益は生じないが、更改と

認められると、旧債務に設定された担保や保証はいっさい消滅する。引受の場合は第三者提供の担保と保証のみ消滅することになることと、更改はそれにより請求債権が弁済になったと同じ効果が生ずるので、その点も留意する。もっとも、更改後の債務への担保の移転として民法518条は、当事者は、質権または抵当権を更改後の債務に移すことができると規定する。第三者が設定した場合には、その承諾を得なければならない（同法518条但書）。

債務引受で特に注意を要するものに根抵当権がある。根抵当権の関係では、確定前の根抵当権により担保されている債権でも、債務引受により債務者の変更が生ずると（その根抵当権の債務者を引受人に変更登記しても）、その債権は根抵当権により担保されないことになり、債務引受をした債権は、その引受人を債務者とした根抵当権によっても担保されることにはならない（同法398条の2、398条の7）。根抵当権で担保するには、引受債務を根抵当権の被担保債権に追加しなければならない。

b　重畳的（併存的）債務引受契約の利用上の留意点

① どのような場合に利用するか

免責的債務引受では、旧債務者は責任を免れるが、債権者としては引受人のほうが信用力があれば回収の可能性は高くはなる。しかし、免責的債務引受にすると、保証人や担保提供者の同意が得られないときは、その引受により担保、保証が消滅する危険がある。その危険を避けるため重畳的（併存的）債務引受が利用されている。

一般的には債権者の立場からみれば、重畳的（併存的）債務引受契約のほうが有利であるといえよう。

② 利用上の留意点

債権者にとって問題となるのは、重畳的（併存的）債務引受により現債務者と引受人が連帯債務者の関係となる点である（最三小判昭41・12・20金融法務事情466号25頁）。連帯債務となると、その後引受人に対する債権の保全手続をとっていても、従前の債務者に対する債権について時効が完

成したり、免除、更改、混同が生ずると、その効果が引受人にも及び（民法435条以下）、引受人にも請求できなくなる。

　一般に、第三者に債務引受をしてもらうことは、債務者に支払能力がない場合であろうから、債権保全は引受人に重点が置かれ、従来の債務者に対する保全が二次的になりがちとなる。そこで債務者に対する債権が時効になる可能性が生ずるのである。その意味から、債務引受後も全額回収になるまでに、相当長期にわたる可能性のあるものは、むしろ免責的債務引受を利用し、従来の債務者を免責させたくなければ、その保証人としたほうがよい場合がある。

　なお、根抵当権との関係では、この重畳的（併存的）債務引受の方法によると、従来の債務者に対する債権はそのまま存続するので、いままで根抵当権により担保されていたものは、引受後も担保される。ただ、引受人に対する債権は担保されないことは免責的引受の場合と同じである。銀行取引（金融取引）による債務ではないからで、引受債務を根抵当権の被担保債権に追加すべきであろう。

c　履行の引受契約の利用上の留意点

　履行の引受は、担保権付きの物件の買主が、その代金の支払にかえて、被担保債権を支払っていくことを、その売主と買主との間で契約する場合などによく利用される。この契約は、従来の債務者とそれにかわって支払う者との間だけでするため、債権者に対しては債務者変更の効果は生ぜず、引受人がその支払をしないからといって、債権者は引受人に履行の請求をする権利は認められない。

　その場合には、従来の債務者が引受人に対し契約違反として損害賠償の請求ができるだけである。そこで、債務者と引受人との間で履行の引受契約が締結された場合には、債権者としてはその引受人に対しあらためて前記の債務引受契約を締結させないと、履行引受契約を債権者が承認しても、債権者は引受人に請求できないことに注意を要する。

d 地位の引受の利用上の留意点

　債務引受は、既発生の金銭債務の履行を第三者が債務者にかわって行うことを約定するものであるが、取引によっては単に既発生の分だけに限らず、継続的取引契約の当事者の地位を第三者と入れ替え、以後の取引をすべて旧債務者と同じ扱いで取引を継続する必要が生ずることがある。たとえば、リース会社から機械のリースを受けていた者が、取引の都合で事業を別会社に譲り渡し、リース取引もその者に承継させたい場合に、リース取引契約上の賃借人（ユーザー）の地位をその者に変更し、以後譲受人がそのリース契約によりリース料を支払うことにする場合に利用されている。

　現行の金融取引においては、そのような契約の当事者の変更を必要とする事例は少ないので、一般にあまり利用されていないが、商取引においては時々生ずる契約である。

(2) 債権譲渡とはどういうことか

　債権譲渡は、債権者が自己のもつ債権を第三者に譲渡して、債権者が変更になることである。

　債権譲渡は、債権の回収との関係では、①債権を第三者に有償で譲渡し、その譲渡代金で債権の回収をしたと同じ効果を生じさせる場合、②債務者の有する第三者に対する債権を担保の目的で譲渡を受ける場合、③債権の弁済を受けるかわりに、債務者の第三者に対して有する債権の譲渡を受ける場合の3つの場合がある。いずれも、譲渡しようとする債権の債権者と、それを譲り受ける者との間の債権譲渡契約により行うが、譲渡債権の債務者（第三債務者）にとっては債権者が変更になるので、債務者（第三債務者）の利益を保護する必要があり、各種の法律問題を生ずる。

a 契約の方法

　債権譲渡は、譲渡する目的により契約の効果が違ってくるので、契約文言で前記3つの種類のいずれの契約かを明確にすることが必要になる。

① 有償譲渡の場合

　回収しようとする債権を第三者（親会社、関係会社、事業の承継者など）に譲渡し、その譲渡代金（譲渡する債権の元利合計額でも、元金の一部の額でもよい）により、結果的に債権をそれだけ回収したと同じ効果を生じさせる目的でする、最もポピュラーな債権譲渡である。この場合には、譲渡する債権（元本・利息・損害金）を特定することのほか、その代金の額を定め、譲渡代金の受渡しをどうするか（通常は譲渡と同時）を明確にしておく必要がある。債権を譲渡した場合に、譲渡人が債務者の資力を担保した（期日には必ず支払が受けられることを約定したような場合）と認められると、譲渡した債権が回収できないと、譲受人から後日その分の返還を求められることがある（民法569条。売主の担保責任）ので、譲渡人としては、念のため、回収できなくても責任のない旨を明確にしておく。

② 譲渡担保の場合

　融資債権の担保として、債務者が有する第三者に対する売掛金債権や、

【図表52】　債権譲渡の目的と留意点

項　　目		目　　　的
方法	有償譲渡	融資債権を第三者に譲渡し、その代金により融資債権の回収をしたことにするもの 債権譲渡の担保責任に注意する
	譲渡担保	担保の目的で債務者のもつ債権を譲り受け、その回収金により債権の回収をするもの 契約書に担保目的の譲渡であることを明記する
	代物弁済	債務者のもつ債権を譲り受けることにより、融資の弁済を受けたことにするもの 譲受債権の回収に関係なく融資債権は消滅する
留意点	譲渡禁止	善意の第三者に対抗できない
	更改に注意	更改と認められると代物弁済と同じような効果を生ずる
	根抵当に注意	特別の手続をとらないと、確定前の根抵当では担保されない

工事請負代金債権、医師の診療報酬債権などの譲渡を受ける場合で、金融取引でもよく利用されている。この契約では、担保の目的で譲渡したものであることを明確にしておくことが重要になる。譲渡を受けた債権の弁済が受けられないとき、融資先から、債権譲渡により自己の債務は消滅している（次の代物弁済の主張）といわれることのないようにするためである。

③ 代物弁済の場合

融資債権の弁済のために、債務者が第三者に対して有する売掛債権などを金融機関に譲渡し、それにより融資債権が消滅したことになるものである。この場合には、譲受債権の弁済が受けられなくとも、融資先に対しては融資債権の請求は認められない。債権者に不利であるため、特に譲受債権の回収が確実と認められる場合など特別の場合以外は、上記②の譲渡担保の方法を利用している。

④ 一括支払システムの問題点

なお、現在売掛債権の担保手段として金融機関において扱われている「債権譲渡担保方式の一括支払システム」については、最高裁判所（最二小判平15・12・19金融法務事情1702号68頁）は国税不服審判所の審決を支持し「国税徴収法24条2項の告知の発出と到達との間の時間的間隔をとらえ、告知書の発出の時点で譲渡担保権者が譲渡担保権を実行することを納税者とあらかじめ合意することは、同条2項の手続が執られたことを契機に譲渡担保権が実行されたという関係があるときにはその財産がなお譲渡担保財産として存続するものとみなすこととする同条5項の適用を回避しようとするものであるから、この合意の効力を認めることはできない」として、金融機関の請求を棄却した。

b **譲渡禁止の特約などに注意する**

金銭債権は、原則として自由に譲渡できるが、少なくとも債権として特定していることと、当事者が譲渡禁止の特約をしていないことが必要である（民法466条）。国家公務員等退職手当法に基づく退職金は譲渡可能とされている

(最三小判昭43・3・12金融法務事情506号31頁)。金融機関の預金には通常譲渡禁止の特約があり、官公庁に対する工事代金債権なども譲渡が禁止されている。また一般に敷金、保証金などについても、譲渡を禁止している例が多い。この譲渡禁止の特約は、譲受人がその特約のあることを知らなければ、譲受人にそのことをもって対抗できないとされているが、その特約の存在を知らないことにつき重大な過失があるときは、その債権を取得しえない（最一小判昭48・7・19金融法務事情693号24頁）。金融機関の重過失を認定した事例として最一小判平成16年6月24日（金融法務事情1723号41頁）。

c 債権の特定性、将来債権の譲渡の留意点

　未発生の債権でも、他の債権と区別できるだけの特定性が満たされていれば、譲渡は可能である。たとえば、特定債務についての保証債務を履行することにより生ずる将来の求償権とか、特定工事の完了により支払を請求できる将来の工事代金債権、特定の下請契約により将来納入される商品の代金債権などは、未発生のときでも譲渡可能である。同じ将来の債権でも従来の実績から今後も継続して納品されるであろう将来の商品代金などは、特定がなく、譲渡ができない。

　医師の将来の診療報酬債権について、前述のように将来8年3カ月にわたって発生すべき債権の譲渡の有効性が認められたので（前掲最三小判平11・1・29）、将来債権については相当長期間にわたって発生すべき債権も譲渡の対象となろう。「第1章第2節6(4)d」参照。

d 債権譲渡と更改とは異なる

　同じ債権者の変更でも、債権を譲渡することにより債権者が変わる場合と、債権者、債務者、新債権者の3者の契約によりその債権者を変更する契約を締結する場合（これは一般に更改となる）とでは、その法律効果が異なるので注意を要する。

　債権の譲渡は、それによって債権の同一性が失われないため、その債権の担保・保証は、特別の手続を要せず新債権者の取得した債権を引き続き担

保・保証することになる（担保提供者、保証人の承諾を要しない）のに対し、更改があったと認められると、原則としてその担保・保証は当然に消滅することになる（特に引き続き担保することを承認していれば別である。民法518条）。その意味から、この契約にはそれが債権譲渡であることを契約書などで明確にしておく必要がある。

　e　**根抵当権の関係に注意すること**

　根抵当権は、債権者と債務者との一定の範囲の取引により生じた不特定の債権を担保するとしており（民法398条の2）、確定前の随伴性が否定されるため、被担保債権の範囲に含まれる債権でも、確定前に第三者に譲渡されると、その根抵当権では担保されないことになる（同法398条の7）。確定時にその債務者に対する債権があっても、それが第三者との取引により生じた債権を譲り受けたものであると、それもその根抵当権では担保されない。要するに、前述の免責的債務引受と、債権譲渡のあった債権は、特にその債権を特定債権として根抵当権の被担保債権に追加する契約をし、登記をしない限り、根抵当権では担保されないことになる。前掲「第3章第1節3(1)a②」参照。

　f　**対抗要件に注意する**

　債権譲渡は、債務者にとって現在誰が債権者か知らないと不便であるとともに、債権が誰に属しているかは、債権者に対する別の債権者にとっても重要な問題である。民法は、債権譲渡のあったことを債務者や第三者に主張（対抗）できるための要件を定めている。

　この対抗要件は、債権の種類により次のように定められている。

①　指名債権の場合（民法467条）

　　預金債権、売掛金債権などの通常の債権は、債権者の特定している指名債権である。この債権譲渡の債務者への対抗要件は債務者への通知か、債務者の承諾のいずれかである。通知は譲渡人（譲渡する債権の債権者）からなすことを要し、譲受人からの通知では効力がない（前掲大判昭5・10・

10)。ただ、譲受人が譲渡人から通知することの代理権を得ていれば、譲受人が譲渡人の代理人として譲渡通知をすることができる。譲渡の承諾は、譲渡人に対しなされたものでも、譲受人に対しなされたものでも有効である。これらの通知または承諾は、必ずしも文書でなくともよいが、立証の必要上文書によるべきはいうまでもない。

　債務者以外の第三者との関係では、前記通知書または承諾書に確定日付のあることが対抗要件となっている。確定日付は、通知書、承諾書に必要なのであって、譲渡契約書に必要となるものではなく、譲渡契約書にあっても対抗要件として認められない（最一小判昭49・3・7金融法務事情718号30頁）。

　対抗要件は、二重譲渡、差押えと譲渡の重複した場合の優劣の基準となる。その点判例は、確定日付の先後により判断すべきでなく、確定日付ある証書による通知の到達時または承諾時の先後により優劣を決するとしており（前掲最一小判昭49・3・7、最三小判昭58・10・4金融法務事情1049号75頁）、それも同時と認定される場合では、第三債務者はいずれに支払ってもよいとされる（最三小判昭55・1・11金融法務事情914号126頁）。そのうち1人が弁済を受けたときは、他の者は弁済を受けた者に平等の割合で支払をするよう求める権利があるとした判例もある（大阪地判昭56・11・30金融法務事情1001号50頁）。最高裁平成5年3月30日第三小法廷判決（金融法務事情1356号6頁）は「国税滞納処分としての債権差押えの通知と確定日付のある右債権譲渡の通知の第三債務者への到達の先後が不明の場合には、同時送達の場合と同様相互に優劣を決することができず、第三債務者が債権額を供託したときには、差押債権者と債権譲受人は、被差押債権額と譲受債権額に応じて供託金額を案分した額の供託金還付請求権を分割取得する」という。

　債権譲渡の対抗要件は、通知でも承諾でもよいとされているが、そのうち承諾については、第三債務者がなんら「異議を留める」旨の条件をつけ

【図表53】 債権譲渡と対抗要件

種　類	効力要件	対　抗　要　件		注　　意	根　拠　法
指名債権	譲渡人と譲受人の合意	債務者	通知、承諾	通知は譲渡人から	民法467条 動産・債権譲渡特例法4条
		第三者	確定日付登記		
指図債権	上記合意と証書の裏書、交付	占有		指図禁止文言に注意	民法469条
無記名債権	上記合意と証券の交付	引渡し		動産として	民法178条

ないで承諾していると、その後発生した事由はもちろん、それ以前からあった事由（抗弁など）でも譲受人には対抗できないとされている。通知の方法による対抗要件では、それまでに生じていた相殺権、抗弁事由などが、譲受人に対抗できる（民法468条）。

　なお、債権譲渡の第三者対抗要件については、上記のほか債権譲渡登記の制度がある。これは、法人が債権（指名債権であって金銭の支払を目的とするものに限る）を譲渡した場合において、当該債権の譲渡につき債権譲渡登記ファイルに譲渡の登記がなされたときは、当該債権の債務者以外の第三者については、民法467条の規定による確定日付のある証書による通知があったものとみなし、この場合においては、当該登記の日をもって確定日付とするものである（動産・債権譲渡特例法4条）。

② 指図債権の場合（民法469条）

　手形・小切手、貨物引換証、倉庫証券、船荷証券など、証券化された債権で、裏書譲渡の認められているものは、裏書（白地裏書の場合は交付で足りる）をして、その証券を相手方に交付することが対抗要件となっている。

　特に指図禁止などの記載（手形法11条）のある手形以外は、債務者への通知・承諾がなくとも、その譲渡を債務者はもちろん第三者にも対抗する

ことができる。

③ 無記名債権の場合（民法473条、178条）

　無記名国債、電話債券、金融債などの無記名債権は、民法上は動産とみなされている（同法86条3項）ので、その譲渡は単なる意思表示で効力を生ずる（同法176条）が、第三者に対抗するためには、その証券を引き渡してあることが必要である（同法178条）。

(3) 債務者以外の者が弁済するとどうなるのか

　債務の弁済は、必ずしも主債務者からなされるとは限らない。保証人や債務者の親戚などからの弁済もある。その場合には、それらの者との関係が複雑となる。そこで以下に、主債務者以外の者からの弁済において、当事者の法律関係はどうなるかについて述べる。なお、「本章第3節(1)」参照。

　この関係は、大別して、①保証人からの弁済、②連帯債務者からの弁済、③他の法定代位権者からの弁済、④その他の者からの弁済、および⑤勘違いしてなされた非債弁済になる場合、に分けることができよう。

a　保証人からの弁済

　債権に保証人のある場合、債権者は、主債務者から弁済のないときは、保証人に対し弁済を請求する権利がある。その場合保証人が主債務者にかわって弁済すると、当然保証債務は消滅するが、主債務まで消滅するものではない。保証人は、保証債務を履行することにより、次の権利を取得する。

① 主債務者に対する求償権

　保証債務を履行したことによる補償を、主債務者に求償することができる権利であるが、保証人が主債務者から委託を受けて保証したか（民法459条）、その委託なしに保証したか（同法462条1項）、主債務者の反対があったのに保証したか（同法同条2項）によって求償できる金額に違いがある。なお、保証人が主たる債務者の破産手続開始前にその委託を受けないで締結した保証契約に基づき同手続開始後に弁済した場合において、保証人が

【図表54】 債務者以外からの弁済

弁済者	効　　果	留　　意　　点
保証人	①保証債務の消滅 ②主債務者への求償 ③共同保証人への求償 ④債権者に代位 ⑤同時に担保への代位	主債務は消滅せず、弁済者に移転（代位） 求償権についての特約に第三者効あり 原則頭割り、負担部分の特約に第三者効あり ②③の範囲内で 第三取得者の出る前に代位登記が必要 　（注）　担保の一部代位に、単独競売権なし 　　　　競売代金について債権者に劣後する
連帯債務者	①債務の消滅 ②他の連帯債務者への求償 ③債権者に代位 ④同時に担保に代位	保証人の①に同じ 保証人の②③に同じ 保証人の④に同じ、ただし自己の負担部分除く
法定代位権者	①主債務者への求償 ②債権者に代位 ③同時に担保への代位	保証人の②に同じ 保証人の④に同じ 保証人の⑤に同じ
第三者弁済	①主債務者への求償 ②債権者に代位 ③同時に担保に代位	債務者が反対すると無効 代位には、債権者の同意、債務者に対する通知、承諾と確定日付が必要
非債弁済	①弁済は無効	例外として有効な場合がある 事前に保証、債務引受をしておけば保証人等からの弁済となる

取得する求償権は破産債権であるが、これを自働債権とする相殺は破産法72条1項1号の類推適用により許されない（最二小判平24・5・28金融法務事情1954号100頁）。

② 共同保証人への求償権

　他に保証人があれば、弁済した保証人のみが全責任を負うのは不合理であるから、それらの者にもその負担部分の金額を請求する権利が認められている（民法465条）。負担部分は、共同保証人間であらかじめ特約があれ

ばそれにより、特約がなければ頭割りの金額となる。

　なお、主債務者が連帯債務者になっているときは、保証人は主債務者全員に対し、それぞれ全額求償でき、弁済した保証人に対し連帯債務者は自らの負担部分のみ求償に応じるとの主張は認められない。

③　被保証債権への代位

　保証人が弁済することにより、債権者が債務者に対して有していた債権（被保証債権）は、法律上当然に保証人に移転する（これを法定代位という）。ただ、この代位した被保証債権は、前記①の求償権を保全することを目的としているので、その求償権以上に行使することは認められない（同法501条）。つまり、代位権は求償権の担保なのである。

　この求償権の範囲について、あらかじめ損害金の割合や弁済の費用についての特約がある場合には、求償権のほうが代位した被保証債権より大きい場合が生じうる。そこで、求償権発生後債務者が代位弁済した保証人に一部弁済した場合、被保証債権を超過する求償権の部分に充当することができるかについて、判例は、常に求償権と被保証債権がそれぞれ同額だけ消滅するとしている（最三小判昭60・1・22金融法務事情1089号39頁）。

④　随伴性による担保権への代位

　前記③により、保証人は債権者の有していた被保証債権を取得するが、この被保証債権に物的担保のある場合（人的担保のある場合は前記②に該当する）には、その担保権も被保証債権とともに保証人に移転する。

　この担保はもちろん被保証債権を担保しているのであるから、それ以上の債権を担保することなく、この被保証債権は①（保証人物件の場合は②の分も）の求償権の担保となるので、その求償権以上には行使できない（最一小判昭59・10・4金融法務事情1082号37頁、最二小判昭59・11・16同誌）。また、担保物件が物上保証人提供物件であり、代位した保証人とその物上保証人間で負担部分について物上保証人全額負担とする旨の特約があれば、前記②により弁済額全額について求償できるため、代位した担保権も被保

証債権全額について代位でき、このことは物件の第三取得者・後順位抵当権者・差押債権者などの第三者にも対抗できるとされている（前掲最一小判昭59・10・4、前掲最二小判昭59・11・16）。

⑤ 特に注意すべき2点

　保証人の代位権について次の2点に注意する必要がある。第1は、代位する担保権が抵当権、仮登記担保権など登記を対抗要件とするときは、その代位権は目的物件の第三取得者が生ずる前に代位の登記をしておかないと、代位権を失う点である（最二小判昭41・11・18金融法務事情465号26頁）。

　第2は、保証人が債権の一部について代位弁済した場合の権利関係についてである。保証人等が債権の一部を弁済した場合でも、その分について債務者や他の保証人等に求償権を取得し、同時に債権者の有していた債権や担保権に代位する関係は、全額弁済した場合と同じである。ただ、それが一部弁済であるから、全部について代位することはない。

　その点民法は、「その弁済をした価額に応じて、債権者とともにその権利を行使する」とのみ規定している（民法502条）。この規定の解釈については、従来は代位した債権や担保権は、債権者と一部代位者の共有となり、その権利は平等で、担保権実行も各自自由に申立てができるとされていた（大決昭6・4・7民集10巻9号535頁）。ところが、その後判例に変更があり、保証人は債権者に対して従たる関係にあるところから、担保権の実行は一部代位した者は債権者とともにでないと単独では申立てができず、競売により支払われる配当金についても、債権者に劣後することになった（最一小判昭60・5・23金融法務事情1099号12頁）。

　破産手続に参加した場合においても、破産債権届前に保証人が一部弁済している場合は、求償権として届け出ることにより、債権者と同順位で配当が受けられるが、債権者が破産債権届をしたのちに一部弁済をすると、その分についての配当は債権者が優先する（たとえば100万円の破産債権届後、保証人が50万円の代位弁済をし、債権者変更の届出をしたのち20％の破産配当があると、

20万円の配当はすべて債権者になされることになる）（最三小判昭62・6・2金融法務事情1191号45頁）。ただ、債務者の破産手続開始後、物上保証人が複数の被担保債権のうちの一部の債権につきその全額を弁済した場合には、複数の被担保債権の全部が消滅していなくても、上記の弁済に係る当該債権については、破産法104条5項により準用される同条2項にいう「その債権の全額が消滅した場合」に該当し、債権者は、破産手続においてその権利を行使することができない（最三小判平22・3・16金融法務事情1902号113頁）。

b 連帯債務者からの弁済

連帯債務者も、他の債務者とともに債務全額の弁済をする債務を負っている点は、連帯保証人と同じである。そこで、連帯債務者のうちの1人が全額弁済すれば、保証人の場合と同様に債権者が有する債権に代位し、担保権も取得することになる（大判昭11・6・2民集15巻13号1074頁）。

債務者の弁済である以上保証人に対しては求償権が成立しないので、保証人の提供した担保権についても代位の関係は生じない。代位するのは、他の連帯債務者に対する求償権の範囲内で（民法442条）、その債務者の提供した担保に代位できるだけである。この場合にも、連帯債務者間で負担部分の特約がある場合は、その特約による求償権の範囲内で担保権に代位することを、担保物件の後順位抵当権者などに対抗できることになる。

c その他の法定代位権者からの弁済

債権は、その性質が第三者による弁済に適しないものであったり、当事者間で第三者による弁済を禁止する特約がない限り、債務者以外の者でも原則として弁済する権利が認められている。金銭債権であれば通常誰でも弁済できることになる（民法474条）。これを第三者弁済という。この第三者弁済も、その債権に利害関係のある第三者による弁済と、利害関係のない第三者による弁済とは区別される。

利害関係のあるとは、弁済について正当な利益を有することで、これを法定代位権者という（同法501条）。それは、その者が債務者にかわって弁済し

た場合には、前記の保証人の弁済と同じように、当事者の意思にかかわらず、債権者の有していた債権（担保権があれば担保権付きのまま）が当然に弁済者に代位（移転）することから、法定代位弁済という。そして、法定代位権者からの弁済については、債権者がこれを受領しないと受領遅滞となり（同法413条）、債務者がその弁済に反対しても、有効な弁済となる（同法474条）。

　法定代位権者が弁済すれば、通常の場合債務者に求償権を取得することになり、同時に弁済した債権（それに担保があれば、担保権付きで）に代位することになる（民法500条）。ただし、担保物件の譲受人（第三取得者）は、保証人に対する権利には代位せず（同法501条2号）、第三取得者が数人ある場合は、物件の価格の割合で代位することになっている（同法同条3号）。

　なお、この法定代位権者（弁済について正当な利益を有する者）とは、判例によると、保証人・連帯債務者以外に、担保提供者、担保物件の第三取得者、担保物件の後順位担保権者、抵当権に劣後する賃借人、共同担保の後順位担保権者などが該当するが、債務者の家族（大判昭14・10・13民集18巻1165頁）のような法律上の利害関係があるとは認められないものは含まれない（最三小判昭39・4・21民集18巻4号566頁）。借地上の建物の賃借人はその敷地の地代の弁済について法律上の利害関係を有するとされるが（最二小判昭63・7・1金融法務事情1204号32頁）、借地上の建物の担保権者も、同様に、敷地の地代の弁済について法律上の利害関係を有するとみてよいであろう。

d　その他の者からの弁済（任意代位）

　前記cの法定代位権者以外の第三者でも、原則として弁済のできることは前述のとおりであるが、ただこの場合には、弁済後債務者からその弁済を否定する申出があると、その弁済は無効となる。無効となると、債権者は弁済者に弁済受領金の返還債務を負うとともに、弁済者はその返還の有無に関係なく、弁済を前提とした債務者への求償権、代位権の行使も認められない。その意味から、法定代位権者以外からの弁済については、事前に債務者の同意書の提出を受けておくことが望ましい。

もっとも、この同意がないと弁済の効力が生じないということではなく、反対されると無効になるのであるから、反対される危険性のない場合は同意なしに弁済を受けることができる。

　法定代位権者以外の第三者が弁済した場合にも、原則として弁済者は債務者に対して求償権をもつが、この場合は当然には債権者のもっていた債権やその債権の担保権に代位し、取得することにはならない。その点が法定代位権者の弁済と異なるところである。弁済者が、弁済した債権やその担保権に代位するためには、次の2つの手続が必要となる（民法499条）。

① 債権者の承諾……弁済を受ける債権者が、その債権や担保権を弁済者に代位させることを認めることである。債権者として弁済を受けたからといって、この代位を認めなければならない義務を負うものではない。

② 債権譲渡の場合の対抗要件と同じ手続……弁済者に代位を認めると、その債権は債権者から弁済者に移転するので、結果的には債権譲渡があったと同じようになる。そこで、法律ではこの場合も債務者への通知または承諾と確定日付が対抗要件となるとしている。代位できる範囲については、保証人が弁済した場合（前記 a 参照）に準じて考えればよい。

　e　非債弁済となる場合

　第三者の弁済で注意すべきことに非債弁済がある。本来弁済は、債務者が、債務の履行としてするか、自分は債務者ではないが債務者にかわって債権者に支払をすること（第三者弁済）をいうが、債務者でない者が、自分が債務を負っているものと勘違いし、債務の弁済をすることがある。これが非債弁済で、債務者でない者に債務の履行はありえないので、債権者として不当利得となり、弁済は無効であるので、気がついたとき弁済者から債権者へその返還を請求することができる（民法703条）。

　ただ、債務者でない者でも債務者のために弁済することは可能であり（前記 c、d の場合）、債権者自身その弁済した者を債務者と勘違いしていることもあるので、民法はこのような非債弁済であっても、弁済者から弁済の無効

を主張し、返還を求めることのできない次の場合を認めている。
① 弁済者が、その弁済の当時債務の存在していないことを知っていた場合（同法705条）。
② 債権者が有効な弁済と信じて債権証書を破棄して、いまさら請求できない状態になっていたり、担保権を解除し回復しようがないとか、債権が時効にかかって請求ができないような状態になっていた場合（同法707条）。

その意味から、債務者と思って弁済するときでも、事前に債務の存在をよく確認するとともに、債権者もその者が債務者であるか、あるいは債務者ではないが債務者にかわって弁済するのだということを知っているかを確認して弁済を受けるべきなのである。もっとも、第三者から弁済の申出があったとき、「貴方は債務者ではありません」ということを本人に念を押すと、弁済がみすみす受けられなくなる場合もあるので、その取扱いは慎重にする必要があろう。

(4) 延期、更改をするとどうなるのか

滞った債権の回収について債務者からの依頼により、その弁済期や弁済方法を変更する必要の生ずることがある。

債権回収のため債務の引受契約をしたり、債権譲渡をする場合に、それが更改と認められる取扱いをすると、債権の同一性が失われ、旧債権にあった担保・保証が原則として消滅することについては前述のとおりであり（前記(1) a ②、(2) d 参照）、その点は弁済期などの変更をする場合も同様である。

債権の内容を変更することなく、単にその弁済期のみ変更したのであれば、それは更改されたものとは認められないであろうが、手形債権を契約による債権（指名債権）に変更したり、指名債権を手形債権に変更したり、あるいは手形を新手形に書き替えて旧手形を債務者に返還する場合、あるいは数個の債権を1個の債権に合併したり、新しく債権を加算する（元金に利息のみ加算する場合は、更改でないとされている）場合には、一般に更改になるとさ

れている。更改と認められると、旧債権は新債権の発生により消滅し、その担保・保証は消滅する。

この延期等の場合の一般的留意点は、上記のほか次の点があげられる。

① 保証人や物上保証人に対する権利は、主債務の延期を認めると、原則として延期した期間が満了するまで実行できなくなる（ただし、会社更生、民事再生等により延期された場合は除く）。

② 抵当権、根抵当権により担保されている債権は、単に弁済期を延期するだけであればそのままで引き続き担保されるが、更改したと認められると、変更登記（更改の登記または被担保債権の範囲の変更登記など）をしないと担保されなくなる。なお、更改後の債務への担保の移転については、「第1節3⑴a②」参照。

③ 公正証書になっている債権については、弁済期の延期を公正証書によって契約しないと、執行証書と認められなくなる可能性がある。

④ 手形の書替は、旧手形を返還すると更改または代物弁済と認められる可能性がある（前掲最一小判昭29・11・18）。また旧手形を留め置いて手形書替をした場合、新旧両手形のいずれによる請求も許される（最二小判昭54・10・12金融法務事情921号35頁）。

⑸ 主債務の免除・更改をすると担保・保証はどうなるのか

担保・保証についての特質として付従性がある。

担保・保証はその被担保債権、被保証債権があっての権利であるから、それらの債権の存在しない担保・保証はありえないという性質のことである。一方、免除、更改は、弁済、相殺などと同じように、それによって債権が消滅する原因となっている。そこで、被担保債権等に免除・更改があると、債権は消滅し、付従性の原則により、担保・保証も当然消滅する。

ただ、債務者が死亡し、相続人が限定承認をしたことにより被担保債権の債務者が存在しなくなった場合、それにより担保や保証も消滅するのは不合

理である。また、債務者が法的整理手続に入り、多数決の決議により債権者の意思に関係なく債権が一部免除（切捨て）になったり、更改されたからといって、その分担保や保証も消滅したことになるのも不合理である。そこで、そのような場合には例外として付従性を認めず、第三者提供の担保・保証は引き続き権利行使ができるとしている（会社更生法203条、破産法253条、民事再生法177条、会社法571条）。

しかし、私的整理手続において債務の一部免除に同意すると担保・保証もそれだけ縮減するものとして対応すべきであるのはいうまでもない。具体的には、そのような整理案に同意する前に担保処分あるいは保証履行を終了しておくのがベストである。それが不可能なときは、担保提供者あるいは保証人の承諾を得たうえ整理案に同意することとなろう。

なお、更改の当事者は、更改前の債務の限度において、その債務の担保として設定された質権または抵当権を更改後の債務に移すことができる。ただし、第三者がこれを設定した場合には、その承諾を得なければならない（民法518条）。

(6) 保証人や担保の変更にはどのような点に注意を要するのか

債権者として、保証人や担保物件を変更する場合は、その変更により保全が悪化することのないように注意すべきであることは当然であるが、債権について法定代位権者のある場合には、債権者の担保保存義務についても留意する必要がある。担保保存義務とは、債権者が故意・過失により担保・保証の変更、解除などをすることにより、債権者の有していた担保・保証が減少し、それにより保証人等法定代位権者が弁済したときの求償権の保全に不足を生じた場合、その不足を生じた分について保証人等が保証債務などを免れることができる制度のことである（民法504条）。

保証人等の利益を保護することを目的とした制度であるが、金融取引のように各種の取引が長期に継続してなされている場合には、取引の都合で保証

人の変更、担保の変更は起こりうる。そして、そのつど法定代位権者全員の同意を得ておかないと、金融機関は自由にそれらの変更ができない（金融機関の危険負担ですることは可能である）のでは、金融取引は円滑にいかない。そこで、実務的には保証契約に際し、取引継続中の担保・保証の変更については、そのつど承諾を求めなくても、保証人は担保保存義務違反として免責の主張はしない旨、担保保存義務免除の特約を締結しているのが普通である（銀行取引約定書等の基本取引約定書の保証条項参照）。判例も、このような免除の特約の効力を有効と認めている（最一小判昭48・3・1金融法務事情679号34頁）。

ただ、実務上次の点に留意する必要がある。

① 法定代位権者は保証人に限られず、担保物件の後順位抵当権者、共同担保物件の後順位抵当権者等も含まれている（前記(3)c参照）ので、事実上それらの者からの担保変更の同意をとることは不可能である。

② 担保保存義務免除の特約は有効としても、その担保・保証人の変更が、金融機関の故意・重過失により担保不足を生じたときまで免責になるものでないとするのが通説・判例（福岡高判昭59・4・26金融法務事情1093号44頁）となっている。

そして近年の判例は、債務者所有の抵当不動産（甲不動産）と右債務者から所有権の移転を受けた第三取得者の抵当不動産（乙不動産）とが共同抵当の関係にある場合において、債権者が甲不動産に設定された抵当権を放棄するなど故意または過失によりその担保を喪失または減少したときは、右第三取得者または乙不動産のその後の譲受人は債権者に対して民法504条に規定する免責の効果を主張することができる（最三小判平3・9・3金融法務事情1304号4頁）としている。免除特約の有無にかかわらず担保・保証の変更に際しては、できるだけそれらの者の同意をとるようにし、同意のとれない場合は、それらの者から免責の主張があることを承知して変更に応ずるかを決めることである。

(7) 保証人の責任の範囲はどこまでか
a 保証制度の改正
　平成16年12月1日民法の一部を改正する法律（法律第147号）が公布され、民法全般にわたり表記の現代化を図るほか、保証制度の改正を行い、平成17年4月1日施行された。同法により、保証契約は書面ですることとされ、包括根保証は廃止された。保証制度の改正点については、「第1章第1節2(2)」参照。

b 特殊の保証
　一般には、保証のひとつとされているが、それには次の特殊なものもあるので注意を要する。
① 制度保証
　信用保証協会の保証は、同じ保証でも中小企業の育成を目的とする公的制度として特に認められた保証であるため、協会と金融機関、協会と債務者、協会と他の保証人、担保提供者との間で、その制度の目的に合うよう細かい特約がある。これらの特約を十分に理解しておかないと、保証の目的が達せられない。協会保証については、「第1章第2節6(6)」参照。
② 代理貸取扱店の保証
　代理貸においては、委託金融機関と受託金融機関の間で、融資金についての損失の負担割合を一定させるため、受託金融機関は融資残高に対して一定割合の保証責任を負い、保証債務履行後もその求償債権を回収した場合は、回収金を委託金融機関に回金する義務を負う特殊の保証となっている。回収金按分充当義務については、「第2章第1節1(1)a」および「第2章第2節1(3)」参照。
③ 住宅ローン保証保険
　保証と保険とは、本来その性質の異なるものであるが、住宅ローンについては損保会社等が保証をするかわりに、弁済のないことを原因とする保険制度を利用している。性質は保証に近いが、制度は保険（損害補てん契約）

である。

　なお、住宅ローンの場合に一般に団体信用生命保険、つまり保険契約者、保険金受取人を金融機関、被保険者をローンの借主とする生命保険契約を締結し、借主が死亡した場合金融機関がその保険金を受領し、回収を確保する制度がある。本来は金融機関で保険金を受け取っても融資債権は消滅しないはずであるが、それでは生命保険を付保した目的が達せられないので、結果的に金融機関ではその債権を放棄し、相続人が弁済したのと同じ取扱いをすることになっており、保険会社の保証とは異なる。

④　損失補償

　第三セクターが金融機関から融資を受ける際、地方公共団体が借金肩代わりに金融機関と結ぶ損失補償契約。その債務残高が平成23年3月末時点で2兆1929億円にのぼっている。「第1章第2節6(7)」参照。

c　経営者保証に関するガイドライン

　日本商工会議所と全国銀行協会を事務局とする「研究会」が取りまとめた「経営者保証に関するガイドライン」が平成26年2月5日適用を開始した。

　それによれば、経営者の個人保証について、①法人と個人が明確に分離されている場合などに、経営者の個人保証を求めないこと、②多額の個人保証を行っていても、早期に事業再生や廃業を決断した際に一定の生活費（従来の自由財産99万円に加え、年齢等に応じて100万円〜360万円）を残すことや、「華美でない」自宅に住み続けられることなどを検討する、③保証債務の履行時に返済しきれない債務残額は原則として免除すること、などを定めることにより、経営者保証の弊害を解消し、経営者による思い切った事業展開や、早期事業再生等を応援する。第三者保証人についても、上記②、③については経営者本人と同様の取扱いとなる。

第 2 節
担保の関係

　担保とは、債権の回収が困難になったとき、債務者の意思にかかわらず、その目的物の処分代金を回収に充てることのできる権利のことである。その意味においては、債務者の全財産や保証人の全財産も、それを差し押えることにより強制的に回収できることから、債権の担保といえる（一般担保という）が、その場合には債権者に優先弁済権が認められていないため、一般に担保とは呼んでいない。以下では、通常の物的担保について述べることにする。

　担保は、将来、被担保債権が滞ったときに処分して回収に充てることを目的としているため、担保権を取得してから、それを処分するまでの間に相当の期間があり、その間目的物件や担保権に各種の変動が生ずることがある。その場合の対応を誤ると、せっかく取得した担保も目的を十分に発揮できないことも生ずるので、その管理が大切となる。

　以下、主に不動産の担保を中心に、よく生ずる事例を取り上げ、管理の要点を述べることとする。それは、担保の種類、担保物件の変動および担保権の変動の3点。

1　担保の種類

　物的担保には、目的物件やその取得方法などによって各種のものがある。

(1)　法定担保権、約定担保権、担保的効果の生ずるもの

　一般に担保権というと、質権や抵当権を考えるが、それらの担保権は設定者と債権者の間の設定契約により成立する担保権であるから約定担保権とい

【図表55】　担保権の種類

人的担保			保証、保険、連帯債務等	
物的担保	法定担保権	先取特権	一般の先取特権	
			特別の先取特権	動産の先取特権
				不動産の先取特権
		留置権	民事の留置権	
			商事の留置権	
	約定担保権	（根）質権 （根）抵当権 （根）仮登記担保 （根）譲渡担保 　　等		
	担保権類似の契約	相殺権 代理受領 振込指定 所有権留保 処分承諾書		

う。担保にはそのほかに、特に設定契約を締結しなくとも一定の状態にある債権者に当然認められる担保権もある。これを法定担保権という。たとえば、時計の修理代金を支払うまで、その時計が時計屋の担保になるものである。

　また、本来担保権は、法律に規定されたものでないと認められないものであるが、実務界ではある種の契約をすることにより、結果的に担保と同じような権利を成立させることも多く利用されている。地代や家賃に対する敷金の関係などもその一例である。

(2)　法定担保権は先取特権と留置権が主なものである

　民法は、一定の債権について、特に設定契約を締結しなくとも成立する優先弁済権として、次のものを認めている。これに類した権利は、民法以外に

もある。

a 一般の先取特権（民法306条）

一般の債権者の共同の利益になるように債務者の財産の保存、清算、配当等のために支出した費用について認められる共益費用の先取特権、従業員の未払給料について認められる雇人の給料、葬式のための費用、日用品として必要な6カ月分の商品の代金などについて認められている。

この先取特権は、優先弁済権は認められているが特定の物件について認められるものでなく、債務者の全財産に対して認められ、原則として特定物に対する他の担保権には劣後するから、権利としては非常に弱い担保である。金融取引ではこの先取特権の成立する場合は少ないといえよう。

b 特別の先取特権

特定の物の上に成立する優先弁済権で、これには動産上に成立するもの（民法311条）と、不動産上に成立するもの（同法325条）がある。

動産の先取特権とは、不動産賃貸借、旅店の宿泊、旅客または荷物の運輸、動産の保存、動産の売買、種苗または肥料の供給、農工業の労役によって生じた債権について、その債権発生原因となった動産の上に成立することが認められている。これらの先取特権も、金融取引において発生する例はほとんどない。ただ、このうち動産売買の先取特権（同法321条）は、融資先が倒産し、在庫商品や原材料などを差し押えた場合、その仕入代金が未払いになっていると、納入業者に先取特権が認められ、配当で納入業者に劣後することになる。

不動産の先取特権には、修繕、保守費用などの保存のための費用、および建物の新築代金等の工事費ならびに不動産売買代金について認められるものがある（同法325条）。このうち保存の先取特権は保存行為が完了した後直ちに登記しなければならず（同法337条）、工事費の先取特権は工事による増価額についてのみ認められ、しかも工事着工前に登記をしてないと認められない（同法338条）。不動産売買の先取特権は登記した順位でしか優先権が認め

られないので、抵当不動産との関係でも、抵当権者にとって実務上あまり不利益の生ずることはない（同法341条）。不動産保存の先取特権と不動産工事の先取特権は、抵当権の登記後のものでも、その登記をすることにより抵当権より常に優先することになるため（同法339条）、抵当権に影響を生ずるので注意を要する。

c　留　置　権

留置権には、民法上の留置権と商法上の留置権とがあり、金融取引でよく生ずるのは、そのうち商人間の留置権（商法521条）である。

民法上の留置権とは、たとえば保護預り手数料が滞ったら、保護預りで預かった物件を担保として返還請求を拒むことのできる権利であり（民法295条）、それに対し商人間の留置権は、商行為による債務の支払が滞っていた場合には、その債務者から商行為によって預かっていた物は何でも、債権の弁済をするまで返還を拒みうる権利のことである。そこで銀行のような商人が、株式会社のような融資先から、代金取立てとか保護預りで預かっている物は、融資の返済が滞ると、返還しないでよいことになる。この場合には、留置権が法定担保権であるため、融資先の意思に関係なく、質権などと同じように担保権が成立したことになるのが特色である。

留置権は、担保権実行として裁判所に競売を申し立てる（民事執行法195条）以外には担保権の実行は認められず、しかも優先弁済権が認められていないので、競売されても優先配当は受けられない。いわば留置権者は誰に対しても、その被担保債権が弁済になるまで、目的物を返還しなくてもよい権利（留置的効力）を主張できるだけなのである。

しかし、その半面、この権利は結果的には他のあらゆる債権者に優先しうることとなり（同法59条4項）、また商事の留置権は破産、会社更生手続など法的整理手続では、質権・抵当権などの担保権と同じように、別除権（破産法66条）、更生担保権（会社更生法2条10項）と認められ保護されている強い権利であり、その成立の時期にかかわらず否認されることのない担保権であ

る。

　なお、この商事の留置権は、商法上の商人間において認められる権利なので、当事者の一方が商人でない場合、たとえば債権者が信用金庫、信用組合のような商人と認められない法人であり、債務者が商人でないときは成立せず、また、留置権による担保権実行は裁判所における競売手続によらないとできないという欠点がある。銀行取引約定書などの基本契約では、担保物件についての任意処分の特約をし、この欠陥を補っている（銀行取引約定書旧ひな型4条4項）。

　債務者が破産になった場合の代手と商事留置権の関係について最高裁判所は、「手形上の商事留置権者は、破産宣告後も留置的効力を主張し、破産管財人からの請求を拒むことができる」と判示し（前掲最三小判平10・7・14）、さらに民事再生手続においても破産と同様に解し（前掲最一小判平23・12・15）、この問題の解決を図った。「第1章第4節2(2)b(b)」参照。

(3) 約定担保権は、抵当権、質権などのほかにも、特別法で各種の担保権を認めている

　約定担保権とは、抵当権、質権のように、設定者と債権者の合意により成立する担保権のことである。民法は、このうち質権、抵当権、根抵当権に関する規定を設け、金融取引でもこれを最もよく利用しているが、実務的にはそれ以外にも各種担保権を認めており、目的物件により、それらもよく利用している。そこで、金融取引に関係する担保権と、その目的物、特色、対抗要件などを対比してみると「図表56　各種担保権の特色」のようになる。

　同じ不動産でも、抵当権、根抵当権、不動産質、仮登記担保、譲渡担保、売渡担保、買戻権、企業担保、財団抵当など各種の担保取得方法があり、それぞれの対抗要件などの手続、効力等に相違があるので、まず自己の有する担保権の種類、効力を確認し、対抗要件等の手続が完全に備わっているのを確認しておくことが大切となる。

【図表56】 各種担保権と特色

種　類	目　的　物	対抗要件等	根　拠　法	特　色
抵　当　権	不　動　産（土地・建物）	登　　記	民　　　　法	一般に利用されている
根 抵 当 権	同　　上	同　　上	同　　上	将来の不特定の債権担保
（根）質 権	同　　上	同　　上	同　　上	債権者への引渡しが要件、存続期間10年
	動　　産（商品、原材料）	引渡し、占有登　　記	民　　　　法動産・債権譲渡特例法	債権者への引渡しが要件、現物の管理が必要
	手形・有価証券	引渡し、占有	民　法、手形法	期日管理が大切
	株　　式	引渡し、占有、登録	会　　社　　法	相場に注意株券電子化に注意
	指　名　債　権（売掛金、預金）	通知、承諾と確定日付登　　記	民　　　　法動産・債権譲渡特例法	対抗要件に注意
仮登記担保	不　動　産	登記、登録	仮登記担保法	根担保は競売等で失権する
（根）譲渡担保	同　　上	同　　上	判　　　　例	取得税などに注意
	動　　産	引渡し、占有、登　　記	同　　上	対抗要件と現物管理に注意
	債券、有価証券	質権に同じ	同　　上	ほぼ質権と同じ
	株　　式	引渡し、登録	同　　上	同上、株券電子化に注意
売渡担保	不　動　産	登記、登録	同　　上	ほぼ譲渡担保に同じ
	動　　産	引渡し、登記	同　　上	同上
	債　　権	質権に同じ	同　　上	同上
買　戻　権	不　動　産	登　　記	民　　　　法	不動産売買登記と同時に登記
企　業　担　保	株式会社の全資産	登　　記	企 業 担 保 法	社債担保に限られる
財　団　抵　当	工　場　財　団　等	登　　記	各 財 団 抵 当 法	財団目録記載分のみ
	道路交通事業財団等	同　　上	同　　上	主務官庁の許可、全財産
電話加入権質	電　話　加　入　権	登　　録	電話加入権質特例法	金融機関のみ可能
立　木　抵　当	立　　　　　木	登　　記	立　木　　　　法	土地とは別の担保
船　舶　抵　当	船　　　　舶（20トン以上）	同　　上	商　　　　法	処分に問題あり
自　動　車　抵　当	自　動　車	登　　録	自動車抵当法	同上
建設機械抵当	建　設　機　械	登　　記	建設機械抵当法	同上
そ　の　他		登　録　等	特　　別　　法	出資持分権、工業所有権等

(4) 担保的効果の生ずるもの

金融機関の融資取引では、前述の法定担保権・約定担保権のほか、融資債権の担保的機能を有するものとして次の各種の方法を利用している。

a 相殺権

商人間の取引では、取引の相手方に信用不安が生じた場合の、売掛債権の保全方法として、相手方の製品・商品を仕入れる方法がある。これは万一、その相手方が倒産した場合に、売掛債権をその仕入代金と相殺することにより回収しようというものであり、相殺権の担保的機能といわれるものである。

金融取引においては、融資先はもちろん、その保証人、取得手形の債務者などの預金は、質権設定などの特別の手続をとらなくとも、相殺をすることにより、預金の差押債権者、法的整理の管財人等にも対抗することができるから、相殺権は大切な保全手段として使われている。

相殺権については、前述の「相殺」を参照されたい(「第2章第2節」)。

b 代理受領、振込指定

売掛債権、工事請負代金債権、退職金債権などの指名債権の担保は、法律的には質権の設定、譲渡担保契約などの方法が認められているが、①その債権について譲渡や質入禁止の特約があると、原則としてその方法が利用できない(担保権者がその特約を知らなかったことが立証できれば、譲渡禁止などに対抗できるとされている(民法466条)が、判例は知らなかったことについて重大な過失のあるときは対抗できないとしている。前掲最一小判昭48・7・19)こと、②商取引上の債権は、それを担保に入れたことが取引先に知れると、自己の信用に影響するので、譲渡・質入れの通知・承諾をとるのを嫌う傾向があることなどの理由で、正式の担保権設定が利用できないことがある。

そのような場合に利用されるのが、代理受領、振込指定の制度である。この制度は、第三債務者(売掛債権等の債務者)の同意をとり、金融機関が代理受領した資金や債務者の預金口座に振り込まれた資金と融資金を相殺する

ことにより、担保と同じ機能を果たす。同意した第三債務者が債権者の承諾なしに債務者に直接支払うと、不法行為による損害賠償義務を負うことで保全が図られている（前掲最三小判昭44・3・4、前掲最一小判昭58・4・14）。前掲最高裁昭和61年11月20日第一小法廷判決も不法行為責任を認めている。ただ、担保物件として対抗要件がないことから、次の場合にはその権利が認められない欠点がある。

① 代理受領の目的の債権に対する差押えがあると、差押債権者に対抗できない。
② 第三債務者からの相殺には対抗できない。もっとも、異議をとどめずして代理受領に承諾した第三債務者に対して、その責任を追及することができる場面もありうる。
③ 債務者が死亡したり、破産、更生手続に入ると、その効力が失われる。
④ 善意の債権譲渡を受けた者、質権者に対抗できない。

c 所有権留保

自動車のディーラーが月賦で売却したとき、目的物は直ちに買主に引き渡すが、代金が完済されるまで所有権を買主に移転しないでおくことが多い。これが所有権留保である。金融機関の場合、商品の販売をしないのでこの方法はほとんど利用しないが、信販会社などでは売主から一度所有権を取得し、それを買主に所有権留保付きで引き渡す方法により担保に利用している。なお判例は、自動車購入者について小規模個人再生手続が開始された事案で、信販会社が留保した所有権を別除権として行使（引渡請求）することを認めない（最二小判平22・6・4金融法務事情1910号68頁）。

d 処分承諾書

正式に担保権の設定を受けるのではなく、債務者から有価証券や動産などを預かり、万一債務の履行を遅滞したら、それを任意に売却し、売却代金から回収に充てることを承諾する同意書の提出を受けておく。事実上の担保である。

2 担保物件の変動

不動産担保における目的物件の変動、つまり、更地の底地化など物理的変化、増し担保・差替えなど担保物件の変更、および、賃貸借など利用関係の変更、の3点について述べる。

(1) 物理的変化
a 土地関係
① 担保目的の土地に家が建てられた場合

　抵当権の設定された土地に建物が新築された場合には、まずその建物が土地の所有者のものか、第三者のものかによって、土地の抵当権との間の法律関係が異なる。

　更地に抵当権を設定したのち、地主が家を新築した場合は、原則として法定地上権は成立せず（民法388条）、抵当地上の建物の競売権が成立することになる（同法389条）。抵当権設定契約で、抵当権者の承諾なしに建物は新築しない特約があっても、この特約違反は融資の期限の利益を喪失させるくらいで、抵当権の効力として、あるいはこの特約による権利として、建物の新築工事を中止させる仮処分は原則として認められず、できあがった建物の収去命令（取壊し）の申請は認められていない。

　更地の抵当権者の利益を保護する目的で、土地に対する建物の敷地とすることのできる権利は抵当権者に対抗できないとし、法律は土地を競売した場合、競落人は建物の収去を求めることができることになっており、しかも抵当権者は建物の収去まで望まなければ建物に抵当権が設定されていなくとも、抵当権実行として土地・建物について同時に競売の申立てをすることが認められている。もっとも、土地・建物を一緒に競売すれば売りやすいかもしれないが、優先弁済権の認められるのは土地の売却代金についてのみである（同法389条1項）。

【図表57】 土地の物理的変化

抵当地上に新築	地主の家	法定地上権不成立 抵当地上の建物の競売権の成立 期限の利益の喪失	建替分は法定地上権成立 建物分には優先弁済権なし 工事中止、収去は困難
	第三者の家	期限の利益の喪失 借地権なし（不法建築）	工事中止、収去は困難 代位により工事中止、収去可能
加工	宅地造成工事	造成許可の確認 工事計画との関係の確認 分・合筆の関係の確認 法定担保権の成立	工事失敗の危険性 担保価値に影響 担保権の解除、設定に注意 留置権、不動産工事・保存の先取特権
面積の相違	実測との相違	抵当権は実測に及ぶ	表示変更の登記を
	浸蝕、寄洲	浸蝕は消滅、寄洲は付合する	同上
	埋立、隆起	保存登記し抵当権設定を	隣地の抵当権はそれに及ばず
	取得時効	第三者の取得時効、抵当権の消滅	表示変更の登記を
		隣地の取得時効、抵当権は及ばず	保存登記して抵当権の登記を

　なお、抵当権設定後に抵当土地の上に新築された建物でも、土地に抵当権設定当時別の建物があり、それが取り壊されて新築された場合には、判例はもともと底地の抵当権者であったことを理由に、その建物に法定地上権の成立を認めており（最二小判昭52・10・11金融法務事情843号25頁）、この場合は競売により土地の所有者と建物の所有者が別人になっても、土地の所有者は建物の収去を求めることは認められない。
　この法定地上権は底地抵当権者がその建物を新築することを事前に承諾していた場合でも、登記面上判断できないのでその成立は認められず、た

とえ建物が土地所有者の親子や夫婦であったとしても、判例はその成立を否定している（最三小判昭51・2・27金融法務事情796号77頁、最二小判昭51・10・8金融法務事情807号25頁）。土地の所有者が建物を第三者と共有している場合には法定地上権の成立は認めるが（最三小判昭46・12・21金融法務事情649号24頁）、共有土地の所有者の1人の建物がある場合にはそれを認めていない（最一小判昭29・12・23民集8巻12号2235頁）。なお、平成6年に2件の最高裁判所の判決が出されているが（最一小判平6・4・7金融法務事情1439号92頁、最三小判平6・12・20金融法務事情1416号41頁）、いずれも上記最高裁判所昭和29年判決と同じ類型に属し、法定地上権の成立を否定した。ただ、後者については、「法定地上権の発生の容認」がなかったかを問題とし、結局否定している。

　最高裁判所は、「土地と地上建物に共同抵当権が設定された後に建物が取り壊され、新建物が建築された場合、新建物の所有者と土地の所有者が同一であり、かつ新建物について土地抵当権と同一の順位の共同抵当権が設定されたなどの特段の事情のない限り、新建物のための法定地上権は成立しない」とし、いわゆる全体価値考慮説を採用した（最二小判平9・2・14金融法務事情1481号28頁）。法定地上権の成否をめぐっては、判例がめまぐるしく変動しており、実務にあたっては、最新の情報に基づいて行うよう細心の注意が必要である。

　もっとも、不動産競売においては、差押え後更地に建物を建てるのは価格減少行為として売却のための保全処分の対象となる（民事執行法55条）。

② 土地の造成工事が始まった場合

　抵当土地について、樹木を植え、土留めをし、また石燈籠や池をつくったとしても、土地の評価に影響はあるが、抵当権自体になんら支障を生ずるものではない。土地の加工として特に影響の大きいものは農地転用と宅地造成の関係である（農地関係については後記「(3)b」参照）。

　山林、雑種地などの土地を宅地に造成することは、地下が上昇し、むし

ろ土地抵当権者としては有利になるといえるが、次の点に留意する。
(i) 造成の許可を確認すること

　宅地造成は監督官庁への届出や許可事項に該当するから、工事着手前にその確認をしておく。無許可工事は途中で中止せざるをえなくなり、かえって担保処分に悪い影響を与える。また、その許可により、造成目的も確認しておく。工事の施工業者についても、後日工事についてトラブルを防止する意味で念のため調査しておく。

(ii) 完成図によって位置を確認する

　土地の全部を共同担保として抵当権の設定を受けていれば問題ないが、施工計画の一部の土地にのみ抵当権を設定している場合は、抵当土地が完成図上どのような位置にあるかを調査しておく。私道部分、排水・浄水施設用地、緑地予定地など公共目的部分として使用されることになっていると、かえってその部分の担保価値が下落するばかりか、担保処分も不可能になることすらある。計画の変更を求めることが必要になろう。

(iii) 分・合筆手続を確認する

　宅地・工事用地などとして分譲するとなると、分譲しやすいように、計画に合わせて計画地内の全部の土地の分筆、合筆をする必要が生ずる。

　その場合、分筆は抵当権者の承諾は必要としないが、合筆は全担保権者とも共同担保となっていない以上、担保権の抹消登記をしてからでないと、合筆の登記は認められない（不動産登記法41条6号）。そこで、合筆のため一時抵当権の抹消登記を要し、それがため担保不足を生じたり、合筆後の抵当権の登記において不利益を受けることのないよう、あらかじめ債務者と打ち合わせておく必要がある。なお、この分・合筆により、自己の抵当土地が分譲困難な部分を生ずることになっていないかも確認しておく。

(iv) 法定担保権の成立に留意する

　　宅地の造成は、土地の所有者が造成業者にその土地を引き渡して工事することになるため、工事がなんらかの関係（計画の失敗、不許可、天災、工事資金の不足、内紛等）で中断すると、造成業者または工事業者に留置権を行使されたり、不動産工事または保存の先取特権の対象となる可能性がある（前記「1(2)b」参照）。

　　前述のとおり、留置権や不動産保存の先取特権等は、登記の前後に関係なく抵当権者に優先するものもあるため、抵当権者の受ける影響は大きい。

　　その危険性の有無は、天災などを除けば、工事の計画の良否、本人の信用などを確認しておけば把握しやすいものであるから、事前にその調査が大切になる。

③ 面積の増減は生じていないか

　土地の担保権では、面積の大きさが重要であることは当然だが、この面積は、公簿上に記載された面積ではなく、実測による現地の面積である。

　公簿（登記事項証明書）の面積と実測が相違する主な理由としては、単に公簿の記載が間違っていた場合のほか、海や川の自然現象で土地が増減した場合、埋立てや自然の隆起により新しい土地が生じた場合、時効などによって増減する場合などがある。

(i) 実測との相違

　　登記記録上の面積とは、土地の所在地、地目等とともに、その土地を特定するための方法として表示されている（表示の登記）だけであり、その登記により所有権の及ぶ面積を特定しているものではない。そこで、登記は公図等とともにどの土地の登記記録かが決まれば、その登記記録に登記した抵当権の効力は、その土地の抵当権をもって対抗できることになる。たとえ登記記録上の面積が実測と相違していても、特定された土地全体に及ぶ。

登記には登記された事項による推定力が働くから、実測と登記記録上の面積の相違する場合には、できるだけ早期に実測に合うよう表示変更の登記をしておく。ただ、その登記は抵当権者でなく、所有者の申請事項である。

(ii) 浸蝕、寄洲

海岸や河川に面した土地では、自然の変化として、海岸線や川の流れの変化で、面積が変わってくることがある。

海の浸蝕などにより、地表を常時水が覆い公共の舟の通路などになれば、その土地には私権は及ばず（春分と秋分の日の満潮時に海面下になる土地は、登記手続上、私権の対象とならない。最三小判昭61・12・16金融法務事情1148号41頁）、所有権も抵当権もその部分は消滅する。

反対に、海岸線が次第に沖のほうへ引いていったり、川の流水の変化から地続きの土地が川底でなくなってくることもある。これを寄洲という。寄洲の法律関係については、隣接する土地の付合物（民法242条）となるとする考え方（昭和36年6月6日民三発459号）と、その土地とは別個の新しい土地の発生とする考え方（大判明37・7・8民録10輯1061頁）がある。現在の登記実務の付合説に立てば、抵当権の効力も寄洲部分に及ぶことになるので、所有権者の申請により、表示変更の登記をしてもらっておく。

(iii) 埋立て、隆起

土地の所有者が自己の所有土地の谷や窪地を埋め立てたり、自然に土地が隆起しても、その部分も土地の一部であり、担保価値には影響しても、抵当権の効力には影響ない。ところが、公共の海面や湖面を埋め立てたり、自然現象として土地が隆起して新しい土地が生まれてくると、建物の新築と同じように新しい不動産の取得となる。

この土地は、前述の寄洲と異なり、新しく保存登記を要するから、隣地の土地の増加とはならず、抵当権も別個に設定し、保存登記した登記

記録に登記する必要がある。埋立地については、監督官庁の許可を得ていないものは保存登記が認められないため、現況は土地であっても抵当権の対象とはならない。

(iv) 取得時効

不動産は、他人の土地であっても、自分の土地と信じて占有し一定期間経過すると、取得時効にかかり、前所有者の所有権は消滅し占有者が所有権を取得する（民法162条）。

時効による所有権の取得は原始取得になるので、その土地に抵当権が設定され、登記されていたとしても、所有者がその部分について所有権を失うと、抵当権もその部分について失う。原始取得となるため、それまで占有していた隣地の土地の所有者はその部分について新しく保存登記の申請をすることを要し、隣地に設定した抵当権の効力は、その部分には及ばない。抵当権の効力を及ぼすためには、別に新しく抵当権設定契約をし、登記する必要がある。

b 建物関係

① 増改築

鉄筋コンクリート造りなど高層建物では、増改築はあまり生じないが、木造の住宅、工場、店舗などは、抵当権設定後も所有者の都合で増改築のなされる場合がよくある。増改築が抵当権に及ぼす影響は、増改築の結果、前の建物との間に同一性が認められるか、増加部分について独立性が認められるかの2つの点から判断される。

同一性が認められれば、増改築後の建物にも抵当権の効力が及んでいるから、早期に登記記録の表示を現況に合わせる変更登記をする。ところが、同一性が否定されると抵当権を設定した当時の建物が現存していても、抵当権は消滅するので、現存建物について新しく保存登記し、抵当権の設定を受けて登記する必要がある。

増加部分について、既存建物との間に独立性があると認められると、既

【図表58】 建物の物理的変化

変化			効　果　と　対　応	
増改築	同一性	あり	表示変更の登記を	同一性、独立性の判断は ・本人の意思によらず、客観的に ・物理的と社会常識的の双方の観点から判断する
		なし	抵当権の新設定を	
	独立性	あり	抵当権の追加設定	
		なし	表示変更の登記を	
	建替え		旧登記記録が無効で、抵当権の登記も無効の危険性あり	
	約定違反		期限の利益喪失、工事中止・除去の仮処分。場合により刑事責任も考慮する	
合棟等分割等	合棟、合体		建物の合体の登記には抵当権者の承諾を要する。承諾書の提出にあたって、新建物に単独で抵当権の設定をするのが最善。それができなければ新建物に抵当権の登記が移記される	
	分棟		表示変更と抵当権の追加設定を	
	分割、区分		抵当権の登記は移記される	
	合併		共同担保以外は、解除新設定が必要	
移築	解体		同一性なし、区画整理の場合も同一性なし	
	曳行		同一性あり、表示変更で足りる	
取壊し	合法的		抵当権は消滅、補償金などに物上代位を	
	非合法的		工事中止の仮処分を、損害賠償の請求を	
火災	火災保険の質権	あり	質権の実行をする	
		なし	保険金に物上代位の差押えをする	
	火災保険なし		失火責任者に損害賠償の請求をする	

存建物に対する抵当権はそのまま存続するが、増加部分には抵当権の効力は及ばないので、その部分も担保とするには別に保存登記し、抵当権の設定を受けて登記する必要がある。ところが、増加部分について既存建物との間に独立性が認められない場合は、たとえ別棟となっていても、既存建

物の抵当権の効力は、増加部分に及ぶので、早期に登記記録の表示の変更登記をすることになる。

　増改築といっても、単に内部を改装したぐらいのものから、ほとんど新品同様に改築したものもあり、一概にその効果を決めることはできないが、それらの場合には念のため、この同一性と独立性の2点は確認してみる必要がある。

(ⅰ) 同一性、独立性の認定の基準は本来は客観的に判断される

　増改築があった場合、それに同一性、独立性があるかを判断するのは、同一材料が使用されているとか、同一構造になっているとかいう物理的な根拠のみによってなされるものではない。物理的な点と社会常識的観点からみた点の2つから判断される。その場合、所有者が表示変更の登記を申請したとか、別個の独立建物として保存登記を申請したとかという、所有者の意思によってその効果が生ずるものではない。

　注意すべきことは、この判断には、所有者の意思は関係ないといっても、結果的に別個の建物として登記されているか、表示変更登記がされているかによって、形式的にはその効果が変わってきてしまい、競売手続などにおいてもそれを前提に手続が進められる可能性が高いということである。もっとも、それが客観的に誤っているものであれば、登記自体の効力が否定されよう。

(ⅱ) 登記の流用は表題部には認められない

　同じ登記でも、物件を特定するため不動産登記法により義務づけられている登記（表示登記。不動産登記法34条、44条）と、所有権・抵当権などの対抗要件としての登記（民法177条）で、その流用についての考え方が異なる。

　対抗要件のための登記は、権利を有することを第三者に公示することを目的としているため、登記申請手続等に多少の違法なものがあっても、結果的に権利者の権利が登記されていれば、原則として（第三者の権利

を害しない範囲で）それを有効と認めているが、物件を特定するための登記は、きわめて厳格に取り扱われている。そこで、抵当権などの登記の流用は有効とする（第三者の権利を害する場合は無効）考え方が有力であるが、建物を建て替えたのに旧建物の保存登記をそのまま流用した場合は、その効力を否定する考え方が有力（前掲最三小判昭40・5・4）なので注意を要する（反対判例もある。大判昭13・2・16民集17巻7号613頁）。

　ただ、民事執行法184条は、代金納付による不動産取得の効果について、「代金の納付による買受人の不動産の取得は、担保権の不存在又は消滅により妨げられない」と規定しており、この意味について最高裁平成5年12月17日第三小法廷判決（金融法務事情1380号14頁）は、「本条を適用するためには、競売不動産の所有者がたまたま不動産競売手続が開始されたことを知り、その停止申立て等の措置を講ずることができたというだけでは足りず、所有者が不動産競売手続上当事者として扱われたことを要する」としている。

(iii)　約定違反は期限の利益喪失事由になる

　抵当権設定契約書などにおいて、抵当物件の増改築は抵当権者の承諾を要する旨特約されているのが普通である。抵当権者の承諾なしに増改築をすれば、当然に特約違反となるので、それを理由に期限の利益喪失約款を適用して、すべての融資について期限の利益を失わせることができるとともに、その増改築により担保の毀滅、減少と認められれば、民法137条2号の規定によっても期限の利益が失われることになるものと解される。ただ、同法137条のいう「期限の利益を主張することはできない」の意味は、当然に期限到来の効果が生ずるのではなく、債権者が直ちに請求することができるようになる、という意味に解するのが適当であろう、との有力説がある（我妻栄『新訂民法総則』423頁）ので、債権者が請求しない以上遅滞とはならないとするのが堅実な対応であろう。しかし、債権者はその時から請求しうるのだから、消滅時効はその

時から進行する（同法166条）ものと解される（我妻・前掲書423頁）ので、注意しなければならない。

　なお、増改築により担保価値が下落したり、担保権が消滅すると認められる場合は、抵当権者としてその工事の差止めを裁判上求めうるし、刑事責任も生ずるものといえよう（刑法262条）。

② 合棟、分棟、区分建物の合体

　建物の合併、分割と合棟、分棟とは、法律用語としては異なる。

　2棟の建物はそのままで1棟を他の1棟の建物の付属建物とするのが合併、付属建物を主たる建物とは独立の建物として登記するのが分割である。そこで、登記手続上は分割すれば新しい建物に抵当権の登記が移記されるし、合併は抵当権の登記あるものは原則として認められない（不動産登記法56条5号）。

　それに対して、1棟の建物を物理的に2棟に分割し、または1棟の建物の間に隔壁をつくって別々に独立性をもたせるのが分棟、反対に2棟の建物の中間を継ぐ工事をし、または中間の隔壁を取り除くことによって実質的に1棟にする工事をするのが合棟（合体）である。

　この場合の登記の取扱いは、分棟の場合は2棟の建物にする登記をしても、新しく分かれた登記記録にも抵当権の登記を移記することになっているので、抵当権は消滅しない。

　合棟の場合、未登記物件相互間の合棟、一方が未登記物件である物件との合棟、一方が他の建物の付属建物となっている場合の合棟であれば、抵当権には影響を生じない。従来は双方の建物が独立の建物として保存登記のある場合には、いずれに抵当権が登記されていても、双方の建物の登記簿は合棟を理由に閉鎖され、合棟後の状態における新しい登記簿がつくられることになっていた。そこで、抵当物件は現存しながら目的物件滅失とし、抵当権が消滅する取扱いになっているので注意を要し、このことは、区分所有の登記のある建物の2つ以上の専有部分の隔壁を除却した場合

（区分建物の合体）についても、抵当権が失われる点で同じであった。

　主従関係のない甲建物と乙建物とが合体して丙建物になった場合、甲・乙建物に設定されていた抵当権が丙建物に存続せず、消滅するとしたら、抵当権設定者が抵当権者に無断で合棟することによって、甲・乙建物上の抵当権を消滅させることができ、いわゆる「抵当権とばし」を認めることになり、その点の不備が指摘されていた。そこで、最高裁平成6年1月25日第三小法廷判決（金融法務事情1389号28頁）は、「互いに主従関係のない2棟の建物が、その間の隔壁を除去する等の工事により1棟の丙建物となった場合においても、これをもって、甲建物あるいは乙建物を目的として設定されていた抵当権が消滅することはなく、右抵当権は、丙建物のうちの甲建物又は乙建物の価格の割合に応じた持分を目的とするものとして存続すると解するのが相当である。けだし、右のような場合、甲建物又は乙建物の価値は、丙建物の価値の一部として存続しているものとみるべきであるから、不動産の価値を把握することを内容とする抵当権は、当然に消滅するものではなく、丙建物の一部として存続している甲建物又は乙建物の価値に相当する各建物の価格の割合に応じた持分の上に存続するものと考えるべきだからである」と判示した。そして、平成5年の不動産登記法の一部改正により、この判例に沿って、建物合体の場合の手続については、合体後の建物の表示登記と旧建物の滅失抹消登記は同一の申請書で行い、旧建物に抵当権のある場合は、合体後の建物についての登記用紙に移記するものとした（旧不動産登記法93条ノ4ノ2、93条ノ12ノ2、現行の不動産登記法49条、不動産登記規則120条4項）のである。

③　移　　築

　建物は、所有者の都合などで、その所在地を変更し、移転することがある。

　その場合、この工事の方法に「解体移築」と「曳行移築」の2つがある。解体移築は、建物を一度解体して別の場所へもっていき、同じ材料で、同

じ構造の建物を建てる方法であり、曳行移築とは、建物は解体せずにそのまま地上に浮かせ、レールなどにより他の場所へもっていって据え付ける方法である。

原則は、曳行移築の場合は、たとえ遠隔地へ移築しても（所在地の変更登記は必要）、抵当権は消滅しないが、解体移築の場合は、同一材料により再築されても、目的物滅失として抵当権は消滅するとされている。判例は、区画整理により移築した場合には、以前はたとえ解体移築によるものでも同一性ありとしていたが、現在はその場合も解体は不動産登記法57条にいう建物の「滅失」に当たり、抵当権は消滅するとしている（最一小判昭62・7・9金融法務事情1173号41頁）。

④ 取壊し

目的物が土地であれば、物理的に消滅してしまうことはまずないであろうが、建物の場合には所有者の都合で、あるいは借地の場合に地主に取り壊されることがときに生じることがある。これは事由のいかんにかかわらず、抵当権者としては抵当権を失うことになり、重要な問題である。そのようなことが生じないように、常に目的物件を監視し管理していればよいかもしれないが、実務上困難である。

そこで問題となるのは、この目的物件の取壊しにはどのように対処したらよいかである。この場合の対策としてまず、合法的な取壊しか否か確認し、不法な取壊しであった場合にどのように対処すべきかが問題になる。

(i) 合法的な取壊しの場合

法律の規定により合法的に取り壊される場合には、抵当権者もそれを差し止める権利はなく、取壊しにより所有者に交付される補償金債権、清算金債権などの物上代位できる債権があれば、それに代位していくか、合法的な取壊しのなされる原因が所有者などの不法行為によるのであれば、その者に損害賠償の請求をする以外にない。

問題は、それが合法的な取壊しか否かの認定である。合法的な取壊し

には、裁判所の収去命令による場合と、建築基準法違反などによる強制除去、または強制収用などの場合がある。強制収用などは調査すれば容易に確認できるが、実務的に注意すべきは裁判所の収去命令である。借地人と地主との談合により故意に賃料の滞納等をし、賃借権を解除し収去命令が出たものであれば、抵当権者としてもその解除の無効を主張できるであろう。

(ⅱ) 不法な取壊しの場合

収去命令、強制収用、強制除去などによらず、抵当建物を抵当権者に無断で取り壊すことは、建物の所有者により取り壊された場合であっても、また賃料滞納等により賃借権が解除され地主により取り壊された場合であっても、原則として不法取壊しに該当する。その場合の抵当権者の対策としては、次の方法がある。

・期限の利益の喪失……債務者により目的物件が取り壊された場合には、抵当権設定契約書の特約により、あるいは民法の規定により（民法137条2号）、債権者は、債務者に対するいっさいの債権について、その期限にかかわらず直ちに全額の請求が可能になる。

・取壊し禁止の仮処分……建物の取壊しがまだ完了していない場合には、抵当権者としてその取壊しを禁止する仮処分の申請の可能なことは当然である。目的物が鉄筋コンクリート造りの高層建物などであり、取壊しにかかったことの発見が早ければ、この仮処分も意味があろうが、木造建物の場合にはまず間に合わないことが普通で、それがこの方法の欠点である。

・損害賠償の請求……取壊しが違法である以上、抵当権者は取壊しをした者に、取壊しによって生じた損害の賠償を請求できるのはいうまでもない。もっとも、損害賠償請求権を行使するのは、現実には地主とか債務者でない担保提供者、担保物件の第三取得者などが取り壊した場合となろう。取壊しが物件の所有者に対しても不法行為になる場合

には、所有者がその者に対して有する損害賠償請求権に物上代位することもできるが、抵当権侵害行為として抵当権者から直接請求もできる。

⑤ 建物の区分

1棟の建物を、所有者の都合で内部に隔壁を設け、1棟のまま2個の建物として使用できるように改造することもある。これを建物の区分という（不動産登記法54条）。

この点については、前記①の建物の増改築の項で述べたとおり、抵当権者の承諾なしに登記が可能ではあるが、区分により新しくできた登記記録には、前の登記記録に登記されていた抵当権の登記も移記されるので、抵当権者の権利が害されることはない（不動産登記規則130条）。この結果、抵当権の担保価値が減少するおそれのあるのはいうまでもない。

⑥ 罹　　災

抵当建物が罹災すれば、当該物件に対する抵当権は目的物を失い、当然に消滅する。

一般には抵当権設定に際し目的物件に損害保険を付保し、質権設定または抵当権者特約条項を付しているであろうから、それにより保険会社から保険金の支払を受けることになる。付保はされているが質権設定手続が未了となっている場合には、直ちに当該不動産の所在地を管轄する地方裁判所に抵当権に基づく物上代位権の行使として（民法372条、304条）、その保険金に対する差押（転付）命令を得る必要がある。

最高裁判所は、「債権について一般債権者による差押えと抵当権者の物上代位権による差押えが競合したときは、前者の差押命令の第三債務者への送達と後者の抵当権設定登記の先後によって優劣を決するべきである」（最一小判平10・3・26金融法務事情1518号35頁）と判示している。

なお、火災保険が付保されていない建物が罹災した場合には、物上代位すべき保険はないので、罹災の原因をつくった者に損害賠償の請求をする

以外にない。

(2) 担保物件の変更
a 新しい物件を追加担保にとる場合
　増し担保として新しい物件を担保にとる場合には、単に新しく担保権の設定契約を締結する。担保権が抵当権の場合には、共同担保の関係に注意を要する。

　特定債権を担保する普通抵当権の場合には、特に共同担保の登記をしなくとも（共同担保の場合には、共同担保目録の提出が必要である）、民法の共同担保に関する規定（民法392条）が適用になるが、根抵当権の場合には、契約において既存根抵当権とで共同担保とする契約をし、追加物件に根抵当権の登記をする際に共同担保の登記をしておかないと、共同担保に関する規定が適用されない（同法398条の16）。この規定が適用されないとは、2個の根抵当権は極度額において累積される。共同担保となると極度額は累積されないかわりに、どの物件からでも極度額まで優先弁済権を行使できることになる。

b 担保物件の一部を解除する場合
　取引の都合で、担保物件の一部を解除する必要が生ずる場合がある。

　その場合に注意すべきことは、担保保存義務との関係である（民法504条）。担保保存義務とは、被担保債権に他の保証人や担保提供者があると、それらの者が債務者にかわり弁済したとき、担保や保証を代位して取得できるので、債権者が故意・過失により担保や保証を解除してはならない義務のことである。債権者がこの義務に違反して担保の解除をした場合には、それにより保全できなくなった分は、保証人などはその責任が免除されることになる。詳しくは、「本章第1節3(6)」参照。

c 担保物件の差替えをする場合
　金融取引においては、取引の都合や取引先の都合で担保物件を差し替える場合がある。しかし、その内容は前記aの追加担保とbの担保の一部解除に

【図表59】 担保物の変更と利用状況の変化

変　化	対　　　　応		
物件の変更	追 加 担 保	根抵当権の共同担保に注意	
	一 部 解 除	担保保存義務に注意	
	差　替　え	追加担保と一部解除を参照	
	機械・器具	各目録の記載に注意	
利用の変更	賃借権	対抗要件なし	抵当権に対抗できない
		あり　抵当権の前	抵当権に対抗できる
		抵当権の後	抵当権に対抗できない
	農地の宅地転用	地目変更の登記が必要	
	線引の変更	担保価値の問題	

なるから、手続や注意点はそれぞれの項を参照されたい。

d　工場の機械目録に記載された場合

　工場に備え付けられた機械・器具は、動産として質権の目的とすることができるばかりでなく、債務者に使用させたまま担保にする方法として譲渡担保の目的としたり、工場抵当権の目的としたり、工場財団に組成して抵当権を設定することもできる。債権者が、そのいずれかの方法で担保になっていると思っていたところ、実は他の債権者がやはり同じ機械・器具を担保にとっていることもある。

　その場合に、いずれの担保権者の権利が優先するか問題が生ずる。

　最高裁平成6年7月14日第一小法廷判決（金融法務事情1405号37頁）は、「工場抵当権者が供用物件につき第三者に対してその抵当権の効力を対抗するには、三条目録に右物件が記載されていることを要するもの、言い換えれば、三条目録の記載は第三者に対する対抗要件であると解するのが相当である」とした。なお、最高裁は、抵当権の設定登記による対効力はその設定当時の土地・建物の従物にも及ぶとした最高裁昭和44年3月28日第二小法廷判決

（民集23巻3号699頁）にも言及し、工場抵当でも「設定当時」の従物については三条目録への記載不要とする解釈も「あり得ないではない」が、そのような解釈では、抵当権設定の当事者・第三者・執行裁判所は「特定の供用物件が従物に当たるかどうかという実際上困難な判断を強いられ」妥当でないから、「法が供用物件について三条目録を提出すべきものとしている趣旨は、供用物件が従物に当たるかどうかを問わず、一律にこれを三条目録に記載すべきものとして……工場抵当権の実行手続を簡明なものとすることにある」と解すべきであるとして、この最高裁昭和44年判決にかかわらず、三条目録は（設定当時の従物も含む）すべての供用物件の対抗要件になるとの見解を示した。

なお、動産の登記がその前になされていた場合には、それが優先する（動産・債権譲渡特例法3条）。

(3) 利用関係の変更
a 短期賃貸借制度の廃止

平成15年民法等改正法は短期賃借権保護を全面的に廃止し、次のように改めた。

登記した賃貸借はその登記前に登記した抵当権者全員が同意し、かつ、同意の登記がある場合に限り、同意をした抵当権者に対抗することができる（民法387条）。先順位抵当権者全員の同意が得られず、かつ同意の登記もできない（つまり抵当権者に対抗することができない）建物賃貸借により建物を使用している者は、建物の競売の場合において、建物競売手続開始前から使用または収益をしていた者に限り、建物競落人である買受人の買受けの時より6カ月を経過するまではその建物を買受人に引き渡すことを要しない（同法395条1項）。なお、土地については先順位抵当権者全員の同意が得られず、かつ同意の登記ができない（抵当権者に対抗することができない）土地賃貸借により土地を使用している者に猶予期間は認められず、直ちに土地を買受人

に引き渡さなければならない。平成15年民法等改正法は平成16年4月1日から施行され、同法施行前に存在していた短期賃貸借は従前の例による（同法附則5条）。

b　農地の宅地転用

現況が農地となっている土地（採草放牧地を含む）は抵当権の設定はできるが、抵当権を実行した場合に買受けのできる者は、農地法により農業委員会においてその資格の認められた者に制限されており（農地法3条）、宅地である場合より売却が困難となり、担保価値も下がる。

現況において農地であり、現に耕作しているものは、それもやむをえないであろうが、現況がすでに宅地として利用されている場合に、宅地として把握し競売しようとすると問題が生ずる。宅地として競売するためには、事前に都道府県知事の許可（農地法4条）を得て宅地に転用しておく必要がある。許可を得ても、法務局に地目変更の登記まで完了しておくことを要する。現況が宅地になっていても、また宅地転用の許可があっても、結果的に登記が宅地に変更されていないと、競売手続では農地として取り扱われる。

c　線引きの変更

不動産の利用の規制には、前記の農地法のほかに国土利用計画法、建築基準法、都市計画法、道路法など各種の法律がある。それらの法律は土地の利用を規制することを目的としているので、原則として抵当権の設定が制限されることはない（土地の譲渡担保、仮登記担保については、国土利用計画法の適用はある）。しかし、担保権の設定はできても、競売により売却する場合には当然それらの法規制が担保価値に大きく影響する。その意味で、これらの法律の適用について事前に確認しておくことが必要になる。

しかも、それらの規制は一般に線引きという方法によってなされるので、線引きの変更がそのつど自己の担保土地にどのように関係するか承知しておく必要がある。線引きの変更により担保価値に不足が生じる可能性がある場合には、早期に追加担保を要求しておく。

3　担保権の変動

　担保は、目的物についての変動のほか、被担保債権、所有者、担保権自体などについても各種の変化が生じる。これらの変化のうち、実務的によく生ずる事由として次のことがあげられる。

(1)　目的物に対する差押えと被担保債権に対する差押え

　抵当権の目的物件に対して差押えや仮差押えがあっても、抵当権が登記されている以上、その効力が失われることはない。しかし、税金などの滞納処分によるものは、抵当権の登記後の差押えでも納期限がその登記前の滞納税金によるものである場合は抵当権が劣後すること（国税徴収法16条）、差押税金に優先する抵当権であっても、差押通知のあったときの被担保債権の額が限度となること（同法18条）、差押え後の回り手形債権は根抵当権で担保されないこと（民法398条の3）、差押えが根抵当権の元本の確定事由とされていること（同法398条の20）など、種々の影響が生じる。

　仮登記担保のうちそれが根担保形式のものは、目的物件の差押えにより本登記請求権も優先弁済権も失われる（仮登記担保法14条）点に注意を要する。

　抵当権の被担保債権について差押えがあった場合には、随伴性の原則からその差押えの効力は抵当権に及ぶ。差押債権者より請求があれば、裁判所の嘱託によりその抵当権に被担保債権の差押えの登記が付記されることになる。差し押えた債権について債務不履行が生ずれば、差押債権者は抵当権実行の申立てをし、配当金からの弁済が受けられる。この関係は確定前の根抵当権の被担保債権について差押えのあった場合も同じであるが、確定前に差し押えられた債権が被担保債権から外されると（第三者の代位弁済など）、根抵当権には差押えの効力は及ばない。

【図表60】 担保権と差押え

対象	差押え	担保権	効果
目的物の差押え	裁判所の差押え	抵当権	順位により配当が得られる
		根抵当権	確定事由になる その後の回り手形は担保されない
		仮登記担保権	抵当権とみなされる ただし根担保は失権する
	滞納処分の差押え	抵当権	法定納期限と登記の前後による
		根抵当権	確定事由になる その後の回り手形は担保されない
		仮登記担保権	抵当権とみなされる ただし根担保権は失権する
被担保債権の差押え	裁判所、滞納処分の差押え	抵当権	付記登記される
		根抵当権	同上、ただし根抵当権の確定前の転付命令は担保されなくなる
		仮登記担保権	抵当権と同じ

(2) 所有権の移転

　抵当権は登記が対抗要件であり、登記さえしてあれば、誰に所有権が移転しても権利を失うことはない。目的物件の所有権移転は、本来抵当権者の承諾を要せず可能であるが、一般にはその変更は抵当権に影響が大きいので、事前の要承諾事項とする特約がある。もっとも、その違反によっても譲渡が無効になるわけではなく、期限の利益の喪失事由になる。抵当物件の所有権が移転された場合には、第三取得者からの抵当権消滅請求に留意する。根抵当権の場合には確定請求、消滅請求の申出もありうるが、詳しくは以下に述べる。

　所有権移転の原因には、特定承継である売買、贈与などによる場合と、包括承継である相続、合併の場合と、所有権の取得時効の成立による場合があ

る。

a　売買、贈与などによる場合（特定移転）

抵当権の目的物件が、売買、贈与、代物弁済などの契約により、所有権が第三者に移転した場合の留意点は、次のとおりである。

① 抵当権の付随契約関係は当然には承継されない

　抵当権は登記さえしてあれば、誰に所有権が移転しても、その権利を失うわけではないが、それは抵当権の効力についてのみであり、抵当権設定契約において設定者との間で特約されている目的物についての火災保険への質権設定義務、通知・承諾義務などの関係までは承継されない。それらの特約は、抵当権を保全する意味で重要なものであるから、できるだけ早期に新所有者との間でも特約を締結しておく。

② 取壊しの危険はないか注意する

　建物の売買は、時に底地を有効利用する目的で上物の建物を買い取り、取り壊されることがある。抵当権者に無断で取り壊されたものであれば、所有者によってなされてもその者に損害賠償の請求は認められようが、それより取壊しを防止することが先決となるので、何が目的で譲渡されたかを確認しておく。

③ 抵当権消滅請求の導入

　平成15年民法等改正法は、従来のてき除（民法旧378条以下）を改め、新たに抵当不動産の第三取得者が抵当権者に対して、一定金額を提供して抵当権を消滅させることを請求する「抵当権消滅請求」の制度を導入した（民法379条以下）。

　民法旧378条に規定する増価競売とてき除の制度は、執行妨害目的等の濫用的に利用されるものがほとんどであった。そこで改正法は、抵当権消滅請求制度を新たに設けた。抵当権実行通知の義務は廃止された（民法旧381条、旧387条の削除）。抵当権消滅請求をできるのは抵当不動産の所有権を取得した者に限り、地上権者や永小作権者は請求できない（同法379条）。

【図表61】 担保物件の所有権の移転

移転原因	効果	注意点	
特定移転 　売買、贈与等	抵当権は継承される	付随契約を継承させる 取壊しの危険あり 消滅請求の可能性あり	
包括移転 　相続、合併・分割	抵当権は承継される	根抵当権については	
		相続	相続人についての合意を
		合併・分割	確定請求の可能性を
時効	所有権の取得時効	抵当権は消滅する	
	抵当権の消滅時効	債務者については債権とともに 第三取得者には時効にかかる	

　増価競売手続は廃止され、抵当権者は、抵当権消滅請求に対抗するには通常の競売申立てを行えば足りる（民法旧384条2項、民事執行法旧185条～旧187条の削除）。この競売申立ては抵当権消滅請求を受けた後2カ月以内にすればよい（同法384条1号）。第三取得者の出現に対しても神経質にならず通常どおり対応すればよくなったのである。
　民法は抵当物件が売却された場合、その買主が代金を抵当権者に支払うことにより抵当権の抹消をする代価弁済の制度（同法378条）や、代金に対し抵当権者が物上代位できる権利（同法372条、304条）などを定めているが、実務的にはあまり利用されていない。

b　相続、合併・分割などのあった場合（包括移転）

　目的物件の所有者が死亡した場合、合併・分割により消滅会社となった場合には、その所有権者が変わることになるが、その場合でも登記された抵当権は、原則としてなんら影響を受けない。主に次の点に留意する。

① 根抵当権の債務者が担保提供者となっている場合には、6カ月以内に根抵当権の債務者を相続人のうちの誰にするかの合意の登記を完了しておか

ないと、その根抵当権は、相続開始時にさかのぼって確定する（同法398条の8）ので、その点の確認をする必要が生ずる。

② 設定者が合併・分割による消滅会社となると、存続会社が設定者に該当し、その者から確定請求がなされる可能性もあるので（同法398条の9、398条の10）、念のためその意思の有無を確認しておく。

c 時効により所有者が変わる場合

抵当権は、被担保債権が時効により消滅しない限り、時効により消滅しないのが原則であるが、第三取得者との関係では被担保債権の時効に関係なく、抵当権のみ独立して時効により消滅することがある（民法396条）。判例も、債務者・抵当権設定者以外の抵当不動産の第三取得者・後順位抵当権者との関係では、抵当権は債権から独立して20年の消滅時効にかかる、という（大判昭15・11・26民集19巻2100頁）。また、目的物件の占有者がその物件を取得時効の完成により取得した場合にも、登記した抵当権もそれにより消滅する（同法397条）。取得時効が原始取得になる関係でそのような効果が生ずるものであり、物件の管理が大切だといえよう。なお、取得時効に必要な条件を具備した占有者には、債務者および抵当権設定者が含まれないのはいうまでもない（同法同条）。

(3) 抵当権の被担保債権者が変更される場合

抵当権の被担保債権は、債権譲渡、相続、合併・分割などを原因として変更を生ずることがある。もっとも、債権者の変更により債権について更改の効果が生ずれば、特に更改後の新債権も引き続き担保することの特約のない限り抵当権は消滅する（民法518条）が、それが確定前の根抵当権の被担保債権のものであれば、そのような特約をしても担保されることはない（同法398条の7）。担保されるためには、被担保債権の範囲の変更が必要となる。

a 債権譲渡、代位弁済による債権者の変更

抵当権の被担保債権が譲渡されると、その債権の債権者は譲受人に変わる

と同時に、随伴性の原則から、抵当権も譲受人に移転する。このことは、保証人などが債務者にかわって弁済したことにより、その債権に代位し、抵当権にも代位した場合においても同じである。次の点に注意する。

① 根抵当権では担保されないことに注意する

確定前の根抵当権の被担保債権は、債権譲渡や代位弁済により新債権者に移転しても、随伴性が否定されているので、根抵当権は新債権者に移転せず、その根抵当権では担保されない（確定後に債権譲渡・代位弁済するか、根抵当権の譲渡を受けて被担保債権の範囲に追加すれば担保される。民法398条の12）。また、債権譲受人、代位弁済者が取得した債権の債務者に対して根抵当権を有していたとしても、その債権は債務者との間の取引により発生した債権でないため、やはりその根抵当権では担保されない（この債権が手形であるか、被担保債権に追加する手続をとれば担保される。同法398条の2）。

② 対抗要件としての手続が必要である

債権譲渡の場合には、対抗要件として第三債務者に対する通知または第三債務者の承諾が確定日付ある証書でなされることが必要であるとともに、移転を受けた抵当権については登記が対抗要件となり、抵当権実行にはその登記のなされていることが必要となる（民事執行法181条）。なお、債権譲渡の対抗要件については、債権譲渡登記の制度がある（動産・債権譲渡特例法4条）。

また代位弁済については、任意代位でない限り通知・承諾等は対抗要件とはなっていないが、不動産への登記は債権譲渡と同じように必要であり、特に保証人の代位弁済については「あらかじめの代位を付記」を要件としている（民法501条1号）ので、少なくとも第三取得者の出る前にこの代位の登記をしておく必要がある。したがって、担保権の目的である不動産の第三取得者の取得後に当該債務の弁済をする保証人は、本条（同法501条）1号所定の代位の付記登記をしなくても、右第三取得者に対して債権者に

【図表62】 被担保債権の当事者の変更

当事者	原因	効果
債権者	債権譲渡	根抵当権では担保されなくなる
	代位弁済	抵当権の付記登記が必要
	転付命令	抵当権に付記登記される ただし根抵当権では担保されなくなる
	相続	根抵当権の場合には6カ月内に合意の登記を
	合併・分割	根抵当権では設定者からの確定請求に注意
延期		同一性があるため、抵当権は手当不要
更改		同一性が認められず、担保の移転（民法518条）、抵当権の設定しなおしが必要
債務者	債務引受 免責	担保されなくなる
	債務引受 重畳	担保権は存続する
	相続	根抵当権の場合には6カ月内に合意の登記を
	合併・分割	根抵当権では設定者からの確定請求に注意

代位する（前掲最二小判昭41・11・18）が、主債務の弁済後にさらに現れた第三取得者に対しては、代位の付記登記をしなければ、債権者に代位しない。

b 債権に対する転付命令による変更

　抵当権の被担保債権に対する差押えは、抵当権にも効力が及ぶが、差押えのみでは抵当権は差押債権者に移転しない。その差押えについて転付命令があると、命令の確定により債権は転付債権者に移転し（民事執行法160条）、そのため、前記債権譲渡と同じ結果となる。

　債権譲渡の場合と同様、確定前の根抵当権では担保されず、対抗要件として登記が必要となるが、転付命令を申請する際その申請書に抵当権付きであることを記載しておけば、裁判所の嘱託により付記登記される。

c　相続、合併・分割による被担保債権者の変更

　抵当権者が死亡し、債権者の変更を生ずる例は金融機関の場合生じないが、合併・分割により消滅会社となる場合は皆無とはいえない。合併があっても根抵当権はそのまま存続し債務者に対する債権を担保するが、設定者から確定請求ができるので、その点に注意を要する（民法398条の9、398条の10）。

(4)　被担保債権の弁済期を変更する場合

　被担保債権の弁済期を、なんらかの都合で延期する場合に、その変更契約により更改または代物弁済の効果が生じないか留意する必要がある。更改・代物弁済と認められると、旧債権はそれにより消滅したことになり、特に新債権も担保させる手続をとらない限り（民法518条）担保権は消滅するが、単に弁済期を延期するだけの契約であれば、債権の同一性は失われず、担保権も消滅しない。抵当権の登記には、弁済期まで登記されていないので、抵当権について特別の登記をしなくても担保される。

　なお、更改・代物弁済と認められる可能性があるのは、手形の書替による延期であり、旧手形を返還すると更改と認められる可能性がある（前掲最一小判昭29・11・18）。手形の書替がなされた場合、その目的が支払延期のためであり、かつ旧手形はこれを新手形の見返り担保とする意味で回収されなかった以上、旧手形に基づく債務は、直接の当事者間においても、右書替により消滅することはない（最二小判昭31・4・27金融法務事情110号24頁）。

(5)　抵当権の債務者が変更される場合

　抵当権の債務者の変更は、主にその被担保債権について債務引受のあった場合、債務者について相続開始や合併・分割のあった場合、根抵当権の債務者の変更をした場合の3つの場合であろう。

a　債務引受による債務者の変更

　同じ債務者の変更でも、更改と認められると、特別の手続をとらない限り

（民法518条）担保されないことになることは、前記(4)のとおりであるが、債務引受は債権の同一性を認めたまま債務者を変更するものであるから、それにより当然に担保権が消滅することにはならない。その場合も、抵当権について債務者の変更登記をしておく必要がある。

① 債務引受の方法により効果が異なる

債務の引受には、重畳的債務引受、免責的債務引受、履行の引受と地位の引受の4つの種類がある。「第3章第1節3(1)」参照。

そのうち、履行の引受は旧債務がそのまま存続し、重畳的債務引受も旧債務がそのまま存続し新しく引受債務が発生することになるので、旧債務を担保していた担保権にはなんら影響は生ぜず、そのまま担保される（新しい引受債務分は担保されないが、旧債務を担保しているので、その必要性もないであろう）。

免責的債務引受と地位の引受の場合は、旧債務はそれにより消滅するが、更改ではないので、引受債務に担保権は随伴するといえようが、ただ担保提供者が第三者である場合には、その提供者の利益を害する可能性があるとして、判例はその者の同意のない限り担保権は消滅するとしている（最二小判昭37・7・20金融法務事情319号10頁）。

② 根抵当権では担保されない

確定前の根抵当権の被担保債権について免責的引受のあった場合は、たとえ担保提供者が債務者であった場合でも、それにより担保されないとされており（民法398条の7）、債務引受人を債務者とする根抵当権があっても担保されることにはならないことは、前記債権譲渡の場合と同じである（前記(3) a ①参照）。それは、引受債務は銀行取引に含まれないからであり、それを根抵当権の被担保債権とするためには、別途、引受債務を根抵当権の被担保債権に追加しておかなければならない。

b 相続、合併・分割による債務者の変更

抵当権の被担保債権の債務者が死亡し、相続が開始したり、合併・分割に

より消滅会社となったりした場合にも、債務者の変更を生ずる。この場合は法律上当然に変更を生ずるのであって、担保権も存続する。

① 根抵当権の債務者について相続が開始した場合でも、それまでに発生していた債権はそのまま担保されるが、相続人に対する今後の債権も担保させるためには、相続開始後6カ月内に相続人についての合意の登記が必要となるので注意を要する（民法398条の8）。

② 根抵当権の債務者が合併・分割により消滅会社となった場合も、それまでに発生していた債権はそのまま担保されるが、設定者から確定請求があると合併・分割後に発生する債権は担保されなくなる（同法398条の9、398条の10）ので、確定請求の可能性を確認する必要がある。

c 確定前の根抵当権の債務者の変更

確定前の根抵当権については、その被担保債権には関係なく、担保すべき債権の債務者を別の人と変更したり、別の人を追加することが認められている（民法398条の4）。この変更は、債務者となっていた者の承諾は必要でなく、設定者の合意と変更登記により効果が認められ、債務者になっていた者に対する債権はそれにより担保されなくなり、債務者になった者に対する債権はそれ以前の債権でも担保される。

(6) 抵当権の譲渡、順位の変更をする場合

抵当権には、抵当権者がその抵当権を他の債権者に利用させる抵当権の譲渡・放棄、確定前の根抵当権についての全部譲渡、分割譲渡、一部譲渡の制度が認められており、抵当権の順位については順位変更のほか、確定前の根抵当権以外では順位譲渡、順位放棄も認められている（民法374条、398条の11～398条の13）。そのほか、抵当権を他の債権の担保とする転抵当権もある（同法376条1項）。

(7) 根抵当権の極度額、被担保債権の範囲の変更と確定

　根抵当権は、確定事由が発生したとき、その時点において登記されていた債務者に対する、被担保債権の範囲に属する債権を、極度額の範囲内で担保する抵当権であるため、確定事由の生ずるまでであれば、債務者のほか被担保債権の範囲を変更することも認められている（民法398条の4）。なお、極度額の変更は、根抵当権の元本の確定前はもちろん、確定後でもできるが、後順位担保権者等の利害関係人の承諾を要する（同法398条の5）。

第 3 節

債権が消滅する場合

　融資債権は、主債務者から期日までに弁済を受ければ消滅するのは当然であるが、弁済以外にも相殺・更改・免除・混同、時効などによっても消滅する。そこで、債権の消滅事由にかかわる特別の留意点について述べる。

(1) 弁　　済
a　弁済の種類と効果

　弁済とは、本来は債務者が、債務の目的どおりにそれを履行し、債務を消滅させる行為をいうが（「本旨弁済」という）、それ以外の場合にも弁済という用語が使われており、その効果は異なる。それらの関係については、前述されている（「第 3 章第 1 節 3 (3)」参照）が、その大要は次のとおりである。

① 代位弁済

　主債務者以外の者が、主債務者にかわって債務を履行し、それにより債権者は債権の満足を得、主債務者も債権者に対する弁済責任を免れることができるが、代位弁済の場合には、その債権は消滅せず、弁済者に移転し、求償権の担保となる（民法501条）。これを弁済による代位という。

　保証人などの弁済につき正当の利益を有する者は、債権者の同意なしに代位できるので法定代位、それ以外の第三者の弁済は債権者の同意がないと代位できないので任意代位といい（同法499条）、代位することになる弁済を代位弁済という。

② 第三者弁済

　主債務者以外の者の弁済を一般に第三者弁済というが、これには保証人の弁済のように保証債務の弁済になる場合と、前述の代位弁済になる場合

【図表63】 弁済の種類と効果

	方　　法	摘　　　要
種　　類	本　旨　弁　済	債務者の弁済、債権の消滅
	代　位　弁　済	債権は弁済者に移転、求償権発生
	第　三　者　弁　済	債務者の反対により無効になる
	非　債　弁　済	不当利得の返還債務が生ずる
	代　物　弁　済	所有権を取得、債権は消滅
	代　価　弁　済	抵当物件の買主からの弁済
	弁　済　供　託	債務は消滅、一般には行われない
充　当　順　序	(1)　合意による (2)　費用、利息、元本の順 (3)　弁済者の指定　銀行取引約定書等で放棄されている (4)　債権者の指定（異議権あり）	
	(5)　法定充当	弁済期にある分に 債務者に利益のある分から 期日の順に 按分
返還の時期	債　権　証　書	弁済後に返還すればよい
	担　保　物　件	同上
	手　　　　形	受戻証券性から同時に交付する
	併　存　手　形	同時履行の抗弁権あり

と、代位関係の生じない第三者弁済になる場合がある。

　このうち代位関係の生じない第三者弁済の場合（法定代位権者以外の者が弁済し、債権者が代位を認めなかった場合）には、主債務者の弁済と同じように、それにより債権は絶対的に消滅するが、弁済者の主債務者に対する求償権の行使は否定されるものではない。なおこの弁済は、債務者の意思に反してすることができない（同法474条2項）。

③　非債弁済

　債務者でない者が、自己が債務者と勘違いして弁済したり、債務がまったく存在しないのに債務があると思って第三者弁済をした場合を非債弁済

という。この場合は、その金を受け取った者は不当利得となるので、その事実がわかればその分を弁済者に返還しなければならない。

もっとも、弁済者が債権の不存在を知っていた（同法705条）とか、債権者が有効な弁済と信じて証書を破棄したり、担保品の返還などをしてしまい、回復できないような状態になってしまった場合（同法707条）には、その返還請求は認められない。

④ 代物弁済

家を借りればその家を、時計を借りればその時計を返還しないと弁済にならないが、債権者が承諾すれば、金銭で借りたものについて、金銭を返還するかわりに物の所有権等を債権者に譲渡することで弁済にかえることも可能である。これを代物弁済という（同法482条）。

譲渡担保の目的物を、担保権実行として完全に債権者の所有に移すことも一種の代物弁済であり、手形の書替で旧手形を返還した場合にも代物弁済と認められることのあることは前述のとおりである。既存債務に関しての約束手形の振出は、債務支払のためになされたと推定される（大判大11・4・8民集1巻179頁）。仮登記担保も、代物弁済の予約をする方法によって行われている。

不動産で代物弁済した場合に弁済の効果が生じるのは契約時でなく、所有権移転の登記完了時である（最二小判昭40・4・30民集19巻3号768頁）。債務者がその負担した給付にかえて、不動産所有権の譲渡をもって代物弁済する場合の債務消滅の効力は、原則として、単に所有権移転の意思表示をするのみでは足らず、所有権移転登記その他引渡行為の完了によって生じる（最一小判昭39・11・26民集18巻9号1984頁）。移転登記に必要ないっさいの書類の授受により代物弁済の効力を発生させる特約があれば、右の授受のみで、債務は消滅する（最三小判昭43・11・19金融法務事情535号30頁）。

⑤ 代価弁済

代価弁済とは、抵当不動産が第三者に売却されたとき、買主が代金を抵

当権者に支払えば抵当権の抹消をすると約束して、その代金の支払を受ける方法で、一種の法定代位弁済であるが、代位権は生じないところに特色がある（同法378条）。一般にはあまり利用されていない。

⑥ 弁済供託

債権は、債務者が弁済しようとしても債権者がその受領を拒んでいたり、弁済者の過失によらないで債権者が誰かわからなくなったりした場合には、弁済することができない。そのような場合に、債務者として債務を消滅させたければ、弁済する金銭を供託所に供託して、債務を免れることも認められている（同法494条、495条）。これを弁済供託という。

b 充当の順序

1個の債権であれば、一部弁済があっても、充当されるのはその債権しかなく問題ない。ところが、100万円の債権と200万円の債権と、それぞれの延滞利息10万円と20万円があった場合に、債務者から10万円の弁済があったとき、いずれの債権の弁済に充当するかが、弁済充当の順序の問題である。

民法の規定ならびに銀行取引約定書等の基本取引約定書の充当に関する特約によると、次のとおりになる。

① 弁済者と債権者で、弁済の際どの分に充当するか合意すれば、そのとおり充当される。

② この合意の成立しない場合には、費用、利息、元本の順に充当され、弁済者も債権者も一方的にこの順序を変更することはできない（民法491条）。

③ 上記②により充当される利息や元本が2個以上あるときは、利息や元本のうちいずれを先にするか(前例では10万円と20万円の利息のような場合)は、まず弁済する者がそのいずれに充当するかを決めることができる（同法488条）。もっとも、銀行取引約定書の特約（旧ひな型9条）により債務者はこの指定権を放棄しているので、その指定は無効である（ただし、金融機関がその指定に異議なく受領すると指定は有効になる）。

④ 弁済者が上記③の指定をしないと、債権者のほうで自由に指定をするこ

とができる。ただし、この指定について弁済者から異議が出ると、その指定はなかったことになる。もっとも、この異議権も銀行取引約定書等の基本取引約定書の特約で債務者は放棄している。

⑤　上記③の指定も④の指定もない（この指定は直ちに弁済者に通知しておかないと、指定していないことになる）とか、④の指定に対し弁済者から異議の申立てがあった場合には、次の法定充当の定めにより充当される（同法489条）。

(ⅰ)　期限のきているものがあれば、そのほうから充当される（同法同条1号。金融機関の場合、すべての債権について期限の利益を喪失していると思われるので、本号には該当することは少ないであろう）。

(ⅱ)　債務者の利益になるように充当される。たとえば担保付債権と無担保債権とがある場合は、担保付きのほうが先になる。

(ⅲ)　上記(ⅱ)の条件が同じときは、期日の早いほうから充当される。

(ⅳ)　上記(ⅲ)の条件も同じときは、各債権額に按分して充当される。

なお、担保不動産競売手続における配当金が同一担保権者の有する数個の被担保債権のすべてを消滅させるに足りないときは、右配当金は、右数個の債権について民法489条～491条の規定に従った法定充当がなされるべきであって、債権者による弁済充当の指定に関する特約がされていても右特約に基づく債権者の指定は許されない（最二小判昭62・12・18金融法務事情1182号38頁）。

c　弁済と担保・証書の返還

担保付債権について弁済があれば、債権の消滅により担保権も消滅するので、預かっていた担保品は担保差入人に返還しなければならず、担保がなくとも債権証書は借主に返還する必要がある（民法486条、487条）。

その際債務者から、担保品や借用証書と引換えでないと弁済しないとの申出があっても、法律的には担保品や借用証書の返還は後履行の関係にあり、引換えでないと支払わないという抗弁は認められない。もっとも、受取証の

交付と手形の返還（交付）は同時履行の関係にあるため、直ちに返還する。なお、銀行取引約定書等の基本取引約定書を徴求している先については、手形の呈示、交付に関して特約がなされている（同約定8条）。

特に抵当権の抹消登記などは、手続上同日にならないのは別に義務違反となるものではない。最高裁昭和57年1月19日第三小法廷判決（金融法務事情1007号44頁）は、債務の弁済と当該債務担保のために経由された抵当権設定登記の抹消登記手続とは、前者が後者に対し先履行の関係にあるものであって、同時履行の関係に立つものではないと解すべきである、という。

(2) 相殺、更改、免除、混同

民法は、債務の消滅原因として弁済のほかに、相殺、更改、免除、混同について規定している。

そのうち相殺は、金融機関の融資の回収方法としては預金との相殺の関係で重要な役割を担っているため、本書でも「第2章第2節」で説明した。

更改は、債権者の変更、債務者の変更など債務の要素を変更することで、それにより更改前の債務が消滅し（民法513条）、その関係上担保・保証も原則として消滅するので（同法518条）、実務上特に注意を要する契約である。なお、それらの関係については、すでに手形の書替（「第2章第5節1(4)d」）、債権の変更（「第3章第1節3(4)」）、担保権の変動（「第3章第2節3(4)」）等、それぞれの項で説明したので参照されたい。

免除は、債権者が債務者に対してその債務の履行責任を免除することである（同法519条）が、主債務を免除すると原則として従たる債務である保証や担保権も消滅し、手形の裏書人に対する遡求権も消滅する点と、保証債務を免除することは、他に法定代位権者のある場合、担保保存義務違反として免責の主張をされることのある点（同法504条）に注意を要する。

混同は、債務者がその債権を譲り受けたり、債権者がその債務の引受をしたりするように、債権者と債務者が同一人になった場合とか、抵当権の設定

者が被担保債権を譲り受けて自己の不動産に自分で抵当権をもった場合のように、それを認める実益のなくなったとき、債権や抵当権などの権利が消滅することをいう（同法179条、438条、520条）。もっとも、第1順位抵当権者が目的物件の所有権を取得したが、第2順位の抵当権者のある場合には、その抵当権は消滅しない（同法179条1項但書、520条但書）。

(3) 時　　効

債権は、時効が完成することによっても消滅する。また、担保権も時効によって消滅することもあるので、長期にわたり回収の滞っている債権については、時効の関係に留意する必要がある。

a　時効によりどのような効果が生ずるのか

① 時効にかかると債権は消滅する

時効には消滅時効と取得時効があり、権利をもっていながら何年も放置していた者に対して、その権利を失わせるのが消滅時効で、他人の物とは知らず何年も自分のものと信じて使っていた者にその権利が認められるのが取得時効の制度である。取得時効が成立すると、反射的にそれまでの所有権者などの権利が消滅するが、これは主に動産や不動産の所有権につい

【図表64】　時効の制度

	効　　果
消 滅 時 効	債権が消滅する ・付従する権利も消滅する ・消滅の効果は起算日にさかのぼり消滅する 除斥期間とは、中断の制度のない点異なる
中　　断 停　　止	中断は、時効期間が新しく進行を始める 停止は、その間進行が一時ストップする
援　　用 放　　棄	期間満了後、時効の効果が生ずる意思表示 期間満了後、時効の効果を失わせる意思表示

て認められており、債権が消滅するのは消滅時効にかかる場合である。

なお、債権は時効期間を経過したからといって直ちに消滅するのではなく、相手が「時効だ」と主張してはじめてその相手との関係で消滅したとみなされる。これを時効の援用（民法145条）というが、その点については後記dを参照されたい。

② 付従性の原則に注意すること

主債務が消滅すると、従たる債務も消滅するのが原則である。このことを付従性という。たとえば、主債務の時効により保証債務が、被担保債権の時効により担保権が、連帯債務者の1人の時効によりその負担部分に係る他の連帯債務が、約束手形の振出人の時効により裏書人の遡求義務が、それぞれ時効消滅する。

③ 時効により債権は起算日にさかのぼって消滅する

債権は、時効期間が満了し債務者が時効を主張（援用）すると、その時消滅するが、民法はその消滅の効果は、時効の起算日までさかのぼって生ずる、いわゆる遡及効を認めている（同法144条）。

その結果、元本が時効になると、利息・損害金の請求権も、元本の時効起算日以後の分は発生していなかったことになる。この点は注意を要する。

④ 除斥期間という制度もある

権利が一定期間徒過することにより消滅する制度に、消滅時効の制度とは別に除斥期間の制度がある。たとえば、第1審の裁判に不服な者は、その判決の日から2週間を経過すると、それを援用するまでもなく控訴する権利が当然に失われ（民事訴訟法285条）、しかもこの期間の中断などの方法も認められていないが、このような制度を除斥期間という。

金融実務では、保証人が債権者との間で、弁済期到来後一定期間（2カ月とか2年間といった期間）内に保証債務の請求がないと、保証債務があっても、請求権が行使できないとする特約をしているが、これが除斥期間の特約である。

具体的事例としては、次の権利に除斥期間が規定されている。

・法律行為の取消権（民法126条）

・占有の訴の提起（同法201条）

・詐害行為取消権（同法426条）

・売主の担保責任（同法564条、566条、570条）

・賃貸借の担保責任（同法621条）

・損害賠償請求権（同法724条）

・財産分与請求権（同法768条）

・相続回復請求権（同法884条）

b 時効は何年で完成するのか

① 債権によりその期間と起算日が異なる

　債権の時効期間は、原則は10年（民法167条）であるが、例外として20年のもの（債権、所有権以外の権利、定期金債権等）、5年のもの（1年以下の定期給付債権、商事債権）、3年のもの（手形の主債務、請負代金、診療報酬等）、2年のもの（弁護士報酬等）、1年のもの（手形の遡求権、賃金等）、6カ月のもの（小切手の遡求権、手形の再遡求権等）と、法律は細かく規定している。

　そして、時効の期間の起算日は、「権利を行使することができる時」から起算される（同法166条）が、金融機関の融資取引の関係では、図表65のようになる。

② 中断されると翌日から起算される

　時効には、中断という制度があり、それによりいままで進行していた期間は終了し、中断事由の生じた債権は、その中断事由が終了した翌日からまた新しく時効の進行が始まる。たとえば、5年の時効になる債権について、3年目に債務の承認があると、その債権は承認日の翌日から5年間は時効にならず、債務を承認して1年間弁済期の延期を認めると、その1年の満期日の翌日から5年間時効にかからない。

【図表65】 融資取引による債権の時効期間

取引種類	債権の法律的種類		起算日	時効の期間
手形割引	買戻請求権	再売買代金請求権	買戻債権発生日の翌日	5年
	手形債権	遡求権	満期日の翌日	1年
	手形債権	手形支払請求権	満期日の翌日	3年
手形貸付	融資債権	金銭消費貸借債権	期日の翌日	5年
	手形債権	担保手形債権	満期日の翌日	3年
証書貸付	融資債権	金銭消費貸借債権	期日の翌日	5年
当座貸越	融資債権	金銭消費貸借債権	解約の翌日	5年
支払承諾	求償権	事前求償権	求償事由発生の日の翌日	5年
		事後求償権	代位弁済の翌日	5年
	保証債権	主たる債権と同じ	主たる債権と同じ	主たる債権と同じ
	利息債権 損害金		債権の発生の日	元本と同じ

(注) 債権者が信用金庫など商人でない場合は、5年が10年になる。
　　　期限の利益を喪失すると、その翌日から起算される。

c　時効の中断はどうするのか

① 時効中断の方法は法定されている

民法は、時効中断の方法として、次の3つを認めている（民法147条）。

・請求（これは裁判上の請求と単なる督促・催告の2つがある）

・差押え、仮差押え、仮処分

・承認

裁判上の請求は、債務者に対する支払請求の訴えの提起を意味するのは当然であるが、これには債務不存在の訴えにおいて債権の存在が認められた場合も含むとされており、民法はそのほか支払督促の申立て、和解の呼出し、任意出頭、破産手続参加も中断事由と認めている（同法150条～152条）。

【図表66】 中断の方法

中断事由		摘　　要
請　求	裁判上の請求	本訴の提起 支払督促の申立て 和解の呼出し　調停の申立て 破産手続参加
	催告（裁判外の請求）	6カ月以内に裁判上の請求、差押え、仮差押え、仮処分が必要
差押え、仮差押え、仮処分		取下げ、却下されると中断の効果が消滅
承　　認		債務者が債務の存在を認めること

　これらの申立て等も取り下げられたり却下されたりすれば、効力は認められず、一定期間内に仮執行の申立てや本訴の提起がなされないと効力が生じないとされているので注意を要する。

　催告は、債権者が債務者に債務の履行を請求することで、裁判上の請求に該当しなければすべて催告になる。ただ、催告による中断は、6カ月内に裁判上の請求（和解の呼出し、調停の申立て、破産手続参加を含む）をするか、差押え、仮差押え、仮処分などの裁判手続による中断手続をとらないと、最初から中断しなかったことになる（同法153条）。6カ月内に再度催告しても中断にはならない（大判大8・6・30民録25輯1200頁）。また、相手方に催告の発信をしたが到達しなかった場合や、相殺の通知をしたにとどまる場合には時効中断の効力は生じない（大判大10・2・2民録27輯168頁）。手形債権の請求は手形の呈示は必ずしも要件とならない（最大判昭38・1・30金融法務事情331号2頁）。

　承認は、債務者が債権者に対し債務の残存することを認めることで、債務の一部を弁済した場合とか、利息を支払った場合、担保を提供した場合など、債務の存在を前提とする行為があれば、特に債務を承認するとの意思表示をしなくとも、承認があったものと認められている。

【図表67】 各種整理手続と時効中断

	破　産	会社更生	民事再生	特別清算	私的整理
債権者の申立て	裁判上の請求（取下げは催告）	同左（同左）	同左（同左）	同左（同左）	
開始決定	なし	同左	同左	同左	
債権届の催告	承認とみる説あり	同左	同左	（清算手続とし）同左	同左
債　権　届	裁判上の請求（除無届分（別除権等）、取下げ分は失効）	同左	同左	（清算手続とし）催告	同左
債権者集会	なし	同左	同左	同左	同左
認可決定		新弁済期より起算	同左	同左	同左
終　　結	なし	同左	同左	同左	
（注）	手続の取消、廃止によるも中断効あり	免除分の保証債務は計画確定より起算	同左		

（注）「なし」は、時効中断には関係のないの意味。

② 法的整理手続に参加した場合

　同じ法的整理手続でも、裁判所の監督の最も行き届いている破産、更生手続では、その債権届により時効の問題はほとんど生じない。特別清算手続でも債権届の制度はないが、一般の清算手続として債権届が必要になっており、この届出は催告としての中断の効力しかなく、しかも届出がないと清算から除斥される（会社法503条）。つまり時効は停止する（後掲⑤）。

　また、更生計画等により切り捨てられた債権の保証債務、手形遡求権、担保権などに関する時効は、それらの認可決定が確定した日から起算される（最二小判昭53・11・20金融法務事情882号42頁）。

私的整理を含めた特殊整理と時効中断の関係を、現在の判例の考え方により整理していくと、図表62のようになる。

③　中断の効力は誰に対して生ずるのか

時効の中断は、本来はその中断事由の発生した者に対してのみ効力が生じ、他の者には中断されないが（同法148条）、付従性の原則の例外がある。付従性の原則により、主たる債務が時効で消滅すれば従たる債務も当然に消滅し、反対に主たる債務が消滅していなければ従たる債務のみ単独では時効で消滅することなく、従たる債務の時効により主たる債務が消滅することもない。

たとえば、保証人が約定どおり弁済を続けている場合には、これにより保証債務の時効は中断するが、主債務の時効は進行を続ける。主債務の消滅時効が完成すると、保証人の負担が債務の目的または態様について主たる債務より重いときはこれを主たる債務の限度に減縮するから（同法448条）、保証債務もまた時効により消滅したと主張することができる。判例も繰り返し、保証人は主債務の時効を援用できるという（大判大4・7・13民録21輯1387頁）。物上保証人が債権者に対して被担保債権の存在を承認しても、民法147条3号にいう承認に当たらず、当該物上保証人との関係においても時効中断の効力を生じない（最一小判昭62・9・3金融法務事情1229号62頁）。そもそも物上保証人はなんら債務を負っていないからである。

ただし、この場合にも次の例外がある。

・主債務が時効にならない限り、保証債務も担保権も時効により消滅しないのが原則であるが、抵当権に限り目的物件の第三取得者は、抵当権のみの時効の主張が認められている（同法396条。前掲大判昭15・11・26）。
・手形保証については、主債務の時効を中断をしても、保証債務のみ時効の援用が認められており（手形法71条）、主債務が時効になれば保証債務も消滅する。

・連帯債務者の1人に対する請求（裁判上の請求と催告）は、他の者に対しても中断の効力が及ぶが、1人に対する時効の完成はその者の負担部分について他の者にも効力が及ぶ（民法434条、439条）。
・連帯保証人に対する請求は、主債務者に対しても中断の効力が認められる（同法458条）が、請求以外では効力が及ばず、催告は6カ月内の裁判上の請求等をすることが要件となる（同法153条）。

④ 行方不明のときはどうするのか

時効の中断は、本人から債務の承認をもらえればいちばんよいが、それができなければ請求する以外にない。ところが本人が行方不明で連絡がとれない場合が、実務上よく問題となる。

その場合でも中断が不可能ではなく、次の方法が考えられるので、それに要する費用と、中断をしたことにより生ずる利益を考えて、そのときの状況によりいずれかの方法を選択することになる。

・連帯保証人のいる場合……債務者は行方不明であるが連帯保証人のいる場合は、連帯保証人に対する請求が主債務者に対する時効中断として認められるので、裁判上の請求（大判昭6・1・29新聞3230号15頁）、支払督促（支払命令について大判昭3・2・15新聞2847号10頁）、破産債権届（大判昭14・9・9新聞4468号11頁）などの方法をとれば行方不明の債務者についても時効が中断する。ただし、催告の方法によるときは、6カ月内の裁判上の請求などが必要になり（同法153条）、連帯保証人に対する差押え、仮差押え、仮処分やその承認では中断の効力は認められないので注意を要する。
・なんらかの財産のある場合……債務者は行方不明であるが、なんらかの財産が残っているときは、その財産に差押え、仮差押え、仮処分をすることにより中断することも可能であり、抵当権実行など裁判上の手続により請求するのも中断事由となる。この場合は、公示送達の手続により執行される。

なお、債権者より物上保証人に対し、その被担保債権の実行として競売の申立てがされ、裁判所がその競売開始決定をしたうえ、競売手続の利害関係人である債務者に対する告知方法として同決定正本を当該債務者に送達した場合には、債務者は民法155条により、当該被担保債権の消滅時効の中断の効果を受ける（最二小判昭50・11・21金融法務事情776号28頁）。
・公示催告も利用できる……催告は、意思表示が債務者に到達しないと効力が生じないので、債務者が行方不明であると不可能になるため、公示送達の方法を利用することも考えられる（同法98条）。ただしこの方法は、最後の掲示を始めた日等から2週間を経過した日に到達したことになる点と、それから6カ月内に裁判上の請求などが必要になる点注意を要する。

　なお、銀行取引約定書などにみなし到達の特約（銀行取引約定書旧ひな型11条）はあるが、この規定は時効中断の方法としては適用がないものとみるべきであろう。

・本訴により請求する……債務者行方不明の場合の最終的な中断方法は、本人に対する請求訴訟の提起であることはいうまでもない。この場合は、公示送達の方法によることになる。

⑤　時効の停止とは時効の進行の一時停止のことである

　債務者に特別清算手続の開始決定があると、その手続の進行中は時効の進行が中止されることは前述のとおりであるが、これはその間は債権者として時効中断の方法がとれないため、一時その期間の進行を停止することとしたものである。

　時効の中断は、中断事由の終わった時から新しく時効期間の計算が始まるのに対し（同法157条）、時効の停止は、その停止期間の年月日分だけ時効期間から除外され、停止事由の終わった時から、前の時効期間の残りの期間の進行が始まるところが特色である。

　停止事由としてはそのほか、制限行為能力者に対する権利、財産管理者

に対する制限行為能力者の権利、相続財産に関する権利や天災事変のあった場合など特別の場合に認められている（同法158条〜161条）。

d　債権は時効の援用により消滅し、放棄により消滅しないことになる

時効により債権の消滅する時期について、各種の学説があるが、現在は時効期間が経過し、援用権者がその援用をする旨の意思表示をした時に消滅するとするのが通説である。

債務者が時効の援用をしない旨明示したときは、以後時効の援用はできない。これを時効の利益の放棄という。時効の利益の放棄は、時効期間満了前にも可能とすると、債権者があらかじめ債務者にその放棄をさせておくことにより、時効の制度を無視できることになるため、民法はこのあらかじめの放棄は認めていない（民法146条）。債務者が時効期間の満了していることを知らず一部弁済した場合（債務を承認したと認められる場合）には、時効の援用権の喪失として、放棄とほぼ同じ効果が生ずるとしている（最大判昭41・4・20金融法務事情441号6頁）。

時効の利益の放棄は放棄した者に限って効力が生ずるので、主債務者が時効の利益を放棄しても、保証人等は単独で主債務の時効を援用できる。

時効を援用できる者としては、債務者本人のほか、保証人、物上保証人、抵当不動産の第三取得者も判例により認められている。

事項索引

あ
青色申告 ……………………………… 24
預合い ………………………………… 75

い
意思確認 ……………………………… 33
一時代行者 ………………………… 205
一般の先取特権 …………………… 232
依頼返却 …………………………… 147

う
受戻証券性 ………………………… 138
埋立て ……………………………… 243

え
曳行移築 …………………………… 249
延期 ………………………………… 224
援用 ………………………………… 161

か
会計監査人 …………………………… 76
解散（会社の――） ……………… 204
会社更生手続 ………………… 79, 168
会社に対する責任 ………………… 66
解体移築 …………………………… 249
買戻権 ………………………………… 41
買戻請求権 ………………………… 113
駆込み割引 ………………………… 119
貸金業法 …………………………… 129
貸金等根保証契約 …………………… 10
合棟 ………………………………… 248
合筆の登記 ………………………… 241
合併 ………………………………… 248

仮差押え ……………………… 29, 71
仮登記 ………………………………… 41
仮登記担保権実行手続 …………… 184
仮登記を命ずる処分 ……………… 198
簡易再生 ……………………… 93, 95
監督委員 ……………………………… 95

き
基準地価格 …………………………… 48
偽造 ………………………………… 151
旧債振替 ……………………………… 62
吸収合併 …………………………… 201
求償 ………………………………… 191
求償権 ……………………………… 217
求償債権 …………………………… 101
強制回収 ……………………………… 29
強制管理 …………………………… 156
協定 …………………………………… 79
共同相続 …………………………… 195
虚偽表示 ……………………… 68, 69
金銭債権 …………………………… 190

け
競売の価額 …………………………… 43
契約不履行 ………………………… 150
権限の確認 …………………………… 36
権原の確認 …………………………… 32
検査役 ………………………………… 95
限定承認 …………………………… 194
権利能力の制限 ……………………… 35

こ
合意の登記 …………………… 260, 266
更改 …………………………… 224, 273

後見……34
後見制度……34
公示価格……48
公示送達……199
工事費の先取特権……232
工場財団……50
公図……48, 242
更生債権届出期日の経過……84
公正証書……225
公的保証……104
合同会社……14
公売手続……180
混蔵寄託契約……62
混同……273

さ

債権……190
債権者……118
債権者委員会……166
債権者取消権……185
債権譲渡……210
債権譲渡登記……39
債権保全火災保険……198
催告……278
再取得価額法……44
再生債権届出期日の経過……84
裁判上の請求……277
債務の引受……206
債務名義……16, 28
詐害行為取消権……69, 184, 202
先取特権者……162
指図禁止……216
指図債権……191
三条目録……25, 50

し

事業譲渡……71

時効……161, 274
時効の中断……277
自己株式……61
失踪宣告……192
私的整理……78, 164
支払禁止の仮処分……147
支払督促……127
指名債権……191
収益還元法……44
住宅地図……46, 48
住宅ローン保証保険……228
充当の変更……117
取得時効……244, 274
準占有者……116
商号の続用……71
使用者責任……14
商事留置権……103
譲渡禁止の特約……212
譲渡制限のある株式……61
譲渡担保……211
承認……278
商人間の留置権……233
消滅時効……274
消滅請求……259
将来債権……59
除権決定……142
除斥期間……275
処分禁止の仮処分……42
処分承諾書……237
所有権留保……51, 237
新設合併……201
人的抗弁……150
人的担保……30
信用照会……54
診療報酬金……160
心裡留保……69

せ

清算法人……204
制度保証……228
整理屋……17, 108, 161
責任追及等の訴え……13
0号不渡事由……144
善管注意義務違反……63
線引図……48

そ

増改築……244
倉庫証券……62
相殺……111
相殺権……236
相殺権の担保的機能……236
相殺権の濫用……119
相殺の制限……81
相続人不存在……193
相対無効……36
遡求権……149
組織変更……202
訴訟手続……149

た

第1号不渡事由……148
代位弁済……268
代価弁済……260, 270
対抗要件……38, 104
第三債務者……26
第三者異議……133
第三者に対する責任……65
第三者弁済……221, 223, 268
貸借対照表……24
第二会社……70, 203
第2号不渡事由……150
滞納処分……180

代物弁済……212, 270
代理貸取扱店の保証……228
代理受領……58, 236
代理商……74
宅地転用……256
宅地造成……240
建物図面……48
建物の区分……252
棚上げ型の私的整理……78
単純承認……194
担保……230
担保権消滅（請求）制度……172, 176, 179
担保権消滅の許可申立ての制度……87
担保不動産競売手続……179
担保不動産収益執行……180
担保保存義務……226, 253

ち

地位の引受……207, 210
地境……49
中止命令……162
重畳的（併存的）債務引受……206, 208

つ

通謀虚偽表示……68

て

呈示証券性……138
抵当権消滅請求……258, 259
手形の書替……225
手形のジャンプ……140
手形要件……53

と

同意再生……93, 95
登記事項証明書……48

事項索引　287

登記の流用……………………40, 246
同行相殺………………………117, 121
動産譲渡登記………………………39
動産の緊急売却………………134, 158
動産の先取特権……………………232
動産売買の先取特権………………232
特別清算………………………79, 204
特別清算手続………………………176
特別代理人…………………………205
特別の先取特権……………………232
取壊し………………………………250
取締役会承認等不存在……………152
取立屋………………………………108

な
名板貸……………………………15, 74

に
任意回収……………………………28
任意後見制度………………………35
任意清算……………………………204
任意代位……………………………268
任意売買価額………………………43

ね
ねらい打ち相殺……………………119

の
納期限………………………………257
農地…………………………………256

は
売買実例法…………………………45
破産管財人…………………………79
破産手続………………………79, 173

ひ
引受の広告…………………………71
非償弁済………………………223, 269
否認……………………………85, 162
否認権………………………………184
表見代理………………………32, 151
表見預金者…………………………112

ふ
不在者管理人………………………200
付従性………………………………275
物上代位……………………………260
物的担保……………………………30
不動産の先取特権…………………232
不動産保存の先取特権……………233
振込指定……………………………236
不渡異議申立提供金預託金………150
分割…………………………………248
分棟…………………………………248

へ
別除権………………………………177
弁済供託……………………………271
弁済充当の順序……………………271
変造…………………………………152

ほ
放棄の申述…………………………194
法人格否認……………………15, 73
法人成り………………………74, 200
法定後見制度………………………34
法定充当……………………………272
法定清算手続………………………204
法定代位………………………219, 268
法定代位権者…………………163, 221
法定担保権……………………30, 230

法定地上権……………………238
法的整理……………………79
法的整理手続………………168
保佐…………………………34
補助…………………………34
保証契約違反………………63
保証能力……………………45
保全管理人…………………117
保全処分……………………95
保全処分命令………………162

み

民事再生……………………92
民事再生手続………………92, 177
民法上の留置権……………233

む

無記名債権…………………191, 217
無限責任社員………………67

め

免除…………………………273
免責的債務引受……………207, 208

も

持分会社……………………14

や

約定担保権…………………30, 230

ゆ

有償譲渡……………………211
融通手形……………………53, 103, 143
行方不明……………………196

よ

予納金………………………94

寄洲…………………………243

ら

濫用的会社分割……………202

り

利益相反……………………36
履行の引受…………………206, 209
理事…………………………67
留置権………………………233, 242
留置的効力…………………233

れ

連帯債務……………………190

ろ

路線価図……………………49

事項索引　*289*

判例索引（日付順）

大判明37・7・8 ……………………243
大判大4・7・13 ……………………280
大判大8・6・30 ……………………278
大判大10・2・2 ……………………278
大判大10・5・9 ……………………207
大判大11・4・8 ……………………270
大判昭3・2・15 ……………………281
大判昭5・10・10 ……………42, 214
大判昭6・1・29 ……………………281
大決昭6・4・7 ……………………220
大判昭8・7・15 ………………………66
大判昭11・6・2 ……………………221
大判昭13・2・16 ……………………247
大判昭14・9・9 ……………………281
大判昭14・10・13 …………………222
大判昭15・9・28 ……………………187
大判昭15・11・26 ……………261, 280
大判昭17・9・18 ………………………41
最一小判昭29・10・7 …………………72
最一小判昭29・11・18 ……………141, 225, 264
最一小判昭29・12・23 ……………240
最二小判昭31・4・27 ……………264
最一小判昭32・7・16 ………………14
最一小判昭32・7・19 ………141, 147
最二小判昭33・9・26 ……………186
最二小判昭33・10・24 ……………146
最二小判昭34・6・19 ……………195
最二小判昭34・7・14 ……………150
最三小判昭34・8・18 ……………139
最三小判昭35・10・18 ………………32
最二小判昭35・10・21 ………………75
最三小判昭36・1・17 ………………33
最一小判昭37・6・21 ……………194
最二小判昭37・7・20 ……………265
最大判昭38・1・30 ………………278
最二小判昭38・3・1 …………………71
最三小判昭39・4・21 ……………222
最一小判昭39・11・26 ……………270
最大判昭39・12・23 ………………113
最二小判昭40・4・30 ……………270
最三小判昭40・5・4 ………40, 247
最三小判昭40・9・22 ………………36
最三小判昭40・11・2 ………………83
最二小判昭41・4・15 ………………66
最大判昭41・4・20 ………………283
最一小判昭41・4・28 ……………171
最三小判昭41・10・11 ………………33
最一小判昭41・10・13 ……………139
最一小判昭41・11・18 ………………56
最二小判昭41・11・18 ……220, 263
最一小判昭41・12・1 ………………75
最三小判昭41・12・20 ……………208
最一小判昭42・11・30 ………………33
最三小判昭43・3・12 ……………213
最三小判昭43・11・19 ……………270
最大判昭43・12・25 …………………36
最一小判昭44・1・31 ………………75
最一小判昭44・2・27 ………………73
最三小判昭44・3・4 ……42, 58, 237
最二小判昭44・3・28 ……………254
最大判昭44・11・26 …………………66
最一小判昭44・12・4 ……………170
最一小判昭45・6・18 ……………120
最大判昭45・6・24 …………………81, 113, 115, 133
最大判昭45・6・24 …………………35
最一小判昭45・7・16 ………………66

| 最三小判昭45・12・15……33 | 名古屋高判昭58・3・31……58, 83 |

最三小判昭45・12・15……33
最一小判昭46・6・10……139, 145
最大判昭46・10・13……53, 146, 152
最三小判昭46・12・21……240
最一小判昭47・4・6……142, 147
最一小判昭47・6・15……66
最一小判昭48・3・1……227
最三小判昭48・5・22……66
最一小判昭48・7・19……213, 236
大阪高判昭48・8・6……121
最二小判昭48・10・26……73
大阪地判昭49・2・15……119
最一小判昭49・3・7……215
最二小判昭49・6・28……151
大阪高判昭50・3・28……73
最二小判昭50・11・21……282
最三小判昭51・2・27……240
最一小判昭51・3・4……60
最二小判昭51・10・8……240
最一小判昭51・11・25……114, 121
京都地判昭52・6・15……114
最三小判昭52・7・12……85
最二小判昭52・8・9……111
最三小判昭52・10・11……239
最二小判昭53・5・1……56
最一小判昭53・5・2……121
最二小判昭53・11・20……279
最二小判昭53・12・15……59, 132
最一小判昭54・3・1……120
最三小判昭54・7・10……117
最二小判昭54・10・12……225
最二小判昭55・1・11……215
最三小判昭55・3・18……66
最二小判昭56・10・30……193
東京地判昭56・11・16……172
大阪地判昭56・11・30……215
最三小判昭57・1・19……273

名古屋高判昭58・3・31……58, 83
最一小判昭58・4・14……42, 58, 237
最三小判昭58・10・4……215
最一小判昭59・2・23……56, 112
福岡高判昭59・4・26……227
最二小判昭59・4・27……194
大阪高判昭59・9・27……171
最一小判昭59・10・4……219, 220
最二小判昭59・11・16……219
最三小判昭60・1・22……219
最一小判昭60・5・23……220
東京高判昭60・5・30……71
名古屋高判昭60・6・26……118
最一小判昭61・3・20……194
最一小判昭61・11・20……58, 237
最三小判昭61・12・16……243
最三小判昭62・6・2……221
最一小判昭62・7・2……118
最一小判昭62・7・9……250
最二小判昭62・7・10……102, 114
最一小判昭62・9・3……280
最一小判昭62・12・18……272
最三小判昭63・7・1……222
最三小判昭63・10・18……83
名古屋地判平2・6・15……68
最二小判平2・7・20……116, 118
最一小判平3・9・3……228
最三小判平5・3・30……215
最三小判平5・12・17……247
最三小判平6・1・25……249
最一小判平6・4・7……240
最一小判平6・7・14……254
最一小判平6・12・20……240
最三小判平7・9・5……200
最二小判平9・2・14……240
最三小判平10・2・10……5
最一小判平10・3・26……5, 252

判例索引　291

最三小判平10・4・14 ……………83
最三小判平10・7・14 ……………5,
　　　　　　　83, 103, 234
最三小判平11・1・29 ……………5,
　　　　　　59, 132, 160, 213
最一小判平13・11・22 ………5, 59
最三小判平13・11・27 ……………5
最二小判平15・12・19 ………5, 212
最一小判平16・6・24 ………5, 213
最一小判平16・7・16 ……………5
最二小判平16・11・12 …………14
最二小判平19・9・21 ……………5
最二小決平19・11・30 …………96
最一小判平21・1・22 ……………5

最三小判平22・3・16 ………5, 221
最二小判平22・6・4 ……………237
最一小決平22・12・2 ……………15
最三小判平23・2・22 …………193
最一小判平23・10・27 …………63
最一小判平23・12・15 ……………5,
　　　　　　　84, 103, 234
最二小判平24・5・28 …………218
最一小判平24・10・12 …5, 73, 202
最三小判平24・11・27 ……………6
最一小決平25・1・17 ……………6
最大判平25・9・4 …………6, 196
最一小判平26・7・17 ……………6

〔法人融資手引シリーズ〕
債権回収【第2版】

平成27年3月4日　第2版第1刷発行
（平成17年12月14日　初版発行）

　　　　　　　　　　著　者　旗　田　　　庸
　　　　　　　　　　発行者　小　田　　　徹
　　　　　　　　　　印刷所　株式会社太平印刷社

〒160-8520　東京都新宿区南元町19
発　行　所　一般社団法人 金融財政事情研究会
　編 集 部　TEL 03(3355)2251　FAX 03(3357)7416
　販　　売　株式会社きんざい
　販売受付　TEL 03(3358)2891　FAX 03(3358)0037
　　　　　　URL http://www.kinzai.jp/

・本書の内容の一部あるいは全部を無断で複写・複製・転訳載すること、および磁気または光記録媒体・コンピュータネットワーク上等へ入力することは、法律で認められた場合を除き、著者および出版社の権利の侵害となります。
・落丁・乱丁本はお取替えいたします。定価はカバーに表示してあります。

ISBN978-4-322-12590-0